河南构建现代化
产业体系研究

主 编　王文莉

郑州大学出版社

图书在版编目(CIP)数据

河南构建现代化产业体系研究／王文莉主编. -- 郑州：郑州大学出版社，2024.5
ISBN 978-7-5773-0281-2

Ⅰ．①河… Ⅱ．①王… Ⅲ．①产业体系 - 研究 - 河南
Ⅳ．①F127.61

中国国家版本馆 CIP 数据核字(2024)第 069853 号

河南构建现代化产业体系研究
HENAN GOUJIAN XIANDAIHUA CHANYE TIJI YANJIU

策划编辑	胥丽光		封面设计	王　微
责任编辑	胥丽光		版式设计	王　微
责任校对	吴　静		责任监制	李瑞卿

出版发行	郑州大学出版社		地　　址	郑州市大学路40号(450052)
出版人	孙保营		网　　址	http://www.zzup.cn
经　销	全国新华书店		发行电话	0371-66966070
印　刷	河南文华印务有限公司			
开　本	787 mm×1 092 mm　1 / 16			
印　张	16.75		字　　数	338 千字
版　次	2024 年 5 月第 1 版		印　　次	2024 年 5 月第 1 次印刷

书　号	ISBN 978-7-5773-0281-2		定　　价	68.00 元

《河南构建现代化产业体系研究》
编 委 会

主 编 王文莉

编 委 高亚宾 弋伟伟 王超亚 王 梁 乔金燕

张亚凡 翁 珺 尹 勇 王庆国 李 猛

冯书晨 李登辉 李 旭 王笑阳

序　言

现代化产业体系是现代化国家的关键支撑,是实现经济现代化的重要标志。成功实现现代化的国家,都经历过产业体系现代化的过程,在某个或某些产业领域形成位居世界前列的制造或服务能力,成为支撑高效率社会生产和高水平国民收入的基石。党的二十大报告提出了"建设现代化产业体系"的战略任务,二十届中央财经委员会第一次会议再次强调:"加快建设以实体经济为支撑的现代化产业体系,关系我们在未来发展和国际竞争中赢得战略主动。"建设现代化产业体系,是党中央从全面建设社会主义现代化国家的高度作出的重大战略部署。没有产业体系的现代化,就没有经济的现代化;没有坚实的物质技术基础,就不可能全面建成社会主义现代化强国。

作为全国重要的经济大省、人口大省和农业大省,党的十八大以来,河南省上下坚持以习近平新时代中国特色社会主义思想为指引,始终牢记习近平总书记"奋勇争先、更加出彩"的殷殷嘱托,锚定"两个确保"、实施"十大战略",抢抓国际产业转移和技术革命重大机遇,大力推进工业化进程,加快现代化产业体系建设,产业规模迅速扩大,产业结构持续优化,逐步实现了产业从"做大"到"做强"的新跨越,为推动河南省经济高质量发展提供了坚实基础。站在"两个一百年"奋斗目标的历史交汇期,如何立足区域发展实际科学构建现代化产业体系、推动经济高质量发展,进而在新一轮的区域竞争中抢抓先机、赢得主动,是河南省上下面前的重大历史命题和现实使命。

河南省发展战略和产业创新研究院作为河南省重点建设的一流高端智库，坚持以习近平新时代中国特色社会主义思想为指导，紧紧围绕服务河南省委、省政府和省发展改革委中心工作，聚焦创新驱动、现代产业体系、数字经济、枢纽经济、新型城镇化、乡村振兴、绿色低碳、社会发展、高水平开放、投融资等领域的重点和难点问题，深入开展调查研究，形成了一批具有较强应用价值的研究成果，多项成果获得省委、省政府和省发展改革委领导批示，被相关内刊采用或有关部门吸纳应用，为河南省高质量发展提供了重要智力支撑。

本书立足于河南现代产业体系发展的现实基础和面临形势，分为四篇十一个专题报告，从重塑经济发展新优势、保障产业链供应链安全稳定以及支撑保障现代化产业体系构建等方面，系统梳理河南现代化产业体系发展现状、查找分析当下弱项症结、预判未来发展趋势导向，并对今后一段时期河南省相关领域的工作谋划提出了相应对策建议，具有一定的学术性、前瞻性、指导性和现实意义。本书由王文莉负责总体审核并定稿，对整体框架大纲和具体研究工作给予全程指导，全书的撰写得到河南省发展战略和产业创新研究院全体职工的大力支持。由于研究水平有限、编撰时间仓促，本书不足和疏漏在所难免，期待关心河南发展的各级领导、专家学者以及广大读者提出宝贵的批评和意见。

编者

2024 年 2 月

▶ 目　录

第三篇　产业链安全韧性

第四篇　强化产业发展新支撑

第一篇
现代化产业体系综述

河南省建设现代化产业体系研究

高亚宾

┃摘要：

产业是强省之基、兴省之本。随着新一轮科技革命和产业变革的兴起，颠覆性产业技术不断涌现，新的产业组织形态与商业模式纷纷呈现，产业智能化、网络化、绿色化、服务化趋势越来越明显，我国经济处在转变发展方式、优化经济结构、转换增长动力的攻关期，亟须加快建设现代化经济体系。立足区域发展实际，科学构建现代化产业体系，对于加快推进产业中高端发展，保持经济中高速增长，在新一轮的区域竞争中抢抓先机、赢得主动、率先发展具有重要意义。习近平总书记对河南省的产业发展十分关心，2014 年 5月在河南调研时提出：着力打好以发展优势产业为主导推进产业结构优化升级，以构建自主创新体系为主导推进创新驱动发展，以强化基础能力建设为主导推进培育发展新优势，以人为核心推进新型城镇化"四张牌"，加快转变经济发展方式和提高经济整体素质及竞争力。

现代化产业体系是实现高质量发展的重要承载体，中国式现代化离不开现代化产业体系的重要支撑。"十三五"以来，河南省抢抓国际产业转移和技术革命重大机遇，围绕"四个强省"建设，大力推进工业化进程，产业规模迅速扩大，产业结构持续优化，为推动河南省经济持续高速发展提供了坚实支撑。党的二十大报告提出了"建设现代化产业体系"的战略任务，二十届中央财经委员会第一次会议再次强调："加快建设以实体经济为支撑的现代化产业体系，关系我们在未来发展和国际竞争中赢得战略主动。"站在"两个一百年"奋斗目标的历史交汇期，持续加快河南省现代化产业体系建设，实现产业从"做大"到"做强"的新跨越，是构建全省现代化经济体系的核心任务。

一、现代化产业体系的演变与内涵特征

建设现代化产业体系是现代化经济体系的主要内涵和战略重点,是推动我国经济由高速增长向高质量增长转变的重要支撑,是提升经济发展质量和效益、提升创新能力和实体经济水平的重要战略举措,见表1。

(一)现代化产业体系的提出与演进

1. 党的十七大首次提出发展现代产业体系

党的十七大报告提出"发展现代产业体系",指出形成现代产业体系需要从多个方面采取措施,其中最重要的是坚持走科技含量高、经济效益好、资源消耗低、环境污染少、人力资源优势得到充分发挥的中国特色新型工业化道路。现代产业体系的提出为我国产业结构优化升级指明了方向。我国的"十二五"规划明确给出现代产业体系的特征和推进路径。其特征为:结构优化、技术先进、清洁安全、附加值高和吸纳就业能力强。路径包括:推动现代产业体系建设需要改造提升制造业、培育发展战略性新兴产业、推动能源生产和利用方式变革、构建综合交通运输体系、全面提高信息化水平、推进海洋发展等。

2. 党的十八大提出着力构建现代产业发展新体系

国际金融危机以来,我国面临的外部环境发生重大变化,国内出现产能严重过剩的问题,亟须推进产业结构优化升级。习近平总书记多次提出:"当前和今后一个时期,制约我国经济发展的因素,供给和需求两侧都有,但矛盾的主要方面在供给侧。"基于此,党的十八大报告将现代产业体系扩展为"要着力构建现代产业发展新体系",把推进经济结构战略性调整作为加快转变经济发展方式的主攻方向,强调必须以改善需求结构、优化产业结构、促进区域协调发展、推进城镇化为重点,着力解决制约经济持续健康发展的重大结构性问题。2015年6月,习近平总书记提出:"产业结构优化升级是提高我国经济综合竞争力的关键举措。要加快改造提升传统产业,深入推进信息化与工业化深度融合,着力培育战略性新兴产业,大力发展服务业特别是现代服务业,积极培育新业态和新商业模式,构建现代产业发展新体系。""十三五"规划明确提出"逐步形成以农业为基础、工业为主导、战略性新兴产业为先导、基础产业为支撑、服务业全面发展的产业格局"。

3. 党的十九大提出发展"四位协同"的现代产业体系

随着我国进入新时代,我国社会主要矛盾由人民日益增长的物质文化需要同落后的社会生产之间的矛盾转为人民日益增长的美好生活需要和不平衡不充分的发展之间的矛盾。为进一步深化供给侧结构性改革,推动质量、效率、动力变革,党的十九大报告又

赋予现代产业体系以新的内涵,即"着力加快建设实体经济、科技创新、现代金融、人力资源协同发展的产业体系"。

4.党的二十大首次提出构建现代化产业体系

党的二十大报告首次提出"现代化产业体系"这一新概念和"建设现代化产业体系"这一新任务,并明确了"建设现代化经济体系"的首要目标、内涵及其在建设现代化强国中的使命担当及其路径,强调要"坚持把发展经济的着力点放在实体经济上,推进新型工业化,加快建设制造强国、质量强国、航天强国、交通强国、网络强国、数字中国"。现代化产业体系作为现代化国家的物质技术基础、中国式现代化的必要支撑,是习近平新时代中国特色社会主义经济思想的重要理论成果,对我国经济高质量发展进一步深化的规律性认识。

表1 我国现代化产业体系的演变历程

发展阶段	提出时间	主要内容
现代产业体系阶段	党的十七大报告(2007年10月)	发展现代产业体系,大力推进信息化与工业化融合,促进工业由大变强,振兴装备制造业,淘汰落后生产能力;提升高新技术产业;发展现代服务业,提高服务业比重和水平
	"十二五"规划(2011年3月)	坚持走中国特色新型工业化道路,根据科技进步新趋势,发展结构优化、技术先进、清洁安全、附加值高、吸纳就业能力强的现代化产业体系
现代产业新体系阶段	党的十八大报告(2012年10月)	推动信息化和工业化深度融合、工业化和城镇化良性互动、城镇化和农业现代化相互协调,促进工业化、信息化、城镇化、农业现代化同步发展
	"十三五"规划(2016年3月)	围绕结构深度调整、振兴实体经济,推进供给侧结构性改革,培育壮大新兴产业,改造提升传统产业,加快构建创新能力强、品质服务优、协作紧密、环境友好的现代产业新体系
"四位协同"的现代产业体系	党的十九大报告(2017年10月)	以供给侧结构性改革为主线,推动经济发展质量变革、效率变革、动力变革,提高全要素生产率,着力加快建设实体经济、科技创新、现代金融、人力资源协同发展的产业体系

续表1

发展阶段	提出时间	主要内容
构建现代化产业体系	党的二十大报告（2022年10月）	坚持把发展经济的着力点放在实体经济上,推进新型工业化,加快建设制造强国、质量强国、航天强国、交通强国、网络强国、数字中国。实施产业基础再造工程和重大技术装备攻关工程。巩固优势产业领先地位,推动战略性新兴产业融合集群发展,构建优质高效的服务业新体系。加快发展物联网、数字经济。优化基础设施布局、结构、功能和系统集成,构建现代化基础设施体系

资料来源:根据公开资料整理。

(二)现代化产业体系的内涵

1.学术界关于现代化产业体系的研究进展

自2007年以来,产业体系多次出现在各级政策文件中,却没有明确一致的内涵界定。陈建军(2008)、张明哲(2010)等学者认为现代产业体系的核心是先进制造业、现代服务业和现代农业互相融合、协调发展的体系。金碚(2011)认为现代产业体系是适应资源开发利用、经济结构演变、产业技术进步以及与之相关的社会经济关系一系列新变化所形成的产业演化的整体性产业经济结构。刘文勇(2014)等学者把现代产业体系定义为:具有重大技术创新和制度创新且二者存在辩证互动关系的一种产业创新类型。《发展经济学》将现代产业定义为:现代产业体系是以智慧经济(含数字经济)为主导、大健康产业为核心、现代农业为基础、通过五大产业(农业、工业、服务业、信息业、知识业)的融合实现产业升级经济高质量发展的产业形态。李晓华(2018)提出,现代产业体系是包含实体经济、科技创新、现代金融、人力资源在内的有机整体,四个方面相互影响、相互促进。盛朝迅(2019)认为,现代产业体系应当以发展实体经济为目标,注重实体经济与虚拟经济的均衡发展,注重结构优化。徐华亮(2024)则认为,现代化产业体系是以价值创造为核心,以实现技术、资本和人力等要素资源优化组合为目标,具有现代产业生态系统的经济体系。总的来看,现代化产业体系是一个动态概念,其与经济发展阶段相匹配而随之演变。

2.现代化产业体系的内涵

在构建现代化产业体系中振兴实体经济是主体、科技创新是动力、现代金融是保障、人才是关键,四者之间密切相关、相互促进、缺一不可。

(1)振兴实体经济是建设现代化产业体系的主体。现代化产业体系能否成功构建,取决于实体经济能否通过供给侧结构性改革和发展动能转换提高发展质量。而实体经济则是由先进制造业、现代服务业、现代农业及其他产业的集合,是构成现代化产业体系的核心主体,也是赖以维持经济长期增长的基础力量。因此,建设现代化产业体系,必须把着力点放在实体经济上,把提高供给体系质量作为主攻方向,加快发展先进制造业,推动互联网、大数据、人工智能和实体经济深度融合,促进我国产业迈向全球价值链中高端,培育若干世界级先进制造业集群。

(2)科技创新是建设现代化产业体系的核心动力。科技创新是构建现代化产业体系的基础,是国家竞争力的核心,是经济发展的第一动力。要瞄准世界科技前沿,强化基础研究,实现前瞻性基础研究、引领性原创成果重大突破。加强应用基础研究,拓展实施国家重大科技项目;加强国家创新体系建设,强化战略科技力量;深化科技体制改革,建立以企业为主体、市场为导向、产学研深度融合的技术创新体系

(3)现代金融是现代化产业体系的重要保障。现代金融具备资本媒介功能,能够与实体经济共振发展,提高实体经济的资本流动效率,降低创新创业风险,还能为实体经济提供跨期风险配置、财富管理、并购重组和高效支付等服务。因此,着眼新一轮科技革命和产业变革大势,完善金融机构体系、金融市场体系,加强金融产品、金融服务创新,构建全方位、多层次金融支持服务体系,建立健全产融对接常态化机制,能够支持实体经济全产业链、全价值链升级。

(4)人力资源是现代化产业体系的活力支撑。人是一切经济活动的主体,推动实体经济发展离不开大规模、多层次、高素质的人才队伍。因此,要大力开发人力资源,实行更加积极、更加开放、更加有效的人才政策,培养和造就一大批具有国际水平的人才和高水平创新团队,激发和保护企业家精神,培养一批大国工匠和劳模,持续提高供给体系质量。

(5)"四位协同"发展是现代化产业体系的关键。在现代化产业体系中,科技创新是发展实体经济的第一动力,现代金融是实体经济发展的血液系统,人力资源是一切生产力发展的基础和前提,只有四者协同发展,才能顺利构建现代化产业体系。因此要建立起资金、人才、科技与实体经济间的协同机制,优化要素配置,提升要素效率,增强产业内生增长能力。

3.现代化产业体系的特征

现代化产业体系的建设是一个动态的过程,其构建与发展需要有技术更加成熟更具

活力的市场主体、更为包容的全球价值链、更有弹性的商业模式、更趋开放的产业生态系统。总的来看,现代化产业体系的特征为动态变化性、先进创新性、融合协同性、集群链接性。

（1）动态变化性。现代化产业体系的构建是一个长期动态变化的过程,随着科技进步和产业变迁,在不同发展阶段上,现代化产业体系的内容也就有所差别。目前,我国已经进入高质量发展阶段,产业结构已经具有明显的工业化后期特征。因此,建设现代化产业体系要摆脱以往追求规模和速度的惯性增长路径,更着眼于新技术新模式新业态的发展,推进产业结构性的转变和合理化调整,实现产业迈向中高端和经济高质量发展。

（2）先进创新性。随着新一轮科技革命的加速推进和新一代信息技术的推广应用,智能制造、工业互联网、区块链、大数据、增材制造等新兴产业发展迅速,加速推进传统制造业、服务业和农业重塑,不断创造和吸引先进技术,促进原有的产业体系向更高级的产业形态转变。世界范围内新一轮科技革命和产业变革蓄势待发,以绿色、智能为特征的群体性技术发展迅速,具有自主知识产权的高技术含量、高附加值产业成为产业发展重要方向。

（3）融合协同性。现代化产业体系的构建需要多个产业的融合发展,既表现为信息技术与产业的融合,也表现为先进制造业、现代服务业和现代农业间的紧密融合,除了智能制造、工业互联网、服务型制造、智慧农业等一批新兴业态,还推动产业"接一连二促三"发展。

（4）集群链接性。随着产业分工的不断延伸,逐渐自发形成了一批特色产业集群,并通过产业集群的发展壮大逐步形成产业集聚区、产业园区等。在产业园区内,企业主体之间基于产业横向或纵向联系,形成了竞争和合作的关系,园区内的社会资本逐渐积累,创新网络逐渐形成,逐渐形成了上下游连接、一二三次产业协同发展的合作关系,在行为和策略上形成相对统一的整体。

二、河南省现代化产业体系进展情况

河南省坚持以供给侧结构性改革为主线,着力发挥优势打好"四张牌",突出发展主导产业,积极培育战略性新兴产业,改造提升传统产业,发展壮大现代服务业,优化提升现代农业,不断提升创新能力,实现了制造业优化发展、服务业比重提升、农业地位进一步巩固,产业体系优化调整取得了阶段性成效。

（一）发展现状

1.产业规模持续壮大

2023 年河南省地区生产总值达到 59 132.39 亿元,居全国第 6 位;同比增长 4.1%;全省一、二、三产业增加值分别达到 5360.15 亿元、22 175.27 亿元和 31 596.98 亿元,见表2。

表2　2015—2023 年全省三次产业增加值变动一览表（单位:亿元）

年份	GDP	第一产业 增加值	第二产业 增加值	第三产业 增加值
2015	37 002.16	4209.56	17 917.37	14 875.23
2016	40 471.79	4286.21	19 275.82	16 909.76
2017	44 552.83	4139.29	21 105.52	19 308.02
2018	49 935.90	4311.12	22 038.56	23 586.21
2019	54 259.20	4635.40	23 605.79	26 018.01
2020	54 997.07	5353.74	22 875.33	26 768.01
2021	58 887.41	5620.82	24 331.65	28 934.93
2022	61 345.10	5817.80	25 465.00	30 062.20
2023	59 132.39	5360.15	22 175.27	31 596.98

数据来源:Wind。

2.产业结构逐步优化

全省三次产业结构持续优化,由 2015 年的 11.38∶48.42∶40.20 调整为 2022 年的 9.06∶37.50∶53.43,呈现一、二产业占比逐步下降,第三产业比重较快上升趋势。其中,一产比重 2017 年首次降至个位数,二产比重降低 10.92 个百分点,三产比重提高 13.23 个百分点。2022 年农业中十大优势特色农业实现产值占农林牧渔业总产值的比重达到 58.5%,较 2015 年提高 8 个百分点;全省规模以上高技术制造业、战略性新兴产业增加值分别增长 12.3%、8.0%,增速分别高于规模以上工业 7.2、2.9 个百分点;高技术制造业投资增长 32.2%,高于工业投资增速 6.8 个百分点;卫星导航定位接收机、液晶显示屏等产品产量均保持了较快增速,分别增长 5.9 倍、25.4%。数字消费和数字产业发展势头较好。

3. 产业质量效益进一步提高

全省紧紧围绕"四个强省"建设,加快制造业高端化、绿色化、智能化、融合化发展,全国重要的农业大省、制造业大省和服务业大省地位进一步稳固。

(1)工业持续提质增效。工业技改投资增长较大,规模以上工业企业每百元营业收入成本显著降低;智能装备、智能传感器等十大新兴产业加速发展,机器人、新能源汽车等新产品产量增速迅猛;认定培育工业互联网平台10个,确定省级质量标杆42个,新创建全国质量标杆5个。

(2)服务业成为经济增长主动力。服务业继续成为拉动经济增长的主要动力,对经济增长的贡献率达到2022年的45%以上;全社会消费品零售总额增长10%以上。

(3)农业质量效益稳步提升。2022年全省粮食生产在高基点上再获丰收,达762亿斤,夏粮产量全国第一,为扛稳国家粮食安全重任作出了"河南贡献"。

4. 产业创新能力显著增强

进入"十四五"时期,全省深入实施创新驱动战略,聚焦"四个一批"汇聚创新资源,推进"四个融合"开展协同创新,创新能力稳步提升。

(1)自创区带动作用明显。自创区拥有创新龙头企业50多家,高新技术企业2900多家,国家科技型中小企业6000多家,分别占全省总数约50%、60%、68%。

(2)创新投入持续加大。深入实施制造业智能、绿色、技术三大改造,2022年工业技改投资同比增长34.4%,高于全国25.3个百分点。

(3)创新发展成效显著。2022年底全省新增国家级创新平台5家、省级创新平台400家以上,建设15个省级高校科技成果转化和技术转移基地;全省共有省级及以上企业技术中心1545个;省级及以上工程研究中心(工程实验室)964个;省级及以上工程技术研究中心3345个;国家级重点实验室16个、省重点实验室249个。全年签订技术合同2.24万份,技术合同成交金额1025.30亿元。突破了一批制约产业发展的关键核心技术,形成了盾构、新能源客车、超硬材料等一批有技术和市场优势的产业,一大批河南研发的科技成果和装备在神舟、蛟龙、高铁、航母等大国重器上得到应用。

5. 产业集群规模日益壮大

经过多年的培育,河南省在先进制造业、现代服务业和现代农业中培育了一批特色产业集群。制造业产业集群方面,依托省级产业集聚区和城乡一体化示范区等载体,全省形成食品、装备制造两大万亿级产业集群,节能环保、智能电力、新能源装备、生物医药等19个千亿级产业集群,以及142个百亿级产业集群。其中,郑州航空港智能终端、中牟汽车、长垣起重装备、民权制冷设备、兰考家具、睢县制鞋、鹿邑化妆用具、柘城金刚石、虞城量具、淮滨化纤维纱等产业集群全国知名。服务业产业集群方面,依托服务业"两区"和专业园区,全省形成了"2+8"的服务业发展格局,其中营业收入超50亿元的服务业集群28个,营业收入超百亿元服务业集群8个,超50亿元服务业集群20个。农业产业化集群方面,依托白象、好想你、雏鹰、思念、三全等农业产业化龙头企业,全省形成254个农业产业集群,其中,信阳、驻马店分别有21家产业化集群,数量并列第一;郑州入选19个,排名第二;周口入选16个,位居第三。

(二)存在问题

当前河南省正处在转换动能、转变方式、转型发展的攻坚期,传统产业结构升级还未完成,新旧动能尚未完全转换,与东部发达省份和中部省份相比,河南省现代化产业体系在结构调整、动力支撑和发展方式上还存在一些突出问题和发展短板,主要表现为以下"五个不足"。

1.产业有效供给不足,产业结构优化升级难度较大

(1)农业大而不优。2022年全省一产占GDP的比重为9.48%,高于全国2.18个百分点,高于GDP超4万元的广东、江苏、山东、浙江等省份;农业农村部累计认定了7批2089家农业产业化国家重点龙头企业。河南省仅有100家,低于广东(225家)、山东(120家),高于四川(98家)、安徽(88家)、江苏(84家)、湖北(84家)、黑龙江(80家)。

(2)相比领先地位也不明显。传统产业动能转换慢。全省工业增长乏力、增速趋缓特征明显,近5年工业增加值年均增速为5.3%,分别低于浙江、福建、四川等工业规模相当省份1.9个、1.8个和1.6个百分点,低于2013—2017年年均增速4.2个百分点。工业增长趋缓导致出现了"双降"态势,一个是工业增加值占全国的比重下降,从2019年的5.75%下降到2022年的4.88%;一个是在全国的排位下降,河南省工业增加值总量排名由第5位下降到第6位,福建省工业增加值由2015年低于河南省0.38万亿到2022年超过河南省。

(3)战新产业规模支撑不足。2023年上半年,河南规模以上工业战略性新兴产业增加值同比增长9.7%,增长速度较快,但规模较小。2012年河南省战略性新兴产业实现增加值2720亿元,占GDP的比重达9%。2022年战略性新兴产业增加值占GDP比重约为8%,低于全国13%的平均水平,占工业增加值比重约为25.9%,低于全国34.6%平均水平。

2.产业自主创新能力不足,新旧动能转换难度较大

一方面科技创新短板仍较突出。研发投入强度、创新平台数量、技术合同成交额等关键创新指标低于全国平均水平,对新兴产业、高层次人才和研发机构的吸引力不足。

2022年河南省规模以上工业企业R&D经费投入为848.62亿元,占全国的4.36%,低于广东(18.1%)、江苏(16.1%)、浙江(9.4%);高新技术开发区及入驻园区的企业数量少,国家级高新技术企业数量为27个,省级高新技术企业数量为53个,比广东省、江苏省、浙江省少(表3)。另一方面科技创新要素支撑能力不强。资金、人才、技术储备不足,加之盈利能力下降,削弱了实体企业技改、研发投入能力,"不愿转""不会转"的现象依然比较普遍;部分资源型城市转型阵痛持续显现。此外,重点领域制度创新有待深化,民营企业惠企政策获得感不强,权益保障不到位;行政审批制度改革有待推进。

表3 河南省产业创新主要指标与外省比较(2022年)

省份	国家级高新技术开发区(个)	省级高新技术开发区(个)	园区入驻企业数量(家)	规模以上工业企业R&D经费(万元)
广东省	86	126	1 734 370	35 162 977
江苏省	58	324	1 284 697	31 450 096
山东省	41	46	955 630	15 707 944
浙江省	78	199	1 126 309	18 380 184
河南省	27	53	400 131	8 486 224
安徽省	23	52	475 665	8 599 023
湖南省	25	40	301 165	8 887 792

数据来源:根据公开资料整理。

3. 实体经济发展不足,特色产业集群竞争力提升难度较大

与浙江、广东、江苏等发达省份相比,河南省特色产业集群尤其是服务业集群的总体规模较小,相当数量的产业集群只是同行业内中小企业的简单集聚,普遍存在着各自为政,追求小而全,忽视市场细分、行业细分的倾向,区域联合与协作优势难以充分发挥;集群中领军型龙头企业数量相对较少,高新技术企业和科技型中小企业集群发展能力弱,抵御外部风险的能力低,市场竞争力亟待提升。

4. 区域产业发展的异质性不足,产业空间布局优化压力较大

尽管河南省产业已经形成产业集聚区、服务业"两区"和专业园区、农业产业化集群(园区)的空间布局格局,但产业集聚主要以政府引导为主,市场自发形成的相对较少,导致主导产业集中度较低且布局较为分散,区域产业发展的特色性、差异性不够显著,产业同质化发展严重。如农业中大路货多、名优特新产品少,普通产品多、专用产品少,农业

科技含量不高,有竞争优势的农产品少;工业中装备制造、农副产品加工、纺织服装等行业扎堆发展,全省 180 个产业集聚区中主导产业是装备制造的超过 52 个,主导产业是食品加工或农副产品加工的超过 60 个;服务业中餐饮住宿、零售批发、运输物流等传统行业占比突出,各地商务中心区和特色商业区的产业高度趋同,产业要素配置的聚合效应没有充分发挥。加之行政分割导致地方保护主义,缺乏跨区域协作意识,一定程度上制约了河南省现代化产业体系建设和产业高质量发展,不利于现代产业生态圈层的集成发展,亟待对现有产业布局进行再斟酌、再优化。

5. 能源资源利用效率不足,产业绿色转型发展难度较大

近年来,河南省产业发展绿色化态势明显,但是经济增长方式依然比较粗放,能源结构偏煤炭,煤炭消费占能源消费总量比重达到 71.5%,高出全国平均水平约 12 个百分点,全省每年用于发电、供热的煤炭消费超过 1 亿吨,接近全省煤炭消费总量的 50%;产业结构的能耗刚性较强;土地开发强度过高、建设用地紧缺。生态环境压力大,PM10、PM2.5 全省平均值分别为 103 微克/立方米、61 微克/立方米,在全国排名靠后;部分河流断面水质污染严重,IV 类标准及以下占 39.6%。

三、河南省产业发展面临的形势

(一)国际国内产业发展形势

1. 国际产业发展面临的新变化

当前,全球新一轮科技革命和产业变革呈加速趋势,世界正在迎来科技创新浪潮,人工智能、大数据、云计算、数字经济、共享经济等新技术新产业成为重要经济增长点,成为"十四五"时期引领创新和驱动转型的先导力量,加之欧美发达国家贸易保护主义,设置更高的国际贸易标准,给国际经济和产业发展带来重大影响。总体上看,未来 5~10 年,国际产业发展形势呈现全球创新版图重塑、产业价值链和国际分工重组、经贸投资规则重构、产业新增长点重造等新变化和特征。

(1)全球科技创新进入活跃期,各国争夺科技革命、产业革命的领先地位更为激烈。当前全球新一轮科技革命和产业变革方兴未艾,科技创新成为重塑世界格局的主导力量。①国家创新竞争态势激烈、全球创新版图正在形成。为抢占未来经济科技制高点,在新一轮国际经济再平衡中赢得先发优势,世界主要国家都抓紧部署面向未来的科技创新战略和行动。②全球创新资源区域集聚化趋势更为明显。西欧、北美和东亚是创新活动最为活跃的区域,其中东亚地区发展最为迅速。美国仍然是世界上创新资源最为集中的国家,无论是创新集群还是科学城市都是最多的,但其高质量创新集群的数量却比前一年有所下降;中国虽然相比美国有一定差距,但集群数量增长迅速,深圳、香港集群位居世界前列,北京进入前十的集群,展现出了较强的发展态势。③颠覆性技术层出不穷成为经济发展的新突破口。信息网络、新材料与先进制造等正孕育一批具有重大产业变革前景的颠覆性技术;先进制造正向结构功能一体化、材料器件一体化方向发展,极端制造技术向极大和极小方向迅速推进;人机共融的智能制造模式、智能材料与3D打印结合形成的4D打印技术,将推动工业品由大批量集中式生产向定制化分布式生产转变,引领"数码世界物质化"和"物质世界智能化"。这些颠覆性技术将成为创新驱动发展和国家竞争力的关键所在。

(2)全球产业价值链加速重构,国际产业分工格局进入新一轮调整。制造业等实体经济重新受到包括发达国家在内的各国的重视,发展制造业日益成为国际竞争的焦点。①欧美发达国家深入实施"再工业化"战略,目的是牢牢占据高端制造业领先地位。美国大力实施"再工业化"战略,对内采取减税、加强基础设施建设等措施改善营商环境,对外挑起贸易摩擦提高其他国家的成本,不仅仅是推动汽车、电子信息等制造业回流,促进实体经济发展,更重要的是在人工智能、航空航天、大数据、纳米技术、先进能源等制造业领域取得领先优势。②印度、东南亚等国家凭借成本优势大力发展本国制造,已成为全球劳动密集型产业转移的重要目的地。近年来,印度实施"印度制造"运动,依托劳动力资源和市场优势大力吸引外资,承接汽车、家电、手机等制造业转移,取得了良好成效。越南、马来西亚等东南亚国家凭借低成本劳动力优势,已成为承接全球纺织服装、玩具、电子产品等劳动密集型产业及代工企业转移的目的地。东南亚投资热度快速提升,英特尔、富士康、日本电工、东芝机械、松下等知名跨国企业、代工企业纷纷到印度、越南等国布局。③数字经济贸易将加速改变全球产业分工格局。当前国际贸易已进入数字经济时代,全球服务贸易中有50%以上已经实现数字化,超过12%的跨境货物贸易通过数字化平台实现,预计今后10~15年,全球货物贸易呈2%左右的增长、服务贸易量呈15%左右的增长,而数字贸易则呈25%左右的高速增长,20年后世界贸易格局将形成1/3货物贸易、1/3服务贸易、1/3数字贸易的格局,将重塑全球产业分工格局。

(3)全球新技术、新产业、新业态、新模式加速发展,经济新增长点不断涌现。当前,新一轮技术革命和产业变革正以前所未有的速度推进,新技术不断涌现催生更多新产业、新模式,对传统生产方式产生深刻影响。①以5G为主要标志的新技术进入突破期,3D打印、区块链技术等大范围应用,将带动产业变革,产业数字化和数字产业化发展潜力巨大。②人工智能(AI+)进入临界爆发期,机器人应用、无人驾驶、车联网等产业加快推广并广泛应用,有可能深刻改变世界主要大国在未来几十年里的产业发展优势。据预测,2025年之前美国将大概率出现机器人药剂师,无人驾驶汽车将占到美国道路行驶车辆的10%,企业审计的30%将由人工智能执行。③生物技术正在进入产业化阶段,基因组学、再生医学和合成生物学技术正以比"摩尔定律"更快的速度发展,带动生命健康、现代农业、生物能源、生物制造等产业进入高速发展时期。④围绕新能源、气候变化、空间、海洋开发的技术创新更加密集,将大力推动新能源、节能环保、海洋工程等产业发展。

2.国内产业发展的新态势

"十四五"时期,我国产业发展面临的环境将发生深刻变化,既面临着百年未有之大变局的冲击,也面临着国内经济社会深刻转型的挑战,将会对"十四五"时期产业转型升级和高质量发展产生重要影响。

(1)外部环境发生深刻变革,前所未有的大变局将对我国产业发展带来深远影响。当今世界发展环境正面临"百年未有之大变局",对我国来说,最大变局仍是中美两国竞争合作态势发生了重大变化,中美经济关系从合作为主、竞争为辅转向了竞争为主、合作为辅的新格局。这将成为贯穿"十四五""十五五"甚至更长历史阶段的大概率现象,将会给我国产业高质量发展带来深远影响。①贸易保护主义不断抬头造成外需增长难度加大,拓展内需市场将成为产业高质量发展的重要着力点。受西方国家贸易保护主义、中美经贸摩擦等因素影响,外需紧缩有可能成为我国经济发展的常态,出口紧缩与国内去产能、去杠杆等产生叠加效应,将给我国产业高质量发展带来较大压力,部分对外依存度较高的地区、园区和企业面临的转型压力和风险加大。②发达国家对我国关键领域"卡脖子"技术的封锁力度加大,在加大国内产业链风险的同时,也为这些领域技术突破带来新的机遇。我国在光刻机、芯片、核心算法、锂电池隔膜等基础零部件、关键材料、先进工艺、产业技术等基础领域与国外差距较大,95%的高端专用芯片、70%以上的智能终端处理器以及绝大多数存储芯片依赖进口,一旦发达国家"断供",将对我国产业链安全带来巨大风险。未来5~10年,我国关键领域"卡脖子"技术将进入集中攻关期,将会为高质量发展和实现创新引领提供更多可能。③部分产业外迁或转移步伐加快,既对我国产业高质量发展产生诸多不利影响,也为我国更大范围、更高层次、更深程度参与国际分工提供契机。受发达国家推动再工业化,部分新兴经济体加快制造业发展等"两头挤压"以及中美经贸摩擦、"脱实向虚"等因素的影响,我国传统产业领域出现了部分企业加速向外转移的现象,对我国制造业稳固产业链带来一定冲击。一些企业推进全球化布局和经营,通过对产业链两端的原料资源、设计研发资源、品牌资源和市场渠道资源进行全球范围内的垂直延伸和掌控,有助于构建以我为主的优势产业供应链,带动产业向价值链中高端攀升。④国际经贸规则调整步伐加快,我国产业高质量发展面临巨大压力。当前和今后一段时期,我国产业发展面临的规则调整压力加大,在降低关税、开放市场、保护知识产权、削减国有企业补贴等诸多方面,将面临来自美国的高标准压力,也有可能同步面临其他发达经济体效仿美国提出的类似"公平贸易"的要求。目前,日欧已宣布建立零关税自贸区,如果美国与欧盟也达成协议,将使发达经济体逐渐形成零关税贸易圈,导致我国利用国际资源障碍更多,势必严重冲击我国的制造业稳定发展。

(2)新一轮科技革命和产业变革深入推进,数字经济、智能经济、生物经济和绿色经济等产业形态将成为引领"十五五"产业发展的核心力量。以5G、人工智能、云计算、数字经济等为代表的新一轮科技革命和产业变革加速推进,未来发展更加注重绿色、低碳、健康、智能和品质,这与我国产业高质量发展的目标和要求基本一致,为产业高质量发展提供创新要素支撑。①数字经济将成为推动各产业升级转型的关键驱动力。未来5~10年,随着信息基础设施持续升级、5G等网络信息技术的快速突破、信息通信技术与传统产业的加速融合、居民消费升级对数字技术和经济需求的持续增加,我国包括互联网、大数据、物联网、软件和信息服务、数字创意、电子商务等在内的数字经济仍将持续较快发展。②智能经济发展潜力巨大。近年来,智能经济在我国制造、教育、环境保护、社会治理等领域的应用程度越来越深,3D打印、机器人与智能制造、轨道交通、海洋工程装备、高端新材料等新兴产业融合程度不断加深。未来5~10年,随着智能终端、智能网联汽车等领域技术取得更大突破,人工智能在智能家居、智能机器人、智能可穿戴设备等领域的应用不断拓展,我国人工智能及高端装备制造产业有望保持年均10%以上的增长。③生物经济将快速发展。近年来,我国生物产业发展迅速,保持年均12%以上的增速。以基因测序、生物仿制药、生物制造等为代表的生物技术进一步发展,将带动生物医药、生物农业、生物制造等生物产业快速发展。④以节能环保、新能源、新能源汽车等产业为核心的绿色经济持续保持较快发展。此外,随着"绿水青山就是金山银山"理念的深入普及,我国大力推动能源低碳化发展,节能环保、新能源等绿色技术的突破和市场环境的逐步完善,绿色经济有望持续较快发展,成为带动经济绿色转型的重要力量。

(3)供给结构和要素优势加快转换,将会增强对产业高质量发展的支撑。世界经济史研究表明,当一个国家或地区达到这一发展阶段时,需求结构、产业结构、要素结构都会发生重大变化,"人口红利"向"人才红利"转变,品牌、专利、研发、数据库等知识资本在经济增长中将发挥更大作用,为产业高质量发展夯实重要的基础条件。①培育知识资本竞争优势有望催生大数据、软件、教育培训等产业新增长点发展。大力培育知识资本竞争优势,实现竞争优势转换,我国制造业将向信息技术深度应用、制造业和服务业融合、个性化定制方向发展,人力资本投入会明显增加,技能型人才需求量上升,将会催生软件、大数据和教育培训等产业新增长点发展。②培育技术竞争优势有望催生研发服务、知识产权服务、专利交易等产业新增长点发展。加快培育技术竞争优势,我国技术研发投入将显著增加,带动科技研发服务业及其相关的知识产权服务、专利交易、成果转化等行业发展。③培育资金密集优势有望催生新型金融、天使投资、创业投资等产业新增长点发展。近年来,我国绿色金融市场规模不断扩大,产品服务创新不断涌现,国家鼓励天使投资和创业投资助推相关产业发展,特别是为数字经济、智能经济、生物经济和绿色经济等相关产业发展提供绿色基金、绿色信贷、绿色债券、绿色保险等产品支持的绿色金融产业将迎来重大机遇。

(4)强大国内市场的逐步形成和内需潜力的持续释放,将为产业高质量发展提供广阔空间。当前,我国正处于需求结构剧烈变动的新时期,居民收入水平提高、消费结构升级、人口结构变化和城镇化快速发展,将会显著改变原有的需求结构,从而推动相关产业高质量发展。①以个性化、高品质、多样化产品需求为特征的新消费经济加快发展,有助于促进相关领域产业高质量发展。消费朝着智能、绿色、健康、安全方向发展,将会给智能化可穿戴设备、新型诊断仪器设备、健康管理等行业发展带来契机。随着互联网的迅速普及,我国互联网新业态快速发展,各种互联网新应用也加快涌现,正展现出广阔前景和巨大潜力。②服务类消费占比明显上升将带动文化娱乐、医疗健康、教育培训等新兴产业发展,推动产业结构升级。根据中国发展基金会报告显示,按照购买力平价计算,人均 GDP 在 10 000 ~ 25 000 美元,在大健康管理、教育培训、金融保险、文化体育娱乐和以居民服务为主的其他项目的消费占支出比重都会提升,促进了文化、娱乐、教育等相关服务消费需求的扩大。③老年人和婴幼儿等特定人群消费需求增加,将会催生出与之相关的产业发展。我国人口老龄化加速。老年医疗保健、老年护理服务、老年休闲以及老年用品开发等行业发展有望成为新的消费热点。"三孩政策"的调整带来的新生儿增加,将会带动母婴市场需求增长,推动母婴产业快速发展。

总之,"十四五""十五五"时期国内外产业变革的新变化新态势,既给我国产业转型升级、产业链安全带来许多风险挑战,又给产业高质量发展带来重大机遇,这对我国产业基础能力现代化、提升产业链水平提出了更加紧迫的要求。对河南省来讲,要以全球视野和战略思维,谋划产业高质量发展的思路,加快构建现代化产业体系,提出创新科技和产业融合发展的战略方向和具体路径。

(二)河南省构建现代化产业体系面临的机遇和挑战

当前和今后一段时期,是河南省确保高质量建设现代化河南、高水平实现现代化河南的关键时期。在这一时期,河南省和全国一样,仍处于可以大有作为的重要战略机遇期,但也面临诸多矛盾叠加、风险隐患增多的严峻挑战。

1. 面临机遇

（1）数字经济、智能经济、生物经济和绿色经济等新经济形态的涌现提供了产业创新发展的新机遇。在全球新一轮技术革命和产业变革呈现"一主多翼"加速融合的背景下，5G、数字经济、智能经济、生物经济和绿色经济等新经济形态发展空间巨大。河南省目前已在大数据、人工智能、新能源汽车、生物经济等领域具有较好的基础，发展优势明显，有望在本轮技术革命与产业变革中抢占先机，实现"换道超车"，为河南省数字经济强省建设、先进制造业发展等带来重大机遇。

（2）中部地区崛起、黄河流域生态保护和高质量发展两大国家战略的实施提供了产业高质量发展的机遇。2019年中部地区迎来新一轮崛起政策红利，黄河流域生态保护和高质量发展上升为国家战略，将进一步推进中部地区贯彻新发展理念，推动创新驱动发展，加大战略性新兴产业培育力度。河南省产业体系完备、规模庞大的工业经济，在布局不断优化、传统产业持续升级、新兴产业加速培育的引领下，"十四五"时期产业发展优势逐步实现从"量"向"质"的转变，将为河南省持续提升在全国发展大局中的地位提供了重大机遇。

（3）乡村振兴战略的实施提供了产业深度融合发展的新机遇。河南省是全国重要的农业生产大省，在保障国家粮食安全上担负着重要责任。乡村振兴战略的实施将推动河南强化粮食安全保障，推动一、二、三产业融合发展，推动产业与人才、技术、资本要素联动，加快提升农村产业综合效益和竞争力，闯出一条具有河南特色的现代农业转型发展之路。

（4）超大规模的市场空间和内需潜力提供了新兴产业壮大的新机遇。河南省拥有1亿人口市场容量，在"十四五"时期巨大的内需将加速释放，2小时高铁经济圈覆盖4亿人口，加上河南省城镇化正处于50%～70%的快速增长区间，每年200万农村人口转移成为城镇人口，每年60万高校毕业生，共同构成巨大的发展潜力和回旋空间，这为河南省新兴产业培育、传统产业转型升级发展提供了广阔空间。

（5）"四路协同""五区联动"发展提供了产业开放发展的新机遇。在经济全球化的背景下，世界已经发展成为地球村，各国经济社会发展联系和影响日益紧密。"十四五"时期，我国将进一步推进"一带一路"倡议，扩大对外开放步伐，将推动国内外产业持续梯度转移。近年来，河南省加快推进空中、陆上、海上、网上"四路协同"发展，"五区联动"进入更加紧密的协同发展期，郑州跨境电商"1210"模式在全国及"一带一路"共建国家推广，将全面提升河南在国际合作中的话语权和规则制定力。

2. 面临挑战

（1）全球经济增长趋缓和中美贸易摩擦将对河南省扩大开放带来一定挑战。中美达成第一阶段经贸协议,但未来走向仍有较大不确定性,中美经贸关系趋稳的难度和变数都将增加。全球经济调整和经贸摩擦正持续向科技、金融领域延伸,这对河南省经济运行、产业转型升级将造成难以预知的冲击,并加剧部分企业经营困难和外迁意愿,进一步放大负面影响。

(2)区域竞争进一步加剧对河南省带来的挑战。随着中部地区崛起、黄河流域生态保护和高质量发展以及汉江经济带、淮河经济带等国家战略的实施,区域间将围绕承接产业转移、吸引人才、科技创新资源等领域展开更加激烈的竞争。而河南目前产业同质化度高、科技创新能力较低、营商环境仍不够优化,随着区域竞争的激烈,将为河南省承接国内外产业转移、加快转型发展带来挑战。

(3)生态环境和要素成本约束趋紧的挑战。随着老龄社会的来临,劳动力年龄结构和供需结构明显产生变化,对于人口大省的河南,也将面临劳动力短缺、高端供给不足的挑战。此外,随着国际原材料价格上涨、人民币升值压力加大、建设用地稀缺等综合要素成本的持续上升,节能减排、环境治理、土地资源等的硬约束更趋强化。河南作为能源原材料大省,传统产业多为高污染高耗能产业,综合能耗水平位居全国前列。随着生态环境保护力度的持续加大,要素成本的逐渐攀升,将对河南省制造业高端转型发展带来一定挑战。

总的来看,当前,河南省仍处于动力转换、结构优化的关键阶段。必须准确把握河南省产业发展的阶段性特色,分类施策、持续推进培新转旧"双轮驱动",全力推进产业高质量发展,为现代化产业体系构建提供扎实基础。

(三)河南省产业发展的阶段性特征

(1)经济增长正处于量质并行阶段,"十五五"时期高质量发展要求加快构建现代化经济体系。党的十八大以来,全省生产总值先后跨越 3 万亿元、4 万亿元、5 万亿元三大台阶,发展质量效益的产业结构、税占比等核心指标不断提高,但反映到人均上,各项指标均居后位,必将倒逼河南坚持质量第一、效益优先的原则,持续推进经济结构优化,在保持增速合理区间的基础上,更加突出提质增效,实现经济量质齐升,推动全省经济高质量发展,不断缩小与全国平均水平差距,与全国同步全面建成小康。

(2)产业供需关系正处于错配向平衡过渡阶段,"十五五"时期要持续深化供给侧结构性改革、提升供给质量。随着经济发展进入新常态,河南省经济面临的挑战,不是需求侧或者供给侧单方面的问题,而是有效供给不足,供需结构错配,矛盾的主要方面在供给侧。一方面,低端产能过剩。农业大而不优,农产品初加工和一般加工品占比超过 80%;工业大而不强,多数工业产品集中在产业链上游和价值链低端;服务业不优不强,交通运输、批发零售、住宿餐饮、房地产等传统服务业占比超过50%，缺乏有带动力和影响力的领军企业。另一方面，高端供给严重不足。优质、无公害农产品明显偏少，农业发展面临田间地头与百姓餐桌的"错配"问题；工业高端产品品种少、产量低；健康养老、文化旅游等现代服务业供给明显不足。"十五五"时期必须深入推进供给侧结构性改革，在供给端发力，扩大高质量产品和高水平服务供给，培育和释放新的需求，在更高水平上实现供需平衡。

（3）产业结构正处于新旧更替阶段，"十五五"时期重点是打好产业基础高级化、产业链现代化攻坚战。受资源禀赋影响，长期以来河南省形成了以能源原材料为主的产业结构，已经成为经济下行压力、环境保护压力的症结所在和高质量发展的重大制约，虽然经过多年的调整，但能源原材料行业主营业务收入占比仍高达40%左右。新兴产业对经济增长的拉动作用依然不足，虽然占比在上升，但与周边省市相比，仍有较大差距。把握产业结构优化升级和新旧动能转化的新机遇，必须坚持优化存量和扩大增量并重，以培育壮大新产业、新业态、新模式增强发展新动能，以推进"三大改造"促进传统产业"脱胎换骨"，推动产业结构不断向中高端迈进。

（4）产业发展动力由传统要素支撑转向技术、人才等高端要素协同支撑阶段，"十五五"时期要更加突出创新驱动发展。一方面，资源、资本和劳动力等要素的投入产出效率较低。2022年河南省建设用地产出强度仅相当于广东的38.9%、山东的66.9%、湖北的82.5%；每百元全社会固定资产投资新增的生产总值仅为9.2元，低于全国的13元、广东的23.4元、江苏的15.9元；全社会劳动生产率是全国水平的63.5%，明显低于粤、苏、鲁、浙、鄂5省，且绝对差距还在持续扩大。另一方面，技术、人才等高端要素支撑严重不足。目前国家正在启动新一轮创新资源布局，论证组建重大领域国家实验室、超前布局国家重大科技基础设施、推进建设综合性国家科学中心、支持中西部地区建设技术转移示范区，如果抓不住这一轮机遇，差距将进一步拉大。面对传统要素规模驱动力减弱、经济增长更多依靠人力资本质量和技术进步的新趋势，必须持续加大创新投入，优化创新资源配置，深入实施重大人才工程，推动创新逐步成为驱动经济发展的主动力。

（5）产业发展环境正处于优劣重构阶段，"十五五"时期要更加注重优化营商环境。随着数字化、网络化、智能化快速发展，传统优势和新优势相互更迭，发展格局加快调整。谁能把握得好、抢占优势，就能占据主动、领先发展、跨越发展，否则就可能丧失优势，陷于长期被动。一方面，传统优势在减弱。全国综合交通呈现网络化格局，武汉、合肥、西安等城市都规划布局了向周边八个方向辐射的快速铁路网，河南省高速公路网总里程已经丢掉了连续八年全国第一的位置，武汉天河、长沙黄花机场旅客吞吐量紧追郑州机场。劳动者素质特别是高层次劳动力短缺，人口红利已经不能等同于人力资源优势。另一方面,体制机制劣势在缩小。随着国家持续深化改革扩大开放,着力破解体制机制深层次矛盾,中西部内陆地区正在缩小与东部沿海地区的差距。在很多领域各地基本处于同一起跑线,谁能看准趋势、大胆改革、前瞻布局,就可以抢占制高点。如贵州抢占大数据先机,已经成为全国大数据产业发展的新高地。当前地区之间竞争已经从拼补助、拼政策、拼招商转换为以营商环境为代表的软环境之争,营商环境的优劣将成为影响地区发展的关键因素。"十五五"时期,必须巩固传统优势,培育新的竞争优势,以更大的决心和魄力持续优化营商环境,进一步激发微观主体活力,努力在日益加剧的区域竞争中抢占先机。

总的来看,"十五五"时期,河南省将步入工业化后期并逐步向后工业化时代演变阶段,产业发展质量将从追求规模总量向追求质量效益转变,产业发展动力由传统要素支撑转向技术、人才等高端要素协同支撑,产业发展模式将随数字化转型加速向跨界渗透融合转变,迫切需要提升产业体系发展水平,为经济高质量发展提供坚实支撑。

四、河南省构建现代化产业体系的重点路径

根据国内外产业发展趋势,锚定"两个确保",深入实施"十大战略",结合本地实际,河南省要明确产业发展方向和推进路径,全力推进产业高端化、高技术化、服务化和融合化发展。

(一)现代化产业体系发展方向

紧紧聚焦现代化河南建设目标、围绕产业高质量发展主题,加强产业分工协作,促进产业链上下游深度合作,打造具有国际竞争力的现代化产业体系,积极建设先进制造业强省、现代服务业强省和农业强省。

1. 推动制造业高质量发展,建设先进制造业强省

紧盯科技革命和产业变革方向,把制造业高质量发展作为主攻方向,对主导产业要在做强存量、扩大增量上下功夫,充分利用产业先发优势,做大食品、装备、材料等万亿产业集群规模。以高端化、智能化、绿色化、服务化、国际化为方向,巩固提升传统装备优势,持续壮大电力装备、矿山装备等领军产业。重点提高骨干企业集成融合、研发创新、高端制造、服务增值和智慧发展能力,实现"河南制造"进入全国装备制造第一方阵。瞄准技术变革速度快、颠覆经济模式潜力大的重大技术,重点培育发展新能源及网联汽车、新一代人工智能、现代生物和生命健康等千亿级新兴产业集群,全力打好产业基础高级化、产业链现代化攻坚战,持续提升发展能级,实现"河南制造"向"河南智造"和"河南创造"转变。针对5G、区块链、智能制造、虚拟现实等领域,推动重点领域市场应用示范,打

造核心产品,抢占产业发展先机,引领产业高端发展和经济高质量发展。

2. 推进服务业高质量发展,建设现代服务业强省

紧跟服务业发展趋势,充分发挥河南省产业优势,按照"有所为,有所不为"的原则,聚焦服务业关键领域和薄弱环节,加快推动服务业质量变革、效率变革、动力变革,着力构建优质高效、特色鲜明、竞争力强的服务业高质量发展体系。大力发展现代物流、金融、信息、文化旅游、健康养老等主导服务业,突出新业态发展、新热点培育、新技术应用,提升服务业竞争力。发展壮大培育发展科技、商务、会展、服务外包和居民家庭服务等新兴服务业,形成一批产业集群。充分发挥人口优势,加快发展共享经济、平台经济等信息消费新业态新模式,率先壮大新零售、跨境电子商务、云上医疗、线上教育、网络文化、智慧康养等互联网服务业,培育发展智慧城市、智能物流、宅经济和新消费等新业态,提升新型信息消费产品和服务供给水平。

3. 推动农业高质量发展,建设现代农业强省

在抓好粮食生产的基础上,持续深化农业供给侧结构性改革,不断提高农业创新力、竞争力和全要素生产率,实现从农业大省到现代农业强省的转变。深入实施藏粮于地、藏粮于技战略,在确保粮食耕地面积和产量基础上,调整小麦、玉米等粮食生产结构,加快高标准农田和优质粮源基地示范县建设,打好"粮食生产这张王牌"。围绕促进乡村产业振兴,加快发展高效种养业,重点发展优质专用小麦、优质花生、优质草畜、优质林果、优质蔬菜、花卉苗木、茶叶、食用菌、中药材、水产品等优势特色农产品,打造优势特色农业发展基地。坚持质量兴农、绿色兴农、品牌强农,延伸粮食产业链、提升价值链、打造供应链,强化农产品质量安全监管,推进面、肉、油、乳、果蔬五大产业转型升级。按照高端化、绿色化、智能化、融合化发展要求,强化科技支撑,扩大品牌影响,打造一批"全链条、全循环、高质量、高效益"的现代农业产业化集群。依托农业资源优势,不断延伸产业链、提升价值链、打造供应链,"三链同构"扎实推动农业全面升级,推动农村一、二、三产业融合发展。

(二)现代化产业体系发展布局设想

聚焦国家战略需求和主体功能区定位,立足于各地产业现状优势和未来潜力,坚持有所为、有所不为,明确区域和产业功能定位,谋划产业空间布局,加强跨区域联动和全产业链对接,构建"一心引领、一环协同、三区协同、一带联结"的区域和产业发展布局,促进全省产业布局更优化、特色优势更彰显、区域发展更协调。

1.打造"一心引领"核心引擎

即以国家中心城市郑州为核心,持续壮大高端装备、食品、汽车、电子等万亿级制造业,大力发展新能源及智能网联汽车、新型显示和智能终端、生物医药、人工智能、5G等战略性新兴产业,加快发展金融服务、科技服务、现代商贸等服务业,积极发展现代都市农业,全力打造综合性国家产业创新中心、国际竞争力的产业新高地和国际综合交通和物流枢纽,成为引领全省高质量发展的核心引擎。

2.培育"一环协同"新增长极

以洛阳、开封、许昌、焦作、新乡、平顶山等6市为重点,强化与郑州核心引擎的产业联动协作、空间组织优化、创新能力共建,打造以创新驱动为特色的制造业高质量发展环境和全省新的增长极。

3.推进"三区协同"新支撑点发展

按照区域主体功能定位,优化发展布局和资源配置,推动豫东南、豫北和豫西地区错位发展、协同发展。其中,豫东南现代农业和特色产业发展区以商丘、驻马店、周口、信阳、漯河、南阳盆地为重点,实施乡村振兴战略,服务国家粮食安全战略,做大做强特色支柱产业,打造全省特色发展增长极。豫西绿色转型发展区以洛阳、平顶山、三门峡、济源、南阳盆地周边为重点,推动传统产业绿色化转型,构筑生态屏障,打造全省绿色转型发展增长极。豫北产业振兴示范区以安阳、濮阳、鹤壁为重点,推进产业接续替代,积极承接新兴产业转移,打造全省产业振兴发展增长极。

4.打造"一带联结"新纽带

以郑州、开封、洛阳、新乡、焦作、濮阳、三门峡、济源和安阳滑县等8市1县为重点,加强生态保护与修复,推进黄河文化传承创新,发展绿色产业,打造沿黄生态文化带和高质量发展示范带。

(三)现代化产业体系发展路径

突出大平台、大产业、大项目、大企业建设,按照战略性、前瞻性要求,整合优化资源,谋划发展抓手,落实重点任务,持续推进现代化产业体系构建。

1.以创新驱动为引领,持续推进产业转型升级

坚持把创新驱动作为发展的重要引擎,全面提升产业创新能力,重点推进创新能力提升工程、创新载体建设工程、创新主体培育工程等,实现建设一批创新引领型平台、引进一批创新引领型机构,将更多创新活力转化为发展动力,努力实现全县产业发展由要

素驱动为主向创新驱动为主转变。

2. 推动产业高水平集聚集约发展，提升载体支撑

按照专业化聚集、园区化承载、集群化推进思路，加快推进开发区"三化三制"改革，以载体建设促进产业集群发展壮大，以载体建设促进新产业新业态新模式培育，构建产业发展新动能。大力发展共享经济、平台经济、合作经济和数字经济，加快发展新业态、培育新产业、形成新消费，全力打造经济发展新亮点。

3. 积极培育企业主体，做强实体经济支撑

坚持政府主导与市场运作相结合，围绕破解企业经营和成长瓶颈，实行政策精准投放策略，引进制造业、服务业和现代农业各细分领域的龙头企业和"单打冠军"，积极培育创新"独角兽"企业和高成长性科技"小巨人"，形成一批创新能力强、市场辐射能力大、可持续发展的重点企业梯队。建立精准扶持体系，积极推进企业上市，完善上市后备企业库。

4. 优化产业发展环境，打造产业优良生态

结合全省环境容量要求，完善产业地图，制定产业结构调整负面清单，对未纳入负面清单管理的行业、领域等，保证各类市场主体平等进入。降低新兴产业的准入门槛，根据行业特征，调整优化准入标准。进一步深化"放管服"改革，建立重点产业项目库，以提前介入、限时审批、联合审批、代办服务等方式加快项目审批。强化事中事后监管，完善权责清单动态调整制度，加强企业信用监管。推进"互联网+行政审批"，建设联动政府、企业、行业协会的电子政务服务平台，实现信息互联互通，提升行政服务效率。设立产业发展引导基金，制定落实促进创新创业税收激励措施，搭建"政企银保"合作的融资担保平台，全面激发创新创业活力。

5. 持续扩大开放，拓展产业发展空间

结合河南实际，鼓励和引导外资参与先进制造业、现代服务业和现代农业项目建设，引导和促进国内外商务服务机构、科技服务机构和海外优秀人才投资创业。瞄准"一带一路"共建国家，鼓励和引导龙头企业加快开拓国际市场，建设海外基地、海外仓和海外工厂，推动商品、技术、原材料和零部件出口。支持行业协会、创投机构与沿线国家建立常态化合作机制，建立境外工贸联盟，搭建境外产供销中心，形成海外优势产业链。

五、对策建议

从产业链现代化、要素培育、企业主体培育、开放招商和体制机制五个层面发力，增

强产业核心竞争力,加大政策支持力度,形成上下联动发展产业合力,加快构建河南省现代化产业体系,努力实现河南省产业从"做大"到"做强"的新跨越。

(一)强化"稳转新集",提升现代化产业体系创新能力

产业基础是发展的"地基",要依托现有产业基础和优势资源要素,稳定比较具有优势的行业,转型升级传统产业,谋划发展新兴未来产业,提升产业链式集聚能力,实现产业基础高级化、产业链现代化发展。

(1)稳步推进产业基础高级化发展。做好顶层设计,聚力打造新材料、新能源汽车、电子信息、先进装备、现代医药、现代食品、现代轻纺七大先进制造业集群;以及超硬材料、尼龙新材料、先进铝基材料、先进铜基材料、先进合金材料、化工新材料、先进钢铁材料、绿色建筑材料、新能源汽车、新型显示和智能终端、智能传感器和半导体、光电、先进计算、新型电力(新能源)装备、先进工程机械、先进农机装备、机器人和数控机床、航空航天及卫星应用、节能环保装备、生物医药、高端医疗器械及卫材、休闲食品、冷链食品、预制菜、酒饮品、纺织服装、现代家居等 28 个产业链,实施产业基础再造和工业强基工程,深入开展"一揽子"突破行动和"一条龙"应用示范,建设一批共性技术平台和制造业创新中心,解决跨行业、跨领域的关键共性技术问题。积极推进产业集聚区"亩均论英雄",让河南飞出更多"吃得少、产蛋多、飞得远"的"俊鸟"。

(2)加快推进产业链现代化发展。大力推动装备制造、汽车制造、食品制造、电子信息制造、新型材料制造等产业链纵向升级,引导骨干企业由生产型制造向服务型制造转型,向设计、研发、品牌等价值链高端环节拓展,提升全产业链能力。以智能制造引领"三大改造",推动有色、钢铁、化工、能源、建材等传统行业延链补链强链,实现智能化、绿色化、循环化发展。

(3)加强产业链协同创新。从推动符合产业变革方向和未来技术发展趋势的一批产业入手,支持5G、人工智能、大数据、无人驾驶、新能源汽车、生命健康等上下游企业,加强产业协同和技术合作攻关,畅通产业链、创新链、资金链和人才链链接,构筑有利于产业基础能力提升的产业生态体系。

(4)培育打造一批新型消费产业集群。依托郑州、洛阳、新乡、许昌等城市,支持关键电子元器件、生物技术、新能源汽车与智能网联汽车等产业核心链条开展集中攻关,支持郑州、洛阳等市积极创建国际消费中心城市,推动智能家居、可穿戴设备、虚拟显示、区块链等热点产品及服务创新研发,打造新型消费产业集群。

（二）促进"四个协同"，打造现代化产业体系发展示范区

依托郑州航空港经济综合实验区、郑洛新自主创新示范区等重大产业发展载体，打造"四个协同"发展示范区，构建科技、金融、人才与实体经济协同发展的体制机制，夯实现代化产业体系的要素基础。

（1）在科技要素方面，重点建立以企业为主体、"政产学研金介用"深度合作、开放共享的创新体系，着力攻克一批制约产业转型升级和新兴产业发展的关键技术和关乎未来发展的前沿技术。

（2）在金融方面，支持在郑州金融岛设立全省现代化产业体系发展基金，发挥现代金融的资本媒介功能、跨期风险配置、财富管理、并购重组和高效支付服务等功能降低信息和交易成本，通过资本纽带构建产业链上下游协作互动的产业生态圈。

（3）在人力资源开发方面，重点加强企业家人才、科技领军人才、中高端技能人才等"三类人才"的教育和培养，吸引和培育一大批有经验和影响力的复合型创新创业领军人才和团队投身实体经济发展。

（4）在要素协同机制构建方面，通过重塑产学研合作机制，改革不合理的金融体制和教育体制，破除制约要素流动的不合理障碍，优化要素配置，提升要素效率，增强人力资本提升与产业发展的协同性，提升金融服务实体经济效能，形成实体经济与高端要素协同发展的有效机制。

（三）着力"强本固基"，夯实现代化产业体系的微观主体

国内外现代化产业体系构建的经验表明，世界级创新型企业具有强大的资源整合能力和持续投入能力，对现代化产业体系构建起到重要的促进作用。

（1）紧抓产业价值链和国际分工重组机遇，加强河南本土骨干企业的培育，推动企业在研发设计、技术创新、生产管理、品牌建设等方面取得突破。重点支持五大主导产业内的优势企业，利用创新、标准、专利等优势开展对外直接投资和海外并购，加大对"一带一路"国家技术和产能合作，有效整合全球资源，积极构建全球价值链，培育一批技术领先、创新能力强的创新企业群。

（2）在5G、智能传感器、智能装备、现代生物和生命健康、新能源及网联汽车、新型显示和智能终端、新一代人工智能等十大新兴产业内，采取产业基金全产业链、全过程的支持方式，重点培育一批"瞪羚企业"和行业冠军企业。

（3）依托交通物流枢纽、广阔市场、文化旅游等优势，紧抓消费升级和培育强大国内市场机遇，在现代物流、跨境电商、健康养老、文化旅游等领域，以新业态新模式为主攻方

向,重点培育一批高成长型服务业企业。

(四)强化"制度创新",完善现代化产业体系的制度保障

构建现代化产业体系,不仅需要推动生产要素质量变革、优化各种要素资源的配置,更需要深化改革,推动政府服务和体制机制的深层次变革,激发实体经济和要素发展活力,营造更优的营商环境。

(1)深化金融、土地、能源等要素市场化配置改革,建立公平竞争的市场环境和有效的市场机制,实现劳动力、土地、资本、技术、信息等要素自由流动,推动要素向实体经济汇聚,向优质产能、优秀企业流动,促进产业资源的合理配置与绩效优化。

(2)全面实施市场准入负面清单制度和公平竞争审查制度,大幅放宽市场准入限制,切实打破各种形式的行政垄断和市场垄断,为不同所有制、不同规模企业创造公平竞争环境。

(3)强化开放创新合作,推动产业链上下游全方位对外开放,积极引导外资投向河南省高端制造领域,鼓励在河南省设立全球研发机构、先进制造业中心,开展全球创新与产业合作,充分利用全球资源助力现代化产业体系构建。

参考文献

[1]陈建军.关于打造现代产业体系的思考:以杭州为例[J].浙江经济,2008(17):43-45.

[2]张明哲.现代产业体系的特征与发展趋势研究[J].当代经济管理,2010,32(1):42-46.

[3]金碚.中国工业的转型升级[J].中国工业经济,2011(7):5-14,25.

[4]刘文勇.现代产业体系的特征考察与构建分析[J].求是学刊,2014,41(2):52-58.

[5]李晓华.多维度认识现代产业体系[J].中国邮政,2018(9):62-63.

[6]盛朝迅.构建现代产业体系的思路与方略[J].宏观经济管理,2019(1):37-43.

[7]郭晗,侯雪花.新质生产力推动现代化产业体系构建的理论逻辑与路径选择[J].西安财经大学学报,2024,37(1):21-30.

[8]程恩富,宋宪萍.全球经济新格局与中国新型工业化[J].政治经济学评论,2023,14(5):3-25.

[9]郑腾飞,魏丽,张于喆.建设现代化产业体系的历史演进、理论逻辑与实践路径[J].价格理论与实践,2023(10):42-46.

［10］黄汉权,盛朝迅.现代化产业体系的内涵特征、演进规律和构建途径［J］.中国软科学,2023(10):1-8.

［11］许召元,许振凌,刘凡,等.现代化产业体系建设的主要方向与重点任务［J］.改革,2023(8):1-13.

［12］徐金海,夏杰长.加快建设以实体经济为支撑的现代化产业体系［J］.改革,2023(8):14-25.

［13］徐华亮.建设现代化产业体系:理论基础、演进逻辑与实践路径:基于实体经济支撑视角［J］.中州学刊,2024(1):29-36.

河南省工业化发展的历程、特征与重点任务

王超亚

摘要：

自英国工业革命以来，全球已经经历了三次工业化浪潮。建党以来，我国工业化大致经历了新民主主义革命时期（1921—1949 年）、国民经济恢复和计划经济时期（1949—1978 年）、改革开放后的新型工业化（1978—2016 年）、新时代的新目标：建设世界工业强国（2017 年至今）等四个时期。新中国成立以来，河南省工业化历程主要分为新中国成立初期到改革开放前（1949—1978 年）、改革开放到"十八大"前（1978—2012 年）和"十八大"以来（2012 年至今）三个阶段，并取得了历史性成就，为全省经济实现跨越式发展奠定了坚实基础。目前河南工业化已经走过了以数量扩张为主要特征的初期阶段，进入了以结构调整、增长转型为主要特征的中后期阶段，面临着促进经济发展从量的扩张到质的提高的转变。下一步加快推进河南省新型工业化，必须抓住关键矛盾、突破主要制约、化解主要风险，建议按照"1234"新型工业化发展总体思路，锚定制造业强省建设目标，以制造业高质量发展为主攻方向，加快推进新型工业化，加快建设现代化工业体系，促进"四化"同步发展，加快构建以实体经济为支撑的现代化产业体系。

一、世界工业化发展历程与趋势特征

（一）三次工业化浪潮与现代化

工业化，是以工业的出现以及由工业所导致的包括其他部门在内的整个社会生产变化的全过程。迄今为止，世界工业化进程有四次大推进的浪潮。

1. 第一次工业化：蒸汽时代

第一次工业化是第一次科技革命推动的，时间大致从18世纪下半叶到19世纪中叶，是发端于英国并逐步向西欧和北美洲扩散的世界工业化过程，以蒸汽机为标志的第一次工业革命使英国成为"日不落帝国"。从地域来看，由欧洲引领、美国紧跟，体现为"欧美化"。

第一次工业革命以使用非生活能源（蒸汽）、粗质量的机器大生产和并不太高的技术水平为特征，标志是机械化，物质基础是煤和铁。1765年英国织工哈格里夫斯发明了"珍妮纺纱机"，揭开了第一次科技革命的序幕，之后在棉纺织业出现了骡机、水力织布机等一系列技术革新的连锁反应。1785年瓦特制成改良蒸汽机并投入使用，人类社会由此进入"蒸汽时代"。机器生产的发展促进了交通运输业的革新。1807年美国人富尔顿制成了以蒸汽为动力的轮船，并试航成功。1814年英国人斯蒂芬森发明了"蒸汽机车"，人类的交通运输业进入一个以蒸汽为动力的新时期，见表1。

表1　第一次工业化进程标志性成果

年份	发明	国家	发明人
1733年	飞梭	英国	凯伊
1765年	珍妮纺织机	英国	哈格里夫斯
1769年	水力纺纱机	英国	阿克莱特
1779年	骡机	英国	克隆普顿
1785年	水力织布机	英国	卡特莱特
1785年	改良蒸汽机	英国	瓦特
1807年	轮船（蒸汽船）	美国	富尔顿
1814年	火车（蒸汽机车）	英国	史蒂芬森

资料来源：作者整理。

2. 第二次工业化：电气时代

第二次工业化时间大致是19世纪下半叶至20世纪初，这次工业化浪潮的前锋已转移到美国。以电力、铁路为代表的第二次工业化进程使德美取代英法成为世界强国。从地域来看，是由美国引领，欧洲同步跟进的，可以说是标准的"美欧化"。

第二次工业化的物质基础是电和钢铁，标志是电气化，涌现了一系列与电、钢铁有关的重大发明（表2）。1866年德国人西门子制成具有划时代意义的发电机，1870年比利时人格拉姆发明电动机,电力开始用于工业生产,成为补充和取代蒸汽动力的新能源。随后,电灯、电车、电影放映机等各类电器相继问世,与之配套的各种电力设施逐步完善,人类社会快速步入"电气时代"。1876年美国人贝尔成功发明电话,为迅速传递信息提供了便利。19世纪80年代以煤气和汽油为燃料的内燃机相继诞生,火车、飞机的速度和运载能力大幅提高。1903年美国"汽车大王"亨利·福特创建了福特汽车公司并开创了流水线生产方式,民用汽车从此走入千家万户。

表2　第二次工业化进程标志性成果

类别	年份	发明	国家	发明人
能源	1866	发电机	德国	西门子
	1870	电动机	比利时	格拉姆
	1875	巴黎北火车站电厂	法国	—
	1879	电灯	美国	爱迪生
	1882	纽约市珍珠街发电厂	美国	爱迪生
	1884	多级式汽轮船	英国	帕森斯
交通	1853	机械化电梯	美国	艾莉莎·奥梯斯
	1885	汽车	德国	卡尔·本茨
	1879	电机机车	德国	—
	1903	飞机	美国	莱特兄弟
钢铁工业	1856	酸性转炉炼钢法	英国	贝赛麦
	1879	碱性转炉炼钢法	英国	托马斯
石油化工	1859	世界第一口油井	美国	德雷克
	1860	第一家苯胺厂和品红厂	德国	—
	1867	炸药	瑞典	诺贝尔
电信	1837	有线电报	美国	莫尔斯
	1876	电话	美国	贝尔

资料来源:作者整理。

3.第三次工业化:信息时代

第三次工业化浪潮与第三次科技革命相伴而生,时间大致从"二战"结束开始,以电子、计算机、信息网络为标志的第三次革命让美国成为超级大国。这次现代化浪潮的中心是亚太,并且是一场真正意义上的全球性大变革。

第三次工业化的物质基础是微电子技术、石油能源、人工合成材料等,科学技术直接转化为生产力,涌现出许多不同领域的重大科技成果(表3)。1945年和1952年美国分别成功爆炸原子弹和氢弹,原子能技术实现重大突破。1957年苏联发射了世界上第一颗人造地球卫星,开创了空间技术利用发展的新纪元。1946年第一台电子计算机埃尼阿克(ENIAC)在美国宾夕法尼亚大学问世,之后微型计算机迅速发展,基本上每隔5~8年更新换代一次。1983年美国正式启用因特网(Internet),连通全世界的第一个超级计算机互联网络诞生。2021年全球互联网用户数量达40.47亿人,2022年全球5G连接用户总数超过10.1亿人,人类进入一个更为高级的信息化、自动化时代。

表3　第三次科技革命标志性发明成果

类别	年份	发明	国家
空间技术	1957	第一颗人造卫星上天	苏联
	1961	东方号载人飞船	苏联
	1969	阿波罗11号登月	美国
	1981	第一架航天飞机升天	美国
原子能技术	1945	原子弹试验成功	美国
	1952	氢弹试验成功	美国
	1954	第一座核电站建成	苏联
	1957	核动力破冰船下水	苏联
计算机技术	1946	电子计算机诞生	美国
	1947	晶体管问世	美国
	1960	激光器出现	美国
	1977	超大规模集成电路	美国
	1983	因特网启用	美国
生物技术	1996	克隆羊"多莉"	英国
	1999	首次制造人工DNA分子	美国
	2000	公布人类基因组工作草图	美、日、法、德、英、中

资料来源:作者整理。

总体来看,引领第三次现代化浪潮的主要国家分布在北大西洋两岸和太平洋两岸,表现为"欧美化"和"亚太化"双中心,有向"全球化"扩散的趋势。

4. 第四次工业化：智能时代

人类历史上的第四次工业化即"工业4.0"。第一次工业革命是18世纪60年代至19世纪中期掀起的通过水力和蒸汽机实现的工厂机械化；第二次工业革命是19世纪后半期至20世纪初的电力广泛应用；第三次工业革命是20世纪后半期出现的、基于可编程逻辑控制器（PLC）的生产工艺自动化。工业4.0的定位是可与这些工业革命比肩的技术革新。

工业4.0的本质，就是通过数据流动自动化技术，从规模经济转向范围经济，以同质化规模化的成本，构建出异质化定制化的产业。互联网技术降低了产销之间的信息不对称，加速两者之间的相互联系和反馈，因此，催生出消费者驱动的商业模式，而工业4.0是实现这一模式的关键环节。工业4.0代表了"互联网+制造业"的智能生产，孕育大量的新型商业模式，真正能够实现"C2B2C"的商业模式。

（二）当前工业化进程的趋势特征

随着新技术、全球化生产流程和产品需求多样化的出现，工业形态迅速变化，当前工业化进程顺应后疫情经济发展趋势，统筹疫情防控和经济社会发展，统筹发展和安全，是以数据要素为主导的基础生产要素的一次次突破性地由低级向高级变化过程。

1. 全球工业化呈现"创新引领"趋势

全球产业重构的根本动力在于技术和商业模式创新。即便遭遇逆全球化和安全形势恶化，世界经济终究要依靠科技创新和可持续发展才能实现再平衡。后疫情时代，各国强化企业科技创新主体地位，加快各类创新要素向企业集聚，提升企业创新能力，通过加强资源整合、开展重点领域关键核心技术攻关，推动创新链和产业链深度融合，推动"产、学、研、用"一体化进程。与此同时，产业创新范式发生重要变化，国际竞争逐步由个体竞争向群体竞争、集群竞争、链条竞争和生态竞争转变。当前，全球产业竞争范式深刻调整，国际产业和创新竞争正在从产品竞争、个体竞争升级到产业链群和产业生态之间的竞争，分工深化、协同互补、链条完整的产业集群创新成为产业竞争力的重要来源。政府支持政策也从重视单一产品制造和技术突破逐步向重视系统集成、生态营造、集群建设、产业链升级、自主可控转变。

2. 全球工业化呈现"数字赋能"趋势

电子技术的快速发展和随之而来的信息和通信技术的出现极大地改变了世界工业的形态，现有行业也通过数字化转型经历了重大变化。数字化具有改变世界各行各业的强大力量，并带来了革命性的重大变革。第四次工业革命技术正在改变不同价值链内部和之间的生产和服务活动。机器人化、增材制造、AI 等领域的进步,以及相关的数据分析、数字平台和数字供应链的融合,为加速创新和增加生产的增值内容开辟了新机遇。数字化为国家和企业提供了重要而广泛的机会,它在未来十年将产生重大影响。在数字经济时代,数据成为继劳动、资本、土地、知识、技术、管理之后的重要生产要素。数据进入生产函数后,不但改变生产要素的投入结构,而且能够显著提高其他生产要素的使用效率,成为价值的重要来源、产业竞争力的关键。更为重要的是,数据是在人类的生产经营活动中产生的,具有非竞争性、非损耗性的特点。近期以 ChatGPT 为代表的人工智能技术突破,使得"机器"可以自动地创造内容(数据)。

3. 全球工业化呈现"全球协作"趋势

近年来,全球化以各种方式进行着,为了减少国家间国际贸易和投资的壁垒,大量的自由贸易协定、经济伙伴关系协定和双边投资协定相继建立。全球价值链的出现更是涉及工业化进程最重要的结构性变化之一,全球价值链的多样化和碎片化演变为新型工业化融入具有巨大全球市场的国际生产网络提供了大量机会。全球价值链最重要的概念之一是碎片化,这意味着各种生产过程的专业化。这种碎片化使部分国家有机会在不具备全套生产能力的情况下参与全球价值链的一部分。全球价值链由围绕核心生产过程从上游到下游的增值过程链组成,一般来说,随着时间的推移,核心生产过程的增加值有下降的趋势,而上下游生产过程则有增加的趋势。在全球价值链核心生产过程和上下游获得更多收益更高附加值的产业政策是重中之重。

二、我国工业化发展历程与趋势特征

(一)中国工业化百年历程

建党一百年来,我国工业化经历了以下四个时期:①1921—1949 年,新民主主义革命时期的探索阶段。②1949—1978 年,从农业经济向现代经济转变的奠基阶段,建成独立的比较完整的工业体系。③1978—2016 年,实行改革开放,经济规模快速扩张和参与国际分工的起飞阶段,成为世界第一工业大国。④2017 年至今,积极应对新阶段关键核心技术创新、改善国际分工地位和绿色低碳发展等要求,建设世界工业强国。

1. 新民主主义革命时期(1921—1949 年):扫除工业化障碍时期

1840 年,中国近代工业化处于萌芽阶段,洋务运动推动了工业化建设,到 1921 年中国共产党成立后,民营企业的涌现,煤矿、铁矿、钢铁厂等一批工厂开始落地。1921—1927 年是探索适应新民主主义革命时期的工业化发展和工作实践;1927—1932 年开始探索新的革命和发展道路,允许在红色根据地内发展私人经济、创建国营工业、兴办军需工业,恢复和发展手工业生产合作社;1941 年兴办了一批被服厂、草鞋厂、炭窑厂等工业企业,有力地支持了战时需求,加强了工业建设;解放战争时期,提出了解放区开展生产运动要贯彻以农业为主、工业为辅的方针;新中国成立时,中国国民经济极其落后,使用机器的现代工业产值仅占工农业生产总值的 17% 左右,国家明确有计划有步骤地恢复和发展重工业,创立国家工业化的基础,恢复和增加纺织业及其他有利于国计民生的轻工业。鸦片战争全新中国成立这一白多年的实践说明,在新民主主义单命取得胜利和社会主义制度建立之前,中国可以发展一点工业,但不可能实现工业化。

2. 国民经济恢复和计划经济时期(1949—1978 年):建成独立的比较完整的工业体系

1949 年中华人民共和国成立,中国走上波澜壮阔的社会主义工业化道路。1949—1952 年是工业逐步恢复和发展时期,工业恢复和发展重点放在关系国计民生的矿山、钢铁、电力、机械制造、化工、纺织等行业,在东北地区和内地有计划地建设一批骨干企业,奠定了中国由农业国向工业国转变的基础。1952 年国家制定了过渡时期总路线,明确提出优先发展重工业,基本建设投资向钢铁、有色金属、电力、煤矿、石油、机器制造、化学、建筑材料、木材等重工业倾斜,机器制造和冶金工业被视为重中之重,为此后长时期的国家工业化奠定了初步基础。在"一五"计划和三大改造基本完成的基础上,"二五"计划提出在大约 3 个五年计划时期内基本上建成一个完整的工业体系,发展壮大了冶金、机器制造、电力、煤炭和建筑材料等工业部门的建设,攻克了冶金、采矿、电站、石化等现代化大型设备的设计和制造技术,比较落后的石油工业、化学工业和无线电工业得到积极建设。"三五"计划的提出,适当加强国防建设,努力突破尖端技术;与支援农业和加强国防相适应,加强基础工业,使国民经济建设进一步建立在自力更生的基础上。"四五"计划强化了以备战和三线建设为中心的经济建设思想,提出集中力量建设"大三线",狠抓钢铁、军工、基础工业和交通运输的建设,初步建成独立、比较完善的工业体系和国民经济体系,促进国民经济新飞跃。受到"文化大革命"的干扰,中国国民经济和工业发展出现较大起伏,为扭转"文革"初期的混乱局面,1969—1970 年,国家采取"三线"建设、发展地方"五小"工业、调整经济管理体制等措施恢复经济。1972 年和 1973 年实施了大规模引进先进技术装备的"四三"方案,用 43 亿美元集中从西方发达国家进口成套设备,利用先进技术装备兴建的一批大型工业项目,这两次引进的先进技术装备,在改革开放初期的工业发展中发挥了巨大作用,为 1978 年以后的对外开放和大规模技术引进埋下了伏笔。

3. 改革开放后的新型工业化（1978—2016 年）

1978 年 12 月,中共十一届三中全会作出把全党工作重点转移到社会主义现代化建设上来,实行改革开放的历史性决策,中国工业化由此进入向世界工业大国迈进的新阶段。改革开放初期,中国调整了轻重工业比例关系,20 世纪八九十年代纺织和食品以及其他轻工业发展较快。20 世纪 90 年代后期轻工业有了较充分发展后,发展重点再次从轻工业转向资本和技术密集的重工业。进入 21 世纪,中国经济总量增长较快,重工业占工业总产值的比重提高到 60% 以上,资源环境约束趋紧,先污染后治理的传统工业化道路难以为继,客观要求中国走出一条不同于发达国家的工业化道路。2002 年,党的十六大提出走新型工业化道路。相对于传统工业化道路,新型工业化道路更加强调与信息化融合、提高科技含量和经济效率、保护资源环境和充分发挥人力资源优势。2007 年党的十七大提出"中国特色新型工业化道路"的命题,大力推进信息化与工业化融合,促进工业由大变强。中国由此发展成为世界第二大经济体和第一工业大国,外汇储备连续多年位居世界第一,工业品出口构成从初级产品转变为纺织、服装、玩具等劳动密集型产品,再转变为以机器设备和电子信息产品为主的复杂产品,用几十年时间走完了发达国家几百年走过的工业化历程。

4. 新时代的新目标:建设世界工业强国（2017 年至今）

党的十九大决定乘势而上开启全面建设社会主义现代化国家新征程,并作出分两个阶段实现第二个百年奋斗目标的战略部署。2020 年 10 月中共十九届五中全会提出,坚持创新在中国现代化建设全局中的核心地位,坚定不移建设制造强国、质量强国、网络强国、数字中国,推进产业基础高级化、产业链现代化,提高经济质量效益和核心竞争力。以上部署明确了中国工业化的历史方位以及实现新型工业化和建设世界工业强国这个新时代中国工业化的任务与目标。实现上述任务和目标不仅是量变过程,更重要的是实现质的跃升。如果能够有效应对各种制约和挑战,实现工业持续稳定协调发展,人均收入稳步提高,就能成功完成工业化、实现现代化,顺利进入高收入发达国家行列。如果不能有效应对各种制约和挑战,工业增长陷入停滞甚至衰退,人均收入就会长期滞留在中等收入水平。为如期完成基本实现新型工业化和建设世界工业强国的目标,为基本实现现代化和建设社会主义现代化强国提供有力支撑,中国工业必须直面各种短板和挑战,全面贯彻新发展理念,以攻克核心技术、改善国际分工地位和提高绿色低碳发展能力为主攻方向,在继续做大总量的基础上,加快传统产业升级、新兴产业培育和先进制造业壮大,努力提高发展质量。

（二）当前我国工业化进程阶段性特征及趋势

我国工业化发展进入从规模增长向质量提升的重要窗口期，工业化基本实现，正稳步进入后期。5G、人工智能、工业互联网、物联网等支撑产业及社会网络化、数字化、智能化升级发展的新基建将成为"引擎式"的重大产业驱动力，制造业将与互联网、大数据、人工智能深度融合，推动产业结构从资本密集型主导向技术密集型主导转变，制造业数字化、网络化、智能化水平不断提高，高端化、绿色化、服务化转型步伐加快，发展质量和效益明显提升，成为建设现代化经济体系的重要支撑，有力推动了工业化和现代化进程，显著增强了我国的综合国力和国际竞争力。当前我国工业化总体呈现出以下特征趋势。

1. 创新要素密度更高

随着中国产业结构向传统产业的中高端环节、高新技术产业、战略性新兴产业为主的方向转变，工业发展的投入需要从以前的主要依靠简单生产要素投入转向知识、技术、资本、数据等高级生产要素投入，实现这一转变必须依靠创新驱动。在新一代信息技术领域，随着5G、大数据、云计算、物联网、工业互联网、人工智能等技术的快速突破和广泛应用，柔性生产、共享工厂等新的制造模式以及服务外包、电子商务、移动支付等新的商业模式快速发展；同时，5G、特高压、大数据、人工智能、工业互联网等"新基建"投资力度加大，有利于加快培育新动能，推动我国新兴产业发展和传统产业数字化、智能化改造。

2. 绿色低碳底色更浓

我国制造业绿色转型发展势头良好，通过广泛推广应用节能环保技术和装备，绿色制造体系正在加快构建和形成，绿色发展路径不断拓宽加深。新型工业化道路必须贯彻落实可持续发展战略、生态文明战略、美丽中国战略，从节约资源、保护环境中求发展。新型工业化道路是一条新的工业文明与生态文明高度融合发展的道路，意味着要完善绿色低碳政策和市场体系，充分发挥市场机制激励约束作用，加快形成节约资源和保护环境的产业结构、生产方式、生活方式；意味着要以信息化、数字化、网络化、智能化赋能工业化，以低碳化约束工业化，以工业化带动信息化、数字化、网络化、智能化和低碳化。

3. 数字经济与实体经济融合渗透更广

近年来，新一轮科技革命和产业变革持续深化，一系列重大和前沿科技创新加快突破和应用，特别是新一代信息技术加速向各领域渗透拓展，数据作为新生产要素的作用日益凸显，将不断为制造业高质量发展注入新动力。数字技术的成熟和广泛应用使得数字技术与制造技术、数字经济与实体经济深度融合成为可能。工业特别是制造业的数字经济与实体经济融合体现在组织全领域、价值链和产品生命周期全过程、供应链的全链条以及商业生态各个方面。在数字经济时代,数字实经济与实体经济融合成为制造业的主要时代特征,也是制造业规模扩大、技术水平提升、国际竞争力提高、全球价值链掌控力增强的关键推动力。

4. 安全韧性要求更高

产业链、供应链在关键时刻不能掉链子,这是大国经济必须具备的重要特征。着力补短板、锻长板、强基础,提升重点产业链供应链自主可控能力,促进全产业链的发展。实施产业基础再造工程,聚焦事关发展和安全的战略需求,找准"卡脖子""掉链子"薄弱环节,着力补短板、锻长板,提升产业体系自主可控能力,保障极端情况下国民经济循环畅通。围绕重点产业链深入推进"强链补链稳链",发挥"链主"企业带动作用,强化产业链上下游、大中小企业协同攻关,促进全产业链发展。调整优化产业链布局,加快建设一批世界级先进制造业集群,进一步提升战略性矿产资源供应保障能力,加强产业链关键环节产能储备和备份。完善产业安全发展环境,开展重点领域产业竞争力调查和产业安全评估,建立健全产业救济机制和政策体系。

三、河南工业化发展历程与当前形势

(一)河南省工业化历史进程

新中国成立以来,在中国共产党领导下,经过艰苦卓绝的奋斗,河南工业化发展取得了历史性成就,为全省经济实现跨越式发展奠定了坚实基础。河南省工业化历程主要分为新中国成立初期到改革开放前、改革开放到"十八大"前和"十八大"以来3个阶段。

1. 新中国成立初期到改革开放前的河南工业化发展

(1)国民经济恢复期(1949—1952年)。工业化发展从基本空白到快速发展。新中国成立之初,河南省处于封闭的农业社会状态,工业企业几乎都是手工作坊和工场,1949年全省工业总产值仅2.98亿元,工业在国民经济中只处于从属地位,工业产业分布围绕铁路沿线分布。经过3年的恢复和发展,到1952年,全省工业总产值达到9.98亿元,占全省工农业总产值的比重从1949年的14.8%上升到23.8%,许多关系国计民生的重要工业品产量已恢复或超过了历史最好水平。

(2)社会主义改造时期(1953—1957年)。初步奠定了社会主义工业化基础。随着"一五"计划实施,国家在河南省布局建设郑州火电厂、洛阳拖拉机厂、洛阳滚珠轴承厂等10个重大产业项目,带动形成了洛阳、郑州、开封、新乡、平顶山、焦作等新兴工业城市,初步奠定了全省工业发展基础。"一五"时期,苏联援助建设的156个国家投资建设项目有

10 个(其中 1 个为军工项目)安排在河南,在全国排名与吉林省并列第 5 位,实际投资总额为 15.97 亿元,在全国排名与内蒙古并列第 4 位,主要集中在洛阳、郑州、焦作、平顶山等地。到 1957 年,全省工业总产值 16.63 亿元,占全省工农业总产值的比重上升到31.8%;重工业增加值在工业总产值中的比重由 1952 年的 20.4% 上升到 30.0%。

(3)"大跃进"和调整时期至改革开放前(1958—1978 年)。初步建立起了现代工业体系。经过"二五"(1958—1962 年)"三五"(1966—1970 年)和三线建设时期的进一步发展,河南省打造了一大批大中型骨干企业,形成了机械、纺织、煤炭等工业部门,初步建立起了现代工业体系。1958—1962 年全省工业总产值年均增长 6.7%,重工业占工业的比重从 1957 年的 30.0% 急剧上升到 1962 年的 46.0%。1965 年,全省工业总产值达到42.24 亿元,同比增长 36.9%,其中轻、重工业分别增长 36.2% 和 37.7%。1978 年地区生产总值达到 162.92 亿元、位居全国第 9 位,人均生产总值达到 232 元、位居全国第28 位,初步奠定了全国经济大省的地位。

2. 改革开放到十八大的河南工业化发展

(1)改革开放到 21 世纪初(1979—2000 年)。河南省工业经济调整、改革加速发展。1979 年起,河南省按照"调整、改革、整顿、提高"方针,开展了扩大企业自主权、现代企业制度建设、鼓励发展非公有制企业等一系列改革,集体经济和个体经济取得突飞猛进的发展。1980—1990 年,河南工业总产值中的集体工业占比从 25.4% 上升到 34.6%,个体工业从 0.01% 上升到 9.8%。1992 年,省委省政府制定了"以农兴工、以工促农、农工互动、协调发展"的发展思路,作出了"大力发展食品工业,振兴河南经济"等一系列重大部署。1993 年后省委提出"越是一个农业大省,越要重视工业",把工业建设摆在了更加重要的位置。1995 年,党的十四届五中全会提出"两个根本性转变",将宏观调控和深化改革有机地结合起来,经济发展"软着陆",全省工业经济增长方式从粗放型向集约型转变的步伐加快。随着 1997 年亚洲金融危机爆发,河南省经济明显受到影响,省委省政府及时推出一系列政策举措积极应对金融危机,深入推进国企改革,全省国企改革向纵深推进,超过 80% 的国有工业企业成功实现改制。到 2000 年全省二产占比达到 45.2%,河南逐步走出了一条农业省加快工业化进程的新路子。

(2)河南工业产业跨越式、科学化发展,新兴工业大省地位确立(2001—2007 年)。2001 年河南省首次把结构问题提高到与增长同等重要的战略地位,系统提出要调整产品、产业、城乡、所有制和人才等"五个结构",并配套出台了培育五大支柱产业等举措。2002 年,河南以国有大中型企业公司制改革、上市公司股权分置改革、省属企业产权结构多元化改革等为突破口,积极推进国有经济布局和国有企业战略性重组。到 2005 年,全省工业结构明显优化,食品、有色、化学、机械装备、轻纺等五大支柱产业占规模以上工业的比例达到48.3%,以电子、生物和医药工业为主的高新技术产业增加值占工业的比重达到18.7%。2001—2007年,全省工业增加值年均增长19.3%,新兴工业大省的地位基本确立。

(3)河南工业产业集聚发展(2008—2012年)。2008年全球性的金融危机爆发,河南省积极应对,谋划提出了将"一个载体、三个体系"作为加快转变的战略突破口,以产业集聚区为载体,积极构建现代化产业体系、现代城镇体系和自主创新体系,全省规划建设了180个产业集聚区,成为各地发展主导产业、承接产业转移的主要载体。河南省工业生产虽有所放缓但仍保持较快增长,全省全部工业增加值同比增长15.3%。到2012年,全省产业集聚区对工业增长的贡献率达到63.9%,100个产业集聚区主营业务收入超百亿元,10个产业集聚区超500亿元。2009—2012年,全省工业增加值年均增长13.2%。

3. 十八大以来的河南工业化发展

党的十八大以来,面对深刻调整的国内外形势环境和各种非预期性因素的影响,河南省经济发展承压增大,为主动适应新常态,积极落实稳增长、促改革、调结构,全省开始加快培育产业新增长点和结构性力量,推动全省工业产业结构向中高端迈进。2013年起,全省工业增加值增速回落至个位数,但工业经济转型升级效果初显,提质增效发展稳中向好。2016年,河南工业全面推进供给侧结构性改革,在化解过剩产能、处置"僵尸企业"、实现资源优化配置和市场出清的同时,经济保持了平均较快的增长态势。2008—2018年,全省全部工业增加值年均增长10.8%。2020—2022年,河南省工业增加值年均增长4.5%。目前河南已拥有40个工业大类,197个行业中类,583个行业小类,产业链、供应链韧性和竞争力持续提升。

(二)当前河南省工业化发展成就与问题

新中国成立以来,河南工业一改基础薄弱、技术落后、门类单一的落后面貌,河南工业经济跨越发展、工业体系健全、产业结构日臻完善、发展水平不断提升,助力河南成功实现了由农业大省向新兴工业大省的历史性转变。

1. 工业经济快速发展

1978—2000年,河南省工业增加值增长了32.78倍,2001—2011年增长了5.39倍,2022年全省工业增加值由2012年的15 017.56亿元攀升至19 592.8亿元,增长了30.47%。从全国范围看,我国工业发展呈现从沿海到内地由强到弱的雁翎格局(图1)。2022年江苏、广东工业增加值分别为4.86万亿元、4.77万亿元,远超其他省份;河南省工业增加值为 1.96 万亿元,全国排名第六,仅次于沿海五省份,跻身全国工业发展第二梯队、中西部工业发展第一梯队。

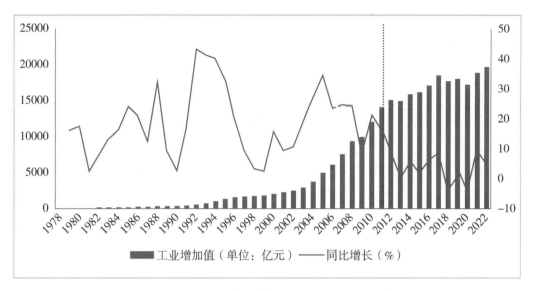

图 1　1978—2022 年河南省工业增加值及增长率情况

数据来源:1978—2022 年《河南统计年鉴》,2022 年数据来源于国家统计局。

2. 工业质量效益不断增强

党的十八大以来,河南省统筹传统产业改造提升和战略性新兴产业跃迁发展,积极推进制造业绿色、智能、技术三大改造,装备制造、食品制造跃向万亿级产业,尤其是大力发展电子信息、装备制造、汽车及零部件、食品、新材料等五大主导产业,驱动全省工业增长的主要行业力量发生积极变化。同时,河南省实施新能源及网联汽车等 10 个新兴产业链现代化提升方案,下一代信息网络、信息服务、新型功能材料、节能环保等 4 个产业集群入选首批国家战略性新兴产业集群发展工程。截至 2022 年末,全省战略性新兴产业增加值占工业增加值比重达到 25.9%,较 2016 年提高 14 个百分点。

3. 创新驱动发展能力显著增强

牢牢把握企业、人才、平台、机构四个关键要素,推动郑洛新自创区、技术转移郑州中心、生物育种创新中心、智能农机创新中心、超算郑州中心等一批"国字号"创新平台落地河南。2013—2021 年,全省规模以上工业实现高新技术产业增加值 42 019.48 亿元,年均增长 15.7%。截至 2022 年底,河南规上工业企业研发活动覆盖率超过 50%,高新技术企业突破 1 万家、科技型中小企业突破 2 万家,全社会研发经费投入突破 1100 亿元、R&D 超过 1.8%,拥有 8 个国家认定的创新型产业集群、93 个国家级企业技术中心、50 个国家级工程研究中心(工程实验室)964个、10个国家级工程技术研究中心。

4. 工业企业发展突飞猛进

改革开放以来,规模以上工业企业数量倍增,经济规模实力持续提升,为河南经济社会发展作出重要贡献。1949年,全省共有工业企业2646家,经过30年发展,1978年增加到12 142家;1978—2021年,全省规模以上工业企业单位数先快速增长后平稳增长,1978—1997年由12 142家增至25 986家;1998—2008年由10 450家增至18 700家,增长近八成;2009—2021年由18 105家增至21 679家,增长19.74%。截至2021年末,全省规模以上工业中,中小企业户数达到17 327户,占规模以上工业企业数的85%,年营业收入28 903.15亿元,利润总额达到1475.72亿元,对规模以上工业增长的贡献率达到67.6%,成为拉动工业增长的主要力量。

5. 工业发展仍有不少问题

(1)产业价值链水平较低。河南产量在全国排名较为靠前的烧碱、纯碱、农用化肥、水泥等产品,均属于处于价值链低端的初级产品。但科技含量和附加值较高的产品以及符合当前市场需求的知名品牌相对较少。2021年,河南家用电冰箱、洗衣机产量分别为278.88万台、30.05万台,远低于安徽(2381.4万台、2627.4万台)、江苏(1372.11万台、2507.99万台)、广东(2091.56万台、757.57万台)等;2021年,河南汽车产量为52.79万辆,全国排名第17,全国排名前五的广东(338.46万辆)、上海(283.32万辆)、吉林(228.9万辆)、湖北(209.9万辆)和重庆(199.8万辆)分别是河南的6.4、5.4、4.3、3.98、3.78倍。2021年,河南微型电子计算机产量5.78万台,全国排名第18,重庆(1.073亿台)、四川(9751万台)、广东(5935.4万台)、江苏(5472万台)、安徽(3694万台)分别是河南的1856.46、1687.09、1026.89、946.74、639.23倍。

(2)工业企业规模小、经营方式较粗放。传统产业发展规模较高,技术密集型产业及高技术产业较少,高耗能产业偏重。2021年,冶金、建材、化学、轻纺、能源等传统产业单位有8901个,传统产业增加值占规模以上工业比重为48.4%;高技术制造业单位数1243个,增加值占规模以上工业比重为12%;煤炭开采和洗选业、化学原料及化学制品制造业、非金属矿物制品业、黑色金属冶炼及压延加工业、有色金属冶炼及压延加工业以及电力、热力的生产和供应业等高耗能行业增加值占规模以上工业比重为38.3%。2021年河南省小微工业企业单位有18 995个,占全省的87.55%;而大型企业有477家,占全省的2.2%,中型企业有2225家,占全省的10.25%。

(3)工业品牌影响力较低。近年来,河南大力实施品牌发展战略,品牌经济对省域经济发展起到了重要推动支撑作用,但整体来看,河南品牌建设仍然滞后于经济发展。由国家知识产权局知识产权运用促进司指导、中华商标协会编制的中国商标品牌发展指数(TBDI-2022)结果显示,河南商标品牌指数得分为76.98,排名第14,低于西部地区的四川(79.95分,第8名)和中部地区的安徽(79.87分,第9名)、湖北(78.65分,第11名)、湖南(78.43分,第12名)。在2022年《中国500最具价值品牌》中河南上榜11个品牌,涉及食品饮料(5家)、能源、汽车、摩托车、机械、传媒、鞋业等7个行业,其中6家上市企业。受到传统模式影响,工业领域品牌附加值低,呈现出传统工业产品多、高新技术产品少、初加工产品多、精深加工产品少、附加值低的产品多等特征。品牌建设理念有待提升,品牌文化建设、影响力不足,知识产权保护力度不够。

(三)当前河南省工业化的历史方位和阶段性特征

目前河南工业化已经走过了以数量扩张为主要特征的初期阶段,进入了以结构调整、增长转型为主要特征的中后期阶段,面临着促进经济发展从量的扩张到质的提高的转变,产业结构处在调整之中。

1.深入推进新型工业化与新一轮科技革命产业变革进入交织叠加期

以5G、人工智能、云计算、大数据、新能源为代表的数字经济、智能经济、生物经济和绿色经济进入爆发增长期,将催生一批新产业新业态新模式,发展空间巨大。近年来,河南省初步建成全球重要的智能终端制造基地,农机装备、航空轴承、诊断试剂、血液制品、智能传感器等研发和产业化处于全国上游水平,在盾构、新能源客车、光通信芯片、超硬材料、流感疫苗等领域技术水平处于全国领先、市场占有率居全国首位,全省新兴产业呈现加快发展态势,在重点实验室建设、创新主体培育、高端人才引进等方面取得新的突破,有望在新兴产业和未来产业一些领域或者细分领域"换道超车""换道领跑",实现抢滩占先。

2.深入推进新型工业化与国家优化重大生产力布局进入机遇碰撞期

党的二十大提出要优化重大生产力布局,构建优势互补、高质量发展的区域经济布局和国土空间体系。国家以重大生产力布局优化调整为抓手,作出一系列重大战略和重大部署。比如,制定实施重点行业布局方案,引导石化、船舶、航空等重点产业优化布局,有序引导和规范集成电路、新型显示等产业发展秩序,统筹新能源汽车产业布局,引导各地差异化协同发展,同时积极引导劳动密集型产业、技术密集型产业、高载能行业和生产性服务业分别向满足其发展条件的中西部和东北地区转移。河南省以比亚迪、宇通为龙头的新能源汽车产业正在加速发力,能源化工、原材料是传统优势产业,184个开发区改革完成、蓄势待发,承接重大生产力布局和产业转移既有产业基础优势,又有空间载体优势。

3. 深入推进新型工业化与产业链供应链安全韧性需求进入四配融合期

党的二十大提出要把实施扩大内需战略同深化供给侧结构性改革有机结合起来,增强国内大循环内生动力和可靠性,着力提升产业链供应链韧性和安全水平。国家将以此为导向,在中西部有条件的地区对事关国家重大战略的重点产业链建立备份基地。河南省位居区位交通条件优越,产业基础雄厚,供应链产业链安全保障能力较强,同时,拥有将近一亿人口的巨大消费市场优势,蕴藏着巨大的城镇化发展空间。随着城镇化水平提高、扩大内需战略深入实施,创新动力、市场活力、要素支撑能力等得到大幅提升,能够为国内大循环提供强大内生动力和可靠性。

四、加快推进河南新型工业化的重点任务

(一)总体思路

党的二十大报告提出到 2035 年基本实现新型工业化,强调坚持把发展经济的着力点放在实体经济上,推进新型工业化,加快建设制造强国。工业化是现代化的基础,下一步加快推进河南省新型工业化,必须抓住关键矛盾、突破主要制约、化解主要风险,建议按照"1234"新型工业化发展总体思路,锚定制造业强省建设目标,以制造业高质量发展为主攻方向,加快推进新型工业化,加快建设现代化工业体系,促进"四化"同步发展,加快构建以实体经济为支撑的现代化产业体系。

1. 抓住"一条主线"

党的二十大报告指出,高质量发展是全面建设社会主义现代化国家的首要任务。要抢抓产业变革机遇,壮大材料制造、食品制造、汽车制造等优势产业,推动产业优化升级,突出新兴产业培育、培育壮大新动能,着力构建以战略性新兴产业为引领、以先进制造业为主体的现代化产业体系。

2. 平衡"供需两侧"

习近平总书记在中共中央政治局第二次集体学习时强调,要搞好统筹扩大内需和深化供给侧结构性改革,形成需求牵引供给、供给创造需求的更高水平动态平衡,实现国民经济良性循环。要坚决扭住扩大内需这个战略基点,围绕投资、消费、出口、物流"四个拉动",发挥投资的关键作用、夯实消费的基础作用、合理扩大出口规模、建设现代物流体系、加快构建完整内需体系。要继续推进供给侧结构性改革,加快转变发展方式和产业组织模式,提升治理能力,改善资本和资源配置效率,促进科技、产业、金融良性循环,达到更高水平的供需平衡。

3. 推动"三大变革"

以"三大变革"为抓手,推动发展方式转变、经济结构优化、增长动力转换,实现高质量发展。①建设现代化产业体系,推动质量变革。以制造业高质量发展为主攻方向,大力实施换道领跑、优势再造等战略,加快构建"以未来产业为先导、新兴产业为支柱、传统产业为基础"的先进制造业体系。②完善市场经济体制,推动效率变革。以完善产权制度和要素市场化配置为重点深化经济体制改革,健全财政、产业、区域、消费、投资等经济政策协调促进新型工业化机制,大力优化营商环境,加快推动制度型开放。③坚持创新驱动发展,推动动力变革。加强关键核心技术攻关和战略性资源支撑,从制度上落实企业科技创新主体地位,重点突破产业链龙头企业和创新链关键项目,打造有影响的制造业创新高地。

4. 促进"四个协同"

充分发挥服务业支持工业发展的作用,把科技、劳动力与人才、资本等生产要素组合起来,协同促进实体经济和工业体系优质高效发展。①促进先进制造业和现代服务业协同。顺应服务业制造化、制造业服务化趋势,加快制造业与服务业深度融合发展,着力提升河南省制造业重点行业和生产性服务业重点领域融合发展水平。②促进科技创新与经济发展协同。紧紧抓住创新引领发展这个牛鼻子,努力使科技创新对经济发展的贡献率不断上升。③促进金融资本与实体经济协同。回归金融服务实体经济的本源,努力促进金融和实体经济、金融和工业、金融体系内部三个方面的良性循环,使金融资本在新型工业化中发挥更大作用。④促进人力资本与产业发展协同。充分发挥人才第一资源在新型工业化中的作用,坚持以人口高质量发展支撑中国式现代化建设的河南实践。

(二)具体建议

1. 加快夯实工业基础,构建现代化产业体系

坚持扩大增量和优化存量并举,把握人工智能等新科技革命浪潮,适应人与自然和谐共生的要求,保持并增强产业体系完备和配套能力强的优势,建设具有完整性、先进性、安全性的现代化产业体系。

(1)提升产业基础能力。围绕新装备、新应用、新材料、新技术、新场景等"五新"领域:①增强核心部件自主研发能力和国产化替代率。②发挥河南省在智能传感器、专用安全芯片等领域的基础优势,强化新型电子制造领域基础元器件的集成应用。③依托河南省基础材料产业优势,强化原材料向新材料转型,向前沿新材料延链。④聚焦新一代信息技术、高端装备、生物医药等新兴产业发展的战略需求,强化关键核心工艺技术的攻

坚与提升。⑤重点推动基于国产基础软件的二次开发和行业软件应用,强化高端工业基础软件的研发。

(2)提升产业链现代化水平。实施战略性新兴产业跨越发展工程,持续加强企业建链育群,完善产业链"双长制",制定出台支持战略性新兴产业跨越发展的意见及配套政策,推动设立省创业投资引导基金和新兴产业投资引导基金。围绕战略支柱产业链,开展延链补链强链行动,实施关键核心技术攻关和产业基础再造工程,推进新一轮技术、绿色、智能三大改造,提升全产业链核心竞争优势。深入开展"两业"融合试点,大力发展现代物流、现代金融、商务咨询等生产性服务业。

(3)加快智能化和数字化升级改造。推进数字产业化、产业数字化,应用数字技术、传感技术改造传统工艺技术和生产装备,加快信息技术在各个环节的推广应用,引导和推广计算机集成设计制造系统、协同制造、网络化集成制造、绿色制造、精益生产等先进制造模式,在智慧社区、智慧交通、智慧医疗等领域形成一批典型应用示范,提高产品质量和专业化加工水平,提升制造过程的信息化、自动化、智能化水平。

(4)增强产业链供应链安全韧性。推动龙头企业建立同准备份、降准备份机制,支持企业通过并购和战略合作有效整合产业链资源,提升产业链供应链的治理能力。积极引进全球产业和创新资源,充分利用市场优势,引进与河南省优势产业形成互补的企业,积极融入区域产业链供应链体系,探索建立中部地区产业链供应链安全协调机制。实施产业链常态化风险监测评价,持续迭代更新产业链断链断供风险清单。强化供需对接,集成专业供求平台,为企业提供产业链供应链对接服务。建立风险识别管理机制,对接海关、税务等多渠道数据,加强风险甄别和处置。

2. 持续优化工业布局,促进区域协调发展

基于区域平衡发展、错位发展,优化区域产业链供应链布局,强调各区域功能化、特色化的发展定位和政策,形成需求牵引供给、供给创造需求的"制造+消费"的工业新布局。

(1)超前谋划重大生产力布局。对标一流水平,深入研究当前产业发展趋势,结合国家战略和河南省发展实际,瞄准关键领域和高端环节,超前引领布局,谋划若干关乎产业发展全局的引领性和强带动性的重点方向和重大项目。分领域成立由龙头企业、地方政府组成的央地合作工作专班,常态化开展中央企业和中芯国际等"主体集聚"企业招引对接,推进目标企业发展规划研究和承接结合,聚焦产业关联度高、互补性强的企业进行精准对接,省市企紧密协同,争取将河南作为布局重点。

(2)加快推动相关产业成链成群。从过去招商引资就项目、论项目的点对点招商模式,向产业链集群招商转变,创新招商支持政策,打造专业化招商引资和产业服务精干队伍,支持现有龙头企业,开展产业链上下游企业招引布局,加快形成空间上高度集聚、上下游紧密协同、供应链节约高效的产业链集群。推动供应链垂直整合,分行业建立企业协作产业联盟,支持龙头企业以整机和终端产品为牵引,通过兼并、重组、合作等方式,将领域中小企业融入企业供应链体系,形成功能互补、紧密融合的区域产业链供应链协作体系。

(3)构建双向并进产业转移协作体系。充分发挥装备、电子等领域产业基础优势,建立产业转移对接协作机制,完善零部件生产、物流运输、其他组装环节等产业链配套,建立完善产业链协作平台,提升产业链整合能力和综合配套水平。探索更为有效的"逆向飞地"、合作共建园区等承接产业转移模式,围绕重点产业链的研发、中试环节,加强与长三角等先进地区科技产业交流对接,主动和链群之上的龙头企业、高新技术企业展开"一对一"对接,布局"飞地"经济平台,并予以成本分担、税收分成、人才异地共享、要素联动配置等跨区域政策扶持。

(4)提升产业载体能级。按照"一县(市)一省级开发区"要求,深化"亩均论英雄"改革,促进开发区调整产业结构、强化核心功能、剥离社会职能、提升发展质量,引导每个开发区聚焦1~2个主导产业,创新开展招商引资,持续提升投资强度和产业聚集度。鼓励有条件的开发区谋划战略性新兴产业或未来产业园区。支持开发区以数字化改革为牵引,率先实施"科技大脑+未来实验室"改革新范式,加快数字园区建设,支持探索新型治理模式。在开发区积极探索"标准地"制度供地,优先保障高新技术产业和科研用地需求。

3. 健全项目引育机制,增强产业发展后劲

树立"项目为王"鲜明导向,使"项目建设"与开发区主阵地、主战场、主引擎一起形成抓经济工作的完整链条和体系。

(1)强化项目前瞻谋划。抓住消费互联网向产业互联网渗透的时机,跳出思维惯性、路径依赖、定位锁定,把产业项目作为重中之重,充分发挥人力资源、内需市场、交通区位等优势,谋划实施一批牵一发动全身的重大建设项目、重大外资项目、重大科技合作项目和重大产业链项目,开展市场化招商、专业化招商、点对点招商、产业链招商。

(2)强化项目投产达效。持续定期常态化开展"三个一批"项目建设活动,在抓好投产项目达效、开工项目投产、签约项目开工的同时,还要坚持准入标准,着力抓好项目、大项目、新项目,高度重视项目前期工作,抓好项目储备,建好项目库。实施产业链重大项目推进机制,健全"月调度、季通报、半年观摩、年评估"的推进机制,建立台账、全程跟踪、强化落实,完善项目落地建设全周期服务。

(3)强化项目要素保障。针对河南省新基建、新型城镇化、重大基础设施、科技创新、新兴产业发展、公共服务等短板领域以及灾后恢复重建等重点领域,各级政府要加强对规划、审批、环评、土地、融资、用人等要素保障统筹工作,制定支持政策清单,对于产业链供应链重点项目,在土地、环境容量、能耗指标方面给予优先保障。实行用地、污染物排放、能耗等指标省级统筹调剂。发挥投资对促进新型工业化的关键作用,创新投融资模式,积极稳妥发行地方专项债券,稳控总体债务率水平,更多地引入民间资本等投资新主体,大胆探索基于资金侧的投拨、投贷、投募等投融联动模式,发挥有效投资的带动作用。

4.培育壮大市场主体,夯实工业微观基础

充分发挥企业在推动新型工业化中的主体地位,在抓大、培特、扶小、稳链、育新上下工夫、求实效,完善企业发展生态圈,增强市场主体引领生产、促进消费、配置资源能力。

(1)做大做强龙头企业。进一步明确产业链重点企业清单,支持相关龙头企业做大做强,推动在研发设计、技术创新、生产管理、品牌建设等方面取得突破,形成若干具有产业生态主导力的一流"链主"企业。培育并形成一批既能组织中下游产业链水平分工,又能实现垂直整合的制造业龙头企业,引进产业链上下游企业,提高产业集中度,打造完整的产业集群。鼓励本土龙头企业通过战略合作、资本运作等拓展经营网络、对接国内外商品产地和消费市场,借助"一带一路"平台输出国内优质高端装备制造产品,增强省内产品的国际认可。

(2)巩固提升中小企业。坚持管理和服务并重,坚持发展和帮扶并举,加快完善中小企业工作体系、政策法规体系、优质高效服务体系,促进中小企业高质量发展。大力发展专精特新中小企业,鼓励中小企业参与关键共性技术研究开发,持续提升企业创新能力,在产业链各环节细分领域,培育若干具有全球竞争力的冠军企业。加快提升企业营销服务和内部管理数字化、智能化水平,通过多种手段提高其抗风险能力,着力孵化一批成长性好的新业态企业,推动中小企业转型升级。加强中小企业公共服务平台建设,为广大中小企业提供全程化、专业化、一站式服务,形成资源集聚、服务集成、多方互动的服务体系。鼓励传统中小微企业开发细分市场、拓展经营领域、提升服务供给能力,实现创新转型、培育竞争优势。

(3)培育企业发展生态。发挥大企业在技术、标准、资金、人才等方面的优势和中小企业在产业创新、强链稳链中的支撑作用,支持龙头企业带动产业链企业运用工业互联网新技术、新模式"上云上平台",搭建线上线下相结合的大中小企业创新协同、产能共享、供应链互通的新型产业生态项目,促进全产业链、全价值链的信息交叉和智能协作,构建大中小企业融通发展的良好生态。

(4)加强企业品牌培育建设。大力实施制造业"增品种、提品质、创品牌"行动,大力推进工业企业品牌化建设,引导企业重视自有品牌打造和经营,打造一批自主创新能力强、跻身国内国际前列的河南制造精品品牌。引导装备制造业加快提质升级,推动产品供给向"产品+服务"转型,在电气、农机、矿山、盾构、起重机械、电子信息等装备领域培育一批科研开发与技术创新能力强、质量管理优的智能制造和服务型制造标杆品牌、产业集群品牌,推动产品和产业向价值链高端跃升。研究制定工业领域品牌专项标准,推进品牌培育、管理、评价等标准化体系建设,进一步提升品牌建设的规范性、权威性。

5.促进要素优化配置,提升产业组织效率

充分发挥市场配置资源的决定性作用,促进区域间资源要素有序流动和优化配置。

(1)发挥政府公共资源供给和市场监管作用。厘清市场和政府在要素配置中的作用边界,保障不同地区市场主体平等获取生产要素,通过市场竞争引导要素资源"精准滴灌"。在明晰要素产权关系的基础上,以公平竞争为基本原则对要素产权全面依法进行保护,加快完善产权保护制度,细化完善省内产权保护配套法规,完善要素产权激励机制,建立和完善知识产权跨区域管辖制度,加强政府对数据等新型要素监管作用,建立数据要素定价、交易等配套规则。

(2)推动重点领域要素市场化配置改革。在土地要素市场化配置方面,要充分运用市场机制盘活存量土地和低效用地,深化农村宅基地制度改革试点,建立城乡统一的建设用地市场。在劳动力要素市场化配置方面,要重点突破户籍、所有制等身份差异对劳动力要素自由流动、市场化配置的制度障碍,试行以经常居住地登记户口的制度,在城市群内探索户口通迁、居住证互认制度,建立基本公共服务与常住人口挂钩机制。在资本要素市场化方面,要加快建立规范、透明、开放、有活力、有韧性的资本市场,完善金融支持创新政策,完善地方金融监管和风险管理体制,实现金融和实体经济良性循环。在技术要素市场化配置方面,重点是健全职务科技成果产权制度,完善科技创新资源配置方式,推进技术要素与资本要素融合发展。在数据要素市场化配置方面,要建立健全高效的公共数据共享机制和数据流通交易规则,拓展规范化数据开放利用场景,发挥领军企业和行业组织作用,推动行业数据采集标准化,构建数据安全风险防控体系。

(3)推进区域市场协作。优先开展省内区域市场一体化建设工作,推进高标准市场设施和信用体系建设,推动建立统一的监管政策法规及标准规范,打通人员、技术、资金、数据流通堵点,破除地方保护和区域壁垒,促进产权交易市场互联互通,为全国统一大市场建设发挥引领与示范作用。加强区域间人才供求信息交流,依托"大数据"技术实现跨区域"人职匹配"。推动创新资源共享服务平台建设,促进区域间技术创新供给和需求高效对接。综合利用技术转让、共建实验室等跨区域技术合作模式,规范技术合作中各主体的权利义务,增进区域间技术合作伙伴的了解与信任。加强区域性股权市场和全国性证券市场板块间的合作衔接。探索建立区域性数据交易中心,完善数据价值共享流通机制。同时,积极对接 CPTPP、DEPA、RCEP 等新一代经贸协定,通过加快制度型开放吸引全球优质要素流入。

6. 强化创新驱动赋能,激发内生发展动力

坚持创新驱动发展热度不减、势头不减,大力实施科教资源引聚行动,优化创新资源配置、完善科技创新体系、加快补齐科创短板,进一步夯实科技创新促进新型工业化的"四梁八柱",增强创新对产业链供应链体系的支撑作用。

(1)推进关键核心技术与断链断供技术攻关。实施关键技术攻关,加大基础研究投入,聚焦重点产业链方向,滚动编制关键核心技术攻关清单,明确技术攻关方向,采用"揭榜挂帅"等攻关新机制,迭代实施省重大科技攻关专项,推动研发、应用、标准及检测单位开展联合攻关,推动形成一批高价值专利组合,实现关键共性技术与"卡脖子"技术群体性突破,强化自主创新产品推广应用,促进在应用中持续升级演进。

(2)建设高能级创新平台。以提升建设质量和整体效能为导向,重点在融入国家实验室体系、布局重大科学基础设施、引进国内外一流大学(科研机构)、培育"双一流"大学梯队等方面取得更多更大突破。围绕服务传统产业转型升级、新兴产业培育壮大、未来产业破冰抢滩等实际需求,培育引进高水平新型研发机构,再谋划布局一批重点实验室、产业研究院、中试基地、工程技术中心、技术研发中心和创新创业平台等,争取在光通信、地下工程装备、诊断检测、高端轴承等优势领域创建国家级创新平台,大力推动基础研究、产业创新、公共服务、成果转化协同创新。

(3)壮大高水平创新主体。实施创新型企业树标引领计划和高新技术企业倍增计划,建立完善"微成长、小升高、高变强"创新型企业梯次培育机制,加快形成以创新龙头企业为引领、高新技术企业为支撑、科技型中小企业为基础的创新型企业集群,推动规模以上工业企业研发活动全覆盖。加强产教学研用深度融合,支持领军企业组建创新联合体,承担国家重大科技项目,实施重要领域关键技术联合攻关。

(4)引进培育创新人才。实施"中原英才计划",提升招才引智创新发展大会、开放创新暨跨国技术转移大会等载体水平,引进培育一批具有国际水平的战略科技人才、科技领军人才和创新团队。持续推进全民技能振兴工程,全面推行终身职业技能培训制度。加快建设爱国、创新、诚信、担当的新时期优秀企业家队伍。

(5)打造良好创新生态。扩大高校和科研院所科研相关自主权,赋予科研人员更大人财物支配权和技术路线决策权,开展赋予职务科技成果所有权或长期使用权试点。加强创新创业孵化平台和双创示范基地建设,统筹布局综合性和专业中试基地,提升国家技术转移郑州中心运行质效,争创国家科技成果转移转化示范区。

7. 完善产业政策,强化体制机制保障

坚持改革创新和对外开放,围绕新时代的新形势和新目标要求,利用好内外两个市场、两种资源,不断优化工业化发展的制度环境,打造内外循环的分工体系。

(1)完善新发展阶段的产业政策。深入开展产业政策重点绩效评价,全面梳理、系统分析各产业政策投入、管理、成本、产出和效益。加强关键核心技术攻关和战略性资源支撑,从制度上落实企业科技创新主体地位。强化竞争中性特征,完善产业政策退出机制,产业政策要从一般竞争性领域退出,在战略性领域、关键技术领域和竞争前领域上聚焦,在产业的起步期、衰退期发力,加大以基础能力建设和激励创新创业为核心的功能性、普惠性政策供给。

(2)加大政策集成创新力度。研究制定支持河南省产业链供应链现代化的专项政策,围绕重点产业链供应链现代化发展针对性需求,出台精准支持政策,着力提高产业政策与人才、财税、金融、科技、贸易、区域、环境、市场监管等政策之间的兼容度。针对新型工业化建设的重点行业与攻关领域,优化财税政策。探索建立支持新型工业化发展的金融创新机制,构建培育产业链领军企业和专精特新"小巨人"企业的金融支持路径。坚持绿色低碳的新型工业化发展方向,持续完善相关环境政策。

(3)综合运用科技、管理、法律等手段提升工业绿色化发展水平。加大科技创新力度,提高生态环境监测的立体化、自动化、智能化水平。引导督促企业围绕企业管理、产品回收利用、污染物排放、后期维护等生产全周期,采取有效的节能减排措施,持续提升自身绿色发展水平。按照生态系统的特点进行综合管理,实现要素综合、智能综合、手段综合。完善生态环境保护法律体系,加强重点领域资源环境地方立法,创新环境执法方式,强化环境执法效果。

参考文献

[1]黄群慧.中国共产党领导社会主义工业化建设及其历史经验[J].中国社会科学,2021(7):4-20,204.

[2]程恩富,宋宪萍.全球经济新格局与中国新型工业化[J].政治经济学评论,2023,14(5):3-25.

[3]李德轩,许召元,柯俊强.新阶段我国新型工业化发展的若干思考[J].理论探索,2023

（1）:98-105.

[4]黄群慧.论新型工业化与中国式现代化[J].世界社会科学,2023(2):5-19,242.

[5]曹丽莹.新时代中国特色新型工业化道路的新发展[J].河北青年管理干部学院学报,2021,33(2):94-100.

[6]唐浩,贺刚.中国特色新型工业化综合评价指标体系的构建与实证研究[J].软科学,2014,28(9):139-144.

[7]黄德胜.工业化新阶段及新型工业化路径研究[J].宏观经济管理,2017(8):53-60.

[8]王雷.新时期中国特色新型工业化的内涵及推进路径[J].中国发展观察,2020(24):12-16.

[9]徐君.中原经济区新型工业化、新型城镇化、农业现代化协调发展评价[J].技术经济,2012,31(3):72-75.

[10]耿修林.近年来我国新型工业化进程的测评与分析[J].中国科技论坛,2012(9):53-58.

第二篇
重塑产业竞争新优势

河南实施创新驱动战略的成效、问题与对策研究

弋伟伟

摘要：

习近平总书记强调,中国要强盛、要复兴,就一定要大力发展科学技术,努力成为世界主要科学中心和创新高地。党的二十大报告指出,坚持创新在我国现代化建设全局中的核心地位,加快实施创新驱动发展战略,加快实现高水平科技自立自强,加快建设科技强国。河南省委、省政府深入贯彻落实习近平总书记关于创新驱动的重要论述,省第十一次党代会作出锚定"两个确保"、实施"十大战略"重大决策部署,将创新驱动、科教兴省、人才强省战略放在"十大战略"之首,集全省之力,加快建设国家创新高地和全国重要人才中心,奏响河南创新的主旋律、最强音。本研究对全省创新驱动战略实施情况进行了调研和梳理,深入分析当前河南创新驱动战略存在的问题,并在研究外省经验的基础上,提出有针对性、可操作性的对策及建议。

一、河南实施创新驱动战略取得的成效

河南坚持把创新摆在发展的逻辑起点、现代化建设的核心位置,着力推动创新体系重塑重建,完善转化链条,引育一流人才,全省创新平台加快完善,创新环境不断优化,创新活力持续迸发,创新支撑高质量发展的能力稳步提升。根据《2022 年中国区域创新能力评价报告》,河南省在全国 31 个省(市)中居第 13 位,相比 2021 年前进 1 位。

(一)综合创新能力加快提升

1. 研发投入力度持续提高

从全省看,2022 年,全省研发投入突破 1100 亿元,比 2020 年增加 198.73 亿元;全省

研究经费投入强度(R&D)达到 1.93%,比 2020 年提高 0.29 个百分点。从省辖市看,郑州市和洛阳市是全省研发经费投入突破百亿的两个地区,研发投入强度均超过全国 2.44% 的平均水平(图 1)。

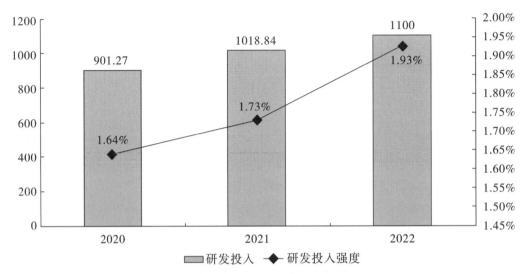

图 1 2020—2022 年河南省研发投入情况

数据来源:2020—2022 年河南统计公报。

2. 研发活动取得较大成效

2022 年,全省技术合同成交金额 1025.3 亿元,增长 68.4%,是 2020 年的 2.67 倍;有效发明专利达到 67 164 件,比 2020 年增加 54.2%。其中,郑州实现技术合同成交额 509.24 亿元,占全省的 49.7%,成为全省创新密度最高的地区。

3. 取得一批标志性科技成果

两年来,全省先后完成近百项重大科技专项验收,形成一批具有国际领先水平的关键技术。比如,"地铁车辆轴箱轴承的研制"项目突破了地铁车辆轴箱轴承结构设计及仿真分析等关键技术,实现了地铁轴箱轴承国产化应用;"面向航空器的智能宽频宽幅电能转换关键技术研究及产业化"项目突破了制约面向航空器的智能宽频宽幅电能转换关键技术,并完成自动化生产线建设,打破了国外相关产品及技术的垄断地位;"特高压柔性直流输电关键技术研究与装备研制"项目攻克了±800kV 特高压柔性直流向负荷中心送电的难题总体技术指标达到国际先进水平;研制出世界最大直径硬岩盾构机,服务川藏铁路建设;开发出 12 米氢燃料电池客车产品,低温启动性能达到国际先进水平;数据中心光互连芯片、5G 用铜合金材料,打破国外垄断;玉米新品种"郑原玉 432"推广面积超 1300 万亩,居我国籽粒机收夏玉米推广面积第一位。

(二)创新载体建设提质增效

1.省科学院重建重振高效运行

坚持把重建重振省科学院作为"一号工程",创新实行"大部制"+"以研究所办院、以实验室办院、以产业研究院办院"办院模式,组建 15 家研究所,全院研发实体达到 31 家,总数居全国省级科学院首位。深化与中原科技城、国家技术转移郑州中心融合发展,先后引进设立哈工大郑州研究院、北理工郑州智能科技研究院等高能级研发机构,还相继引进了华为、浪潮、海康威视、龙芯中科、京东科技、华润数科等头部企业研发中心。

2.省实验室体系加快重塑重构

2021 年以来,河南省加快整合省内外创新资源,相继揭牌成立嵩山、神农种业、黄河、龙门、中原关键金属、龙湖现代免疫、龙子湖新能源、中原食品、天健先进生物医学、平原等 10 家省实验室,均由"两院"院士担任实验室主任;2023 年 6 月,又批复建设墨子、黄淮、中州和牧原 4 家省实验室。截至 2023 年 6 月底,全省省实验室数量达到 14 家(表 1)。印发《河南省省级重点实验室优化重组实施方案》,启动省级重点实验室优化重组工作。

表 1 河南省省级实验室名单

序号	实验室名称	所在地市	备注
1	嵩山实验室	郑州市	第 1 批
2	神农种业实验室	总部新乡市、注册地郑州市	第 1 批
3	黄河实验室	郑州市	第 1 批
4	龙门实验室	洛阳市	第 2 批
5	中原关键金属实验室	总部郑州市、基地三门峡市	第 2 批
6	龙湖现代免疫实验室	郑州市	第 2 批
7	龙子湖新能源实验室	郑州市	第 3 批
8	中原食品实验室	漯河市	第 3 批
9	天健先进生物医学实验室	郑州市	第 4 批
10	平原实验室	新乡市,河师大牵头组建	第 4 批
11	墨子实验室	郑州市	第 5 批
12	黄淮实验室	郑州市	第 5 批

续表1

序号	实验室名称	所在地市	备注
13	中州实验室	郑州市	第5批
14	牧原实验室	南阳市	第5批

资料来源:根据公开数据整理。

3."中原农谷"建设迅速起势

集全省之力,高标准打造"中原农谷",推进全省种业科研资源集中布局。推动神农种业实验室在"中原农谷"落地运行,并与崖州湾种子实验室达成了同创国家实验室的深度合作意向。积极谋划"新型种质资源创制的共性关键技术"等种业创新领域省重大科技专项、重点研发计划项目。截至2023年9月,围绕农作物遗传育种学领域,已有8个项目在"中原农谷"布局。

4.国家级平台实现新的突破

两年来,国家技术转移郑州中心、国家超算郑州中心、国家农机装备创新中心、国家生物育种产业创新中心、郑州国家新一代人工智能创新发展试验区等"国字号"平台先后落户河南。截至2022年末,全省共有省级及以上企业技术中心1545个,其中国家级93个;省级及以上工程研究中心(工程实验室)964个,其中国家级50个;省级及以上工程技术研究中心3345个,其中国家级10个。2023年3月,科技部公布第二批(医药、能源、工程领域)国家重点实验室重组结果,河南省入列5家全国重点实验室,均由河南省单位牵头建设,截至目前全省达到16家。其中,由河南师范大学牵头建设的抗病毒性传染病创新药物全国重点实验室,实现了河南省高等院校牵头建设全国重点实验室零的突破。

表2 截至2022年末河南省国家级创新平台数量

序号	平台名称	数量(家)	备注
1	国家级工程研究中心(工程实验室)	50	
2	国家级企业技术中心	93	
3	国家重点实验室	11	
4	国家工程技术研究中心	10	

资料来源:2022年河南统计公报。

5.全省创新体系更加完善

郑洛新自创区作为全国第 12 个批复建设的国家级自主创新示范区,目前核心区生产总值突破千亿元大关,形成了以郑州、洛阳、新乡 3 个国家高新区为核心区,以 12 个科技园区为辐射区,以 108 个企事业单位为辐射点的总体布局。依托郑洛新自创区、省级开发区等产业基地,围绕产业链部署创新链、围绕创新链布局产业链,强力推进体制机制改革和政策先行先试,不断强化有效政策供给,多方协同推进创新引领型企业、平台、人才、机构和科技金融体系建设,成效显著。全省创新体系形成以省实验室为核心、以自创区和开发区为基地、优质高端创新资源协同发展"核心+基地+网络"的创新格局。

(三)创新主体地位持续增强

1.着力培育创新龙头企业

2022 年,全省高新技术企业 10 872 家,比 2021 年增加 2485 家;年均增速 29.6%,高于全国近 14 个百分点。2023 年 7 月,河南省选定制造业头雁企业 100 家,其中郑州 15 家,开封 3 家,洛阳 14 家,新乡 11 家,南阳 10 家,焦作 8 家,平顶山 5 家,安阳、信阳各 4 家,周口 3 家,鹤壁、漯河、三门峡、驻马店、济源示范区和航空港区各 2 家,濮阳、许昌各 4 家,商丘 1 家。

2.形成一批"专精特新"和创新型中小企业群

2022 年,河南省工信厅认定"专精特新"企业数量为 1183 家,主要集中在电子信息、生物医药、环保科技、食品、机械制造等领域。根据河南省工信厅发布的 2022 年河南省创新型中小企业名录显示,2022 年全省共认定 7826 家企业入选,其中,郑州、洛阳、周口、新乡、信阳分别入选 2590 家、657 家、636 家、539 家、502 家,入选数量居前 5 位,各地创新型中小企业占全省比重见图 2。

3.高质量推进规上工业企业研发活动全覆盖

推动规上工业企业研发活动从"有形覆盖"到"有效覆盖",截至 2022 年底,全省规模以上工业企业研发活动覆盖率达到 52%。2023 年以来,先后出台《规上工业企业研发活动全覆盖若干意见》《"万人助万企"暨推动规上工业企业研发活动全覆盖工作方案》《科技创新惠企政策汇编》等文件,综合运用人才引育、金融支持、项目支撑、减负纾困等多项政策措施,加快推动企业研发中心和创新平台建设,强化科技对企业的支撑引领作用。

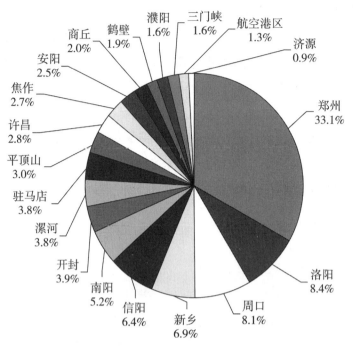

图2　2022年各地创新型中小企业占全省比重

资料来源:根据公开数据整理。

(四)产学研融合纵深发展

1. 战略性新兴产业快速发展

以新一代信息技术、生物技术、新材料、节能环保为代表的战略性新兴产业保持快速发展,2022年全省战略性新兴产业增加值占工业增加值比重由2016年的11.9%提升至25.9%。其中,电子信息制造业规模突破6500亿元,同比增长16.7%,占全省规上工业增加值比重8.5%;生物医药产业规模3000亿元左右,居全国第5位,在生物育种、化学药、现代中药、生物制造、诊断检测等领域具有较强竞争力;新材料产业规模5200亿元左右,占全省规上工业增加值比重8.6%;节能环保产业(不含相关服务业)规模2400亿元左右,占全省规上工业增加值比重2.7%,在节能电机、节能变压器、节能锅炉、污染治理装备、固废处理装备等领域具有突出优势。

2. 创新型产业集群持续增加

截至2022年底,河南省拥有8个国家认定的创新型产业集群(表3),共拥有各类企业753家,其中高新技术企业301家,营业收入超过10亿元的企业36家;拥有服务机构

122 个、研发机构 279 个、金融服务机构 68 个,形成了"产业引领+龙头企业带动+大中小企业融通+金融赋能"的创新发展生态。

表3 截至 2022 年末河南省国家创新型产业集群

序号	创新型产业集群名称	所在地区
1	郑州智能仪器仪表	郑州
2	洛阳高新区轴承	洛阳
3	新乡高新区生物医药	新乡
4	许昌智能电力装备	许昌
5	南阳防爆装备制造	南阳
6	安阳高新区先进钢铁材料制品	安阳
7	平顶山高新区高性能塑料及树脂制造	平顶山
8	焦作高新区新能源汽车储能装置	焦作

资料来源:根据公开数据整理。

3. 创新联合体加快构建

聚焦攻克关键核心技术、促进产业发展,由行业龙头企业牵头带领,联合产业链上下游企业、高等学校以及科研院所共同组合而成的创新合作组织和利益共同体。截至 2022 年底,围绕高端装备、新能源汽车、新材料、食品、电子信息等领域,全省共组建 12 家创新联合体,先后承担国家重点研发项目 15 项、省级重大科技专项 29 项(表4)。

表4 截至 2022 年末河南省创新联合体

序号	联合体名称	牵头企业	产业领域
1	河南省煤矿智能开采创新联合体	郑州煤矿机械集团股份有限公司	高端装备
2	河南省隧道掘进工程装备创新联合体	中铁工程装备集团有限公司	高端装备
3	河南省新能源与智能网联汽车创新联合体	宇通客车股份有限公司	新能源汽车
4	河南省高端超硬材料及制品创新联合体	郑州磨料磨具磨削研究所有限公司	新材料
5	河南省体外诊断创新联合体	郑州安图生物工程股份有限公司	生物医药
6	河南省速冻调理食品创新联合体	思念食品有限公司	食品

续表4

序号	联合体名称	牵头企业	产业领域
7	河南省智能传感器创新联合体	汉威科技集团股份有限公司	智能仪器仪表
8	河南省智能矿山装备创新联合体	中信重工机械股份有限公司	高端装备
9	河南省大分子药物创新联合体	华兰生物工程股份有限公司	生物医药
10	河南省智慧能源装备创新联合体	许继集团有限公司	新能源
11	河南省数字光电创新联合体	中光学集团股份有限公司	电子信息
12	河南省智能起重装备创新联合体	卫华集团有限公司	高端装备

资料来源:根据公开数据整理。

(五)教育人才支撑更加有力

1. 高等教育规模和质量"双提升"

聚焦教育强省建设目标,统筹推进高校布局、学科学院和专业设置调整优化,推动高等教育由规模扩张向量质并重、内涵提升转变。从规模看,河南普通高校由 2020 年的 151 所增加到 2022 年的 156 所,普通本专科学校校均规模从 2020 年的 16 499 人增加到 2022 年的 18 098 人,在学研究生从 2020 年的 6.94 万人上升到 2022 年的 9.19 万人,毛入学率从 2020 年的 51.86% 上升到 2022 年的 55.50%(图3)。从布局看,18 个省辖市均有高等学校布局,其中 13 个省辖市有本科高校。从结构看,2022 年,全省博士一级学科授权点 97 个、硕士一级学科授权点 368 个,比 2020 年分别增加了 10 个、34 个。郑大、河大再次进入国家"双一流"建设行列,河南农大等 7 所高校的 11 个学科"双一流"创建工作有序开展。

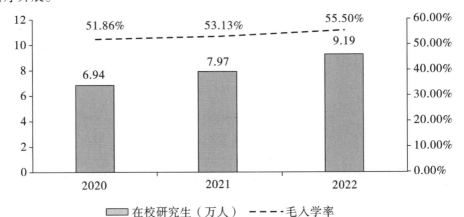

图3 河南省在职研究生数量和毛入学率

数据来源:《河南统计年鉴(2020—2022 年)》。

2. 人才支撑不断增强

坚持人才是第一资源,稳步推进顶尖人才突破、领军人才集聚、青年人才倍增、潜力人才筑基、创新平台赋能、人才创业扶持、人才生态优化、人才工作聚力等"八项行动",加快人才强省建设。筹备办好中国·河南招才引智创新发展大会,谋划重点创新平台招才引智专场活动、省外招才引智专场活动等,组织省科学院、省实验室、"双一流"建设创建高校等用人单位,面向海内外引进一批掌握关键核心技术、拥有自主知识产权、能引领和带动重点产业发展的人才和团队。近两年,全省先后引进各类高层次人才37人,其中两院院士7人;2023年1~5月,全省延揽大学本科以上人才10.6万人,其中,顶尖人才2人,领军人才17人,青年人才1130人("四青"10人、博士后555人、其他副高级以上职称青年人才565人),潜力人才10.4万人(博士1869人、硕士1.2万人、本科9.1万人),签约人才项目402个。

3. 产科教合作模式更加丰富

推进校院企地深度融合发展,全面构建"产学研用投"协同发展体系,打造创新共同体、利益共同体、发展共同体。开封、平顶山、漯河、周口等市获批产教融合型城市试点,切实深化产教融合,促进教育链、人才链与产业链、创新链深度融合、有机衔接,努力构建教育和产业统筹融合、良性互动的发展格局。联合开发河南省高校产学研合作在线平台,举办2022年河南省产学研合作对接大会,签约挂牌1264家校企共建研发中心。

(六)创新生态体系加快构建

1. 强化科技创新顶层设计和法制保障

成立科技创新委员会,由省委、省政府主要领导担任主任,统筹协调、整体推进、督促落实全省科技创新领域重大工作。修订完善《河南省促进科技成果转化条例》,颁布实施《河南省创新驱动高质量发展条例》《郑洛新国家自主创新示范区条例》《河南省科学院发展促进条例》,制定出台《河南省"十四五"科技创新和一流创新生态建设规划》《创新驱动、科教兴省、人才强省战略实施方案》《创新发展综合配套改革方案》等政策措施,绘就了建设国家创新高地的"规划图""路线图"和"施工图"。

2. 持续深化科技体制机制改革

修订《高质量发展综合绩效考核与评价办法》,将科技创新板块的考核指标权重由12%提高到18%,有效发挥"指挥棒"作用。探索多渠道选题的项目遴选机制,对重大项目改变以往竞争择优单一遴选模式,实行定向委托、推荐备案、揭榜挂帅、"赛马制"等多种遴选方式。对省实验室实行重大科技专项"备案直通车"制度。开展扩大高校和科研院所自主权改革试点,充分赋予项目负责人技术路线决策权、团队配置自主权。开展财政科技经费"直通车""包干制"改革,充分下放科研经费支配权限。开展赋予科研人员职务科技成果所有权或长期使用权改革试点,探索构建成果转化合规尽职免责负面清单,健全符合各方利益的收益分配机制,激发科研人员创新创业活力。

3.强化科技金融支撑

省财政持续调整优化支出结构,每年安排省级制造业高质量发展专项资金 20 亿元,加强信贷资金支持,稳步推进知识产权质押融资业务,持续推广"信易贷"业务,鼓励保险公司开展知识产权保护类保险服务。郑州银行被省委、省政府确立为全省政策性科创金融运营主体,聚焦创新主体融资需求,推出人才贷、研发贷、知识产权质押贷等 10 个专属产品,2022 年支持科创类贷款 2640 户、余额 241 亿元;聚焦"中小企业金融服务专家"定位,为小微企业园及园内企业提供"一揽子"综合金融服务方案,实现河南省 272 家重点建设小微企业园全部触达,入园企业贷款余额新增 88 亿元。

4.促进科技成果精准对接

面向省内外各类创新主体征集技术成果和需求,完善服务平台高质量科技成果库和全产业技术需求库,促进高校院所成果与企业需求常态化精准化对接。2023 年上半年共征集技术需求及成果 431 项。成功举办河南省食品领域先进科技成果(漯河)发布会,浙江大学、中国农科院、中原食品实验室等 17 家省内外食品领域知名院校共发布 246 项最新成果,70 余家企业与高校院所现场洽谈合作。开展洛阳—天津 2023 年大学科技成果转化对接活动,签订校地合作项目及产学研合作协议 9 项,19 家企业与天津大学进行了合作对接。

二、河南实施创新驱动战略面临的问题

河南省创新驱动、科教兴省、人才强省战略取得了显著成效,但与先进地区相比,还存在科技创新整体实力不强、高能级创新平台缺乏、创新龙头企业较少等问题,主要表现在以下几个方面。

(一)创新整体实力不强,与经济大省地位不相匹配

1.创新能力位居全国中游水平

根据《2022 年中国区域创新能力评价报告》显示,2022 年河南综合创新能力居全国第 13 位、在中部六省位居第 4 位;第 1～12 位依次是广东、北京、江苏、浙江、上海、山东、安徽、湖南、陕西、湖北、重庆、四川。根据《中国区域科技创新评价报告 2022》显示,河南

区域科技创新水平仅位列全国第 17 位,在全国创新版图中的位置与其作为人口大省、经济大省的地位不相称。

2. 研发投入强度低且区域不均衡

从全省看,2022 年,河南省研发投入强度为 1.93%,位居全国第 17 位,低于全国平均水平 0.62 个百分点。从各地市看,河南省仅有洛阳研发投入强度达到 2.83%,高于全国 2.55% 的平均水平,郑州、新乡接近全国平均水平;各省辖市研发投入强度不均衡,仅洛阳、郑州、新乡 3 市超过全省平均水平;信阳市仅为 0.77%,与全省平均差距较大(图 4)。从百强企业看,2022 河南制造业企业百强研发投入总额为 278.02 亿元,平均研发投入强度为 1.72%,低于 2022 年中国企业 500 强企业研发投入强度 1.81% 的平均水平,低于 2022 年中国轻工百强企业研发投入强度 2.82% 的平均水平。

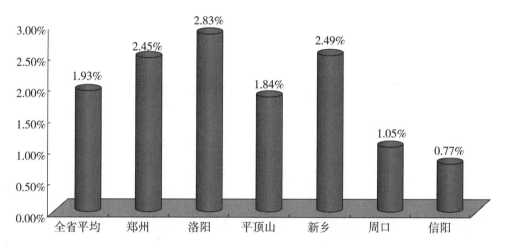

图 4　2022 年河南省部分省辖市研发投入强度

资料来源:根据《河南统计年鉴 2023》数据整理。

3. 科技成果转化率较低

技术合同成交金额反映了当地市场对技术服务的需求程度和转化程度。据统计,2022 年河南省技术合同成交额 1025.3 亿元,在全国排名第 13 位,分别为 GDP 前四位广东、江苏、山东、浙江的 22.7%、26.4%、31.5%、40.3%;在中部地区六省中排名第 4 位,分别相当于湖北、安徽、湖南的 33.7%、35.2%、40.3%;分别为陕西、四川的 33.6% 和 62.1%(图 5)。从有效发明专利看,2021 年河南省规模以上工业企业有效发明专利数 42 849 件,在全国排名第 12 位,广东、江苏、浙江、山东、安徽分别是河南的 11.94、5.66、2.82、2.41、1.83 倍(表 5)。

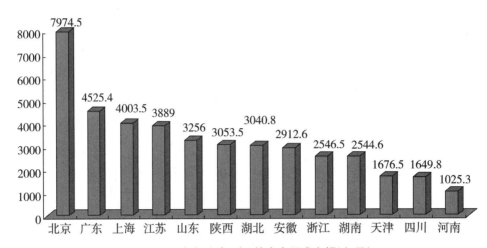

图5 2022年部分省(市)技术合同成交额(亿元)

资料来源:各地统计年鉴。

表5 2021年部分省份规模以上工业企业有效发明专利数(件)

地区	2021 年	2021 年排名	2020 年	2020 年排名
广东省	511 717	1	435 509	1
江苏省	242 423	2	224 512	2
浙江省	120 873	3	93 159	3
山东省	103 410	4	78 926	4
安徽省	78 480	5	70 467	5
上海市	66 509	7	62 147	6
北京市	70 538	6	55 261	7
湖北省	61 986	8	49 197	8
福建省	45 695	11	44 702	9
四川省	48 898	9	42 114	10
湖南省	46 937	10	39 805	11
河南省	42 849	12	36 500	12
辽宁省	31 740	14	28 788	13
河北省	34 240	13	28 135	14
天津市	26 326	15	24 945	15

资料来源:根据《中国科技统计年鉴2022》整理。

（二）国家战略科技力量缺位，高能级创新平台缺乏

1. 国家重大科技基础设施缺失

科学基础设施是科研人员从事科学研究活动，实现科技创新生产的物质载体，是推动创新要素集聚、创新平台建设的重要因素。国家实验室、中国科学院直属院所、教育部直属高水平研究型大学等国家战略科技力量在河南布局很少，无法为核心技术攻关和产业创新发展提供支撑。以大科学装置为例，目前我国已建成大科学装置 22 个，正在建设 16 个，主要布局在北京、合肥、上海、武汉、南京、哈尔滨等地，而河南省仍是空白。

2. 国家级创新平台数量偏少

从国家重点实验室数量看，2022 年，河南省拥有体现原始创新能力的国家重点实验室仅有 16 家，仅占全国总量的 3%，远低于北京（136 家）、上海（44 家）、江苏（39 家）、广东（30 家）、湖北（29 家）、陕西（26 家）；从地区分布看，洛阳和郑州各 6 个，开封 2 个，南阳、平顶山各 1 个。从国家企业技术中心数量看，截至 2022 年末，河南省拥有国家企业技术中心 93 家，仅占全国的 5.4%，居全国第 7 位，远远低于山东（含青岛）195 家、浙江（含宁波）139 家、广东（含深圳）129 家、江苏 121 家。

3. 国家级科技孵化平台和孵化企业规模差距明显

《中国科技统计年鉴 2022》数据显示，河南拥有科技孵化器数量 203 个，全国排名第 9 位，占全国的 3.26%，排名前 3 位的广东、江苏、浙江分别是河南的 5.31 倍、4.97 倍、2.55 倍；科技企业孵化器内拥有企业总数 11 789 个，全国排名第 9 位，低于广东、江苏、浙江、北京、山东和湖北；在孵企业从业人员 15.1 万人，全国排名第 7 位，江苏、广东、浙江、北京、山东、湖北分别是河南的 3.46 倍、2.79 倍、1.34 倍、1.3 倍、1.15 倍、1.1 倍。

4. 省级创新平台数量较少、分布不均衡

截至 2022 年末，河南省新组建的省实验室数量 14 家，主要集中在郑州（8 家）、新乡（2 家）、洛阳（1 家）、漯河（1 家）、三门峡（1 家）、南阳（1 家），其他省辖市还是空白。据统计，2022 年我国共新增省实验室 335 家，覆盖电子信息、新材料、农业、海洋、航空等领域，其中福建新增 71 家，居各地区首位，其次是辽宁（52 家）、山东（40 家）、山西（39 家）、浙江（35 家），而河南省仅有 7 家，且主要集中在郑州、洛阳、三门峡、新乡 4 市，其他省辖市仍是空白。

(三)战略性新兴产业占比低,创新型企业数量少、竞争力偏弱

1.战新产业占比不高

2022 年河南省战略性新兴产业占规上工业的比重为 25.9%,远远低于安徽的 41.6%、江苏的 40.8%、山东的 35%。以电子信息产业为例,2022 年全省规模以上电子信息制造业营业收入仅为广东、江苏、四川、福建等电子信息产业大省的 18.03%、19.8%、48.9% 和 78.9%。在国家中心城市中,郑州是唯一一个高新技术产业产值不足万亿元的国家中心城市,高新技术产业增加值占 GDP 比重为 14.4%,分别低于武汉、合肥、长沙 6.2、6.1、19.6 个百分点。

2.高新技术企业数量少

高新技术企业数量和质量是衡量一个地区科技创新实力的重要指标。据统计,2022 年中部六省高新技术企业数量,湖北位居第 1 位、达到 19 900 家,第 2~6 位依次是安徽 15 275 家、湖南 13 969 家、河南 10 872 家、江西 6331 家、山西 3907 家。从单个企业主营业务收入看,2021 年河南平均为 1.88 亿元,低于湖北的 1.99 亿元、湖南的 1.97 亿元。从省会城市中,高新技术企业数量最多的是武汉,达到 12 471 家(占全省的 62.7%),其他依次是长沙 6633 家(占全省的 47.48%)、合肥 6454 家(占全省的 42.25%)、郑州 5179 家(占全省的 47.8%)、太原 2179 家(占全省的 55.77%)、南昌 1912 家(占全省的 30.2%)。

3.独角兽企业严重不足

独角兽企业显示出强大的科技创新活力,代表着经济发展的美好未来。河南省独角兽数量与北京、上海、广州、深圳、杭州、苏州、成都等城市相比相差较多,企业价值较低。《2022 中国独角兽企业研究报告》显示,全国独角兽企业共有 316 家,分布于 39 座城市,其中北京 82 家,上海 60 家,深圳 26 家,杭州 22 家,广州 19 家,南京 14 家,天津、青岛、苏州各 9 家,武汉 7 家,合肥、长沙各 5 家;河南省仅郑州 2 家企业上榜,超聚变位居第 14 位、致欧科技位居第 221 位。

4.“专精特新”中小企业数量较少

根据《国家级专精特新小巨人发展报告(2022 年)》,河南省拥有专精特新“小巨人”企业 373 家,全国排名第 10,低于浙江(1069 家)、广东(868 家)、山东(754 家)、江苏(704 家)、北京(588 家)、上海(501 家)、安徽(481 家)、湖北(476 家)和湖南(399 家)。

(四)高层次人才严重不足,产科教融合发展仍有较大提升潜力

1.高层次人才数量较少

截至 2022 年底,全国拥有"两院"院士 2754 人,其中河南省 82 人,占比 5.32%,远低于江苏(500 人)、浙江(415 人)、山东(181 人)、湖南(172 人)、广东(150 人)、福建(146 人)、安徽(145 人)、河北(121 人)、湖北(115 人)、四川(96 人)。2022 年度"长江学者奖励计划"评选结果显示,主要集中在北京、上海、南京、武汉、成都、西安、重庆、长沙等高校,位居前 5 位的依次是:北京大学 37 人、浙江大学 28 人、上海交通大学 28 人、华中科技大学 23 人、武汉大学 23 人,而河南省高校入围人数几乎是空白。

2.高技能人才占比不高

近年来,河南省统筹推进"人人持证、技能河南"建设,不断加大高技能人才培养、使用、评价、激励力度。截至 2022 年底,按取证人数计算,全省高技能人才达 392.1 万人(其中高级工 318.7 万人,技师 63 万人,高级技师 10.4 万人),占技能人才总量 1415.6 万人的 27.7%,低于全国平均 2.4 个百分点,低于江苏、浙江、山东、安徽、湖南、湖北等省份(图 6)。

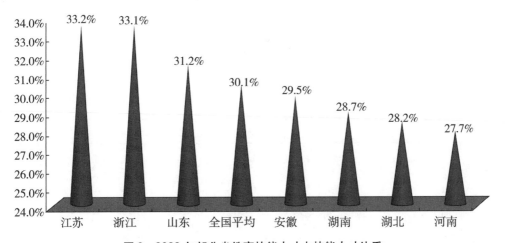

图 6　2022 年部分省份高技能人才占技能人才比重

资料来源:根据公开数据整理。

3.高等教育与其他省份差距较大

河南省就业人员受教育水平、教育投入水平较高,但高等教育水平相对较低。从就业人员受教育水平来看,根据《中国人口和就业统计年鉴 2022》显示,2021 年河南省就业人员有 4840 万人,其中大专及以上学历占比 16%,为 774 万人,大专及以上学历就业人

数在全国排名第6,排名前五的分别为广东(1810万人)、江苏(1347万人)、山东(1106万人)、浙江(1064万人)、四川(865万人)。从高等教育水平来看,根据国家统计局数据显示,2021年河南省每十万人口高校平均在校生数为3424人,同比增长6.24%,全国排名第15位(表6)。

表6 2021年部分地区每十万人口高等学校平均在校生数

地区	每十万人高校平均在校生数(人)	排名
北京市	5313	1
天津市	5153	2
吉林省	4550	3
陕西省	4279	4
江西省	4001	5
湖北省	3914	6
辽宁省	3742	7
上海市	3691	8
重庆市	3605	9
江苏省	3531	10
湖南省	3487	11
黑龙江省	3448	12
广西壮族自治区	3432	13
山东省	3429	14
河南省	3424	15

资料来源:根据《中国统计年鉴》整理。

4.创新人才引育与企业需求不匹配

目前河南省每万人就业人员中R&D人员29.2人,仅相当于全国平均水平的47.2%;在豫全职"两院院士"仅24名,占全国总数的1.4%,远低于湖北(80名)、陕西(66名)、安徽(38名)、湖南(35名)。调研中不少省辖市和企业反映,普遍缺乏高水平科研人才团队,本地高校、科研院所专业人才培养本来就很有限,加上人才外流,导致企业发展受人才制约现象越来越突出。

(五)区域协同创新不足,创新生态体系不优

1.郑州都市圈协同创新尚未形成

目前北京、天津、重庆、四川、河北、山东、甘肃、云南等多个省市均提出,要依托中心城市和都市圈打造协同创新共同体,增强协同创新发展能力,以抢占未来创新制高点。郑州都市圈是河南省创新资源要素密集区,但目前各城市产业结构趋同,城市间过度竞争,缺乏分工明确的产业布局规划,产业结构、方向高度重合,产业链分工和专业化协作脆弱。各城市为追求本地经济增长而"各自为战",在具体推进过程中还存在竞争大于合作的现象,合作与冲突并存,缺少产业空间分工合作和产业集群协同创新。

2.创新软环境仍有较大差距

受人才环境、体制机制等多方面因素影响,河南省在引进高水平科技领军人才上成效不佳,不但难以吸引高层次的创新人才和创新团队,而且导致长期以来本土高端人才外流严重。与武汉、长沙、成都、合肥等地相比,郑州作为国家中心城市,在产业链、供应链、创新链、要素链、制度链耦合中存在着诸多断点、痛点,导致创新创业效能不高,对高端人才吸引力不强,影响创新资源向优势地区集中集聚和优化配置。

3.各地创新资源要素争夺愈加激烈

随着我国经济已由高速增长阶段转向高质量发展阶段,创新驱动发展已成为全面建设社会主义现代化国家的一项重要战略,各地纷纷提出建设科技强省、打造全国创新高地和人才中心等目标,出台支持科技创新、人才引育、平台建设、科技金融等政策措施,开辟发展新领域新赛道,不断塑造发展新动能新优势,各地对人才、科技、资金等创新要素的争夺日趋激烈。

三、外省实施创新驱动战略的主要做法

近年来,在国家创新驱动战略导向下,许多省份基于自身资源禀赋、产业优势等,均提出打造国家创新高地,培育壮大创新发展动能,逐渐形成各具特色的发展模式。根据《2022中国区域创新能力评价报告》,选择分析排名靠前及周边省份的主要做法,为河南省打造国家创新高地提供经验借鉴。

(一)创新领先地区:全力争创国家创新高地

广东、江苏、浙江、山东和安徽等省份是我国创新的第一方阵,综合创新能力指数值高于全国平均水平,在制度顶层设计、政策支持力度、生态体系构建等方面优势明显。

1.广东

广东省拥有较为完善的产业技术创新体系和投融资政策体系,基本形成以创新为主要引领的经济体系和发展模式。"粤创粤新"作为广东高质量转型发展的新名片,为国内创新发展注入了新活力和经验,区域创新能力继续保持领先已连续6年排名全国第一。

(1)着力推进创新生态系统。围绕企业、技术和金融的培育进行制度构建和环境重塑,推进以促进科技创新为中心的创新体制机制改革,打造以创新链为中心的金融生态系统,吸引创新资源集聚,通过加大普惠性财税政策支持力度、优化财政资金引导投入方式、拓宽新兴产业直接融资渠道、加强金融产品和服务创新五个方面,创新投融资方式,多渠道增加新兴产业发展投入,实现对新兴产业创新过程的全覆盖。

(2)加速创新空间组织重构。采取支持建设专业镇公共创新平台、跨区域的产业联盟和专业镇联盟,推动深圳率先建成国家科技产业创新中心,促进广州加快构建国家创新中心城市和国际科技创新枢纽(大平台),加强粤港澳科技创新合作等一系列措施。

(3)打造十大战略性新兴产业集群。2020年,广东省半导体与集成电路、高端装备制造、智能机器人、区块链与量子信息、前沿新材料、新能源、激光与增材制造、数字创意、安全应急与环保、精密仪器设备等十大战略性新兴产业集群年营业收入合计超过1.5万亿元,集聚效应初步显现,增长潜力巨大,对广东经济发展具有重大引领带动作用。

(4)积极搭建国际科技合作重大平台和产学研协同创新平台。支持华为、中兴等企业加速全球创新布局,在欧美国家设立研发中心,吸收全球人才,融入全球创新网络。

2.江苏

江苏省坚持把创新摆在突出位置,从大力发展创新型经济、到深入实施创新驱动战略、再到鲜明提出"聚力推进高水平科技自立自强",创新势能不断增强。江苏区域创新能力长期居全国前三,是全国创新型城市数量第一、唯一一个国家创新型城市设区市全覆盖的省份。2022年江苏全社会研发投入强度达3%左右,已经达到了创新型国家和地区中等水平。

(1)激发人才"第一资源"活力。持续完善人才生态、平台、计划、服务"四位一体"工作格局,先后出台"人才26条""人才10条"等政策举措,持续为人才松绑减负,全面推动高校人才、科研、智力等创新资源与区域高质量发展深度融合,引导高校助力南京建设区域科技创新中心、苏锡常共建环太湖科创圈等建设。扩大科研院所、高等院校自主权,赋予创新人才和团队更大人财物支配权、技术路线决策权,突出产业技术创新统筹集成和培育重大标志性原创成果。2022年江苏全省人才资源总量超过1400万人,研发人员达108.8万人,在苏两院院士达118人。

（2）企业科技创新主体地位不断夯实。发挥科技骨干企业引领作用，从做优标杆、做优集群、做优环境三个方面着力，培育若干具有生态主导力和全球竞争力的世界一流科技领军企业，推进领军企业或领衔机构围绕产业链布局创新链，推动高企"应认尽认"、政策红利"应享尽享"，推进企业研发费用加计扣除等创新激励政策，形成企业为主体、产学研高效协同深度融合的创新体系。全省85%的研发投入由企业完成，80%的科技平台和高层次创新创业人才集聚在企业，70%的有效发明专利由企业创造。

（3）推进省产业技术研究院改革发展。组建一流的研发平台、研发队伍和研发成果为标志的江苏省产业技术研究院。启动设立产业技术研发投资基金，组建江苏省产业技术研发集团公司，新建一批人才与国际贯通、机制与国际接轨的专业研究所，加快完善省产业技术创新中心的创新资源整合、产业技术研发、成果转移转化、企业衍生孵化等功能。

（4）加强科研平台建设。苏州实验室获批建设，紫金山实验室纳入国家战略科技力量体系，太湖实验室、钟山实验室挂牌运行，国家集成电路设计自动化创新中心获批在南京建设，苏南国家自主创新示范区建设成效明显。

（5）深化对外科技合作。聚焦绿色低碳、生命科学、数字经济等领域，联合以色列、芬兰、挪威、捷克、新加坡、奥地利等创新型国家共同出资实施一批产业技术研发合作项目，不断拓展全球产业创新合作伙伴关系网络。同时，深化推进重大开放创新平台建设，深入推进深时数字地球国际大科学计划总部基地建设，加快形成相应国际化环境和实施条件，推动中以常州创新园在体制机制改革、政策试点等方面先行先试，打造开放创新生态示范园区。

3. 浙江

浙江省作为全国试点创新型省份，围绕构建"315"国家战略科技力量，出台系列创新举措，全力打造数字经济创新创业生态体系，建设具有全球影响力的科创高地、创新策源地和国际重要产业创新中心。

（1）增强科技创新策源动力。持续推出人才、资金、技术等方面的扶持政策。人才储备方面，在新一线城市的"抢人大战"中，杭州实现人才净流入率全国第一"五连冠"。科创平台方面，城西科创大走廊聚集了之江实验室、良渚实验室、西湖实验室、湖畔实验室，以及浙江大学、西湖大学、浙江工业大学等高水平研究机构和院校，建设了梦想小镇、人工智能小镇、云谷小镇、微纳制造小镇等企业科创平台，培育了阿里巴巴、海康威视等数字经济龙头企业，为杭州数字经济发展中"高精尖短"人才聚集、基础研究和核心技术攻关能力提升、原创性科研成果转化等提供了重要保障。

（2）实施"十百千万"创新型企业培育工程。通过各种方式到海外设立、兼并和收购研发机构；鼓励企业与国内外科技创新大院名校开展产学研合作，引进或共建创新载体，探索出浙江特色的"企业出题、政府立题、协同解题"的产学研合作创新之路。杭州市实施领军企业"鲲鹏计划"，加大对国内外数字经济龙头企业的招引力度；实施"凤凰行动"计划，搭建多层次资本对接平台，推动优质企业股改、挂牌和上市；实施浙商回归"大雁计划"，吸引在外浙商、杭商回乡投资创业；实施高成长性企业"瞪羚计划"，着力培育一批细分领域的"单项冠军"和"隐形冠军"；实施科技型初创企业"雏鹰计划"，打造技术水平领先、竞争力强、成长性好的科技企业群。

（3）优化创新融资环境。支持众创、众包、众扶、众筹等模式，鼓励发展风险投资、股权投资、天使投资等，建立政银企共同参与、市场化运行的中小企业贷款风险分担机制。

（4）打造"互联网+"科技成果转化平台。修订《浙江省科学技术奖励办法实施细则》，并在全国率先建设网上技术市场，通过征集和发布企业技术需求、提供和展示专利及技术成果，构建起集技术成果、专利信息、技术需求等于一体的庞大数据库，有效推动科技成果与企业需求对接，推进技术产权化、转让市场化、成果资本化和交易商业化。

4. 山东

山东省将"加快推动科技自立自强"列为"十二个着力"重点任务首位，提出要构筑高能级创新平台、提升科技创新效能、引育一流创新人才，大力推进科技经济融合，搭建供需平台，推动科技成果转化。

（1）加大"腾笼换鸟"力度。建立健全"腾笼换鸟"的长效工作机制，综合运用经济、行政、法律等手段，有计划、有步骤地淘汰高污染、高能耗、高风险、低产出效益"三高一低"企业，淘汰落后产能，优化资源配置，为新产业发展腾出空间。强化存量变革和增强崛起并举，推动移动互联、集成电路、智能机器人、无人驾驶汽车、人工智能等新兴产业发展。持续加大技术改造投入，推广智能制造模式，开展智能制造新模式试点示范，同时与企业合作共建工业云平台，通过提供相关云产品和云服务，提升智能制造发展水平，实现传统制造业转型升级。

（2）打造人才资源高地。突出"高精尖缺"导向，推行"领军人才+创新团队+优质项目（优势学科）"模式，给予综合资助或直投股权投资支持。青岛市坚持"以用为本"，通过建设国际院士港，灵活引进世界各地院士及院士项目，按照"科学城+产业城"布局模式，打造以院士引领为特色的高端科技创新和产业化平台。同时，搭建平台，整合创新资源，丰富产业创新中心、制造业创新中心、技术创新中心、技术转移中心等科研平台，培育壮大新型研发机构，促进政府、产业、大学、研究机构、金融、中介服务、应用紧密连接、同频共振,着力打造政产学研金服用"北斗七星"创新共同体,实现创新链、产业链、人才链、金融链一体布局,技术产权化、成果资本化、转让市场化、交易网商化高度耦合,不断夯实创新驱动的根基。

(3)加强域内外合作,实现功能区错位竞争、协同发展。持续巩固"两区一圈一带"(半岛蓝色经济区、黄河三角洲高效生态经济区、省会都市圈、鲁南城市带)区域发展格局,加强环渤海地区合作,北融京津冀、西接中原经济区、南联长江经济带,支持各市与河北、山西、内蒙古、辽宁加强农业特色领域的产业协作;加强与北京、天津、辽宁、山西等地协作,做大汽车、船舶、数控机床、轨道交通、重型成套设备制造业。

5. 安徽

安徽省实施科技赋能,下好创新"先手棋",抓好科技创新"栽树工程",先后提出持续完善"三重一创"、支持科技创新和制造强省建设等系列激励政策,建立健全技术和产业、平台和企业、金融和资本、制度和政策四大创新发展支撑体系,区域创新能力连续多年位居全国第一方阵,创新环境大幅上升至全国前三。

(1)原始创新"展现高峰"。深耕基础研究"最先一公里",聚焦信息、能源、健康、环境四大领域,以国家实验室为基石,依托重大科技基础设施集群,加快推进合肥综合性国家科学中心和"双一流"大学和学科建设,构建"2+8+N+3"多类型、多层次的创新体系,形成一批具有全球影响力的重大科技成果和产业成果。

(2)技术创新持续突破。通过省财政支持资金,带动市(县)和社会资金投入省科技重大专项和省重点研发计划项目,推动一批重大攻关取得实效。聚焦服务国家战略需求,攻关突破100位以上量子计算机关键核心技术、新能源和智能网联领域关键核心技术。谋划推进合肥滨湖科学城建设,布局建设国家实验室核心区、大科学装置集中区、教育科研集聚区、产学研用创新成果孵化加速转化区等技术创新载体。

(3)产业创新加快推进。打造全国科技体制创新的标杆和极具活力、引领未来、享誉世界的"创新之谷""中国声谷""中国视谷""中国传感谷"等产业集聚地。顶格推动人工智能等十大新兴产业发展,打造合芜蚌国家高新区建设成为科技体制改革和创新政策先行区、科技成果转化示范区、产业创新升级引领区、大众创新创业生态区。人工智能策源地、新型显示之都、中国IC之都、新能源汽车之都等一批有影响力的产业地标初现。

(4)龙头企业带动力强。合肥市新站区重点锁定大集团、大企业,聚集了法液空、康宁、京东方等一批显示龙头企业,汇聚60多家上下游产业链企业,总投资超千亿元,产业本地化配套水平、创新能力以及产业规模均居国内前列。

（二）创新追赶地区：聚焦优势领域加快突破

湖南、陕西、湖北、四川等省份对照先进地区，结合自身优势，强力推动科技创新，通过加大平台建设、企业培育和人才引进等手段，大力探索实践特色化、差异化创新转型之路。

1. 湖南

湖南省瞄准产业、技术、平台、人才四个制高点，以"十大技术攻关项目"为突破，攻克一批卡脖子技术，力争在算力网络构建等方面，突破一批原创性引领性技术。从 2021 年起，湖南"十大技术攻关项目"已累计完成投资超 35 亿元，突破关键技术 134 项，授权专利 188 件，建设创新平台 26 个，推动应用示范 56 项。

（1）聚力打造创新载体平台。加快推进长株潭国家自主创新示范区、湘江科学城、省级"四大实验室"和"四个重大科学装置"、长沙全球研发中心城市建设。以建设"四大实验室"为依托，打造战略科技力量，高标准规划建设湘江科学城，支持湖南先进技术研究院等新型研发平台发展。以"四大科技基础设施"为支撑，筑牢前沿科技攻关基础，推进马栏山视频文创产业园云平台建设，打造具有全球影响力的数字视频产业链基地和媒体融合新地标。高标准规划建设湘江科学城，支持湖南先进技术研究院等新型研发平台发展。湘江实验室已有 19 个院士专家团队入驻，汇集了国防科技大学、中南大学、湖南大学等 7 所高校以及华为、三一重工等 40 多家企业的顶尖人才团队。

（2）强化企业科技创新主体地位。创新要素加快向企业集聚，截至 2023 年 8 月底，湖南省科技型中小企业入库 16 609 家，较 2022 年同期增长 66%；2023 年上半年企业完成技术合同交易成交额占全省的比重占 95% 以上。加大企业研发补贴提升科技投入力度，允许企业按当年实际发生的技术开发费用的 150% 抵扣当年应纳税所得额，当年抵扣不足部分，可在 5 年内结转抵扣，形成无形资产的，按照无形资产成本的 150% 摊销。

（3）加大高层次人才引进力度。深入推进"芙蓉计划"，实施"三尖"创新人才工程，加快打造国家重要人才中心和创新高地。"四大实验室"和"四个重大科学装置"已集聚高层次人才超 1400 名，取得重大科研成果 30 多项。配套设施上注重跟进和保障功能，除必要的生产、科研、实验等工作条件和项目、研发经费等 13 项优惠政策之外，还包括为引进人才提供配偶安置、子女就学、落户、永久居留、医疗和社会保险等全方位服务。

2. 陕西

陕西省以秦创原创新驱动平台建设为主引擎，促进创新资源聚集、创新功能集成、创新主体融通，推动全省创新驱动由"势"向"能"加快迈进。

（1）政策叠加效应凸显。以《秦创原创新驱动平台建设三年行动计划》为总纲，陕西省委、省政府先后出台人才培养、成果转化、企业培育、高新区建设、产业链发展等政策文件，陕西省级部门制定配套政策80余项，各市（区）、总窗口、园区等创新主体结合实际制定了一系列落地措施，秦创原建设的"施工图"更加清晰，政策覆盖面不断扩大，多层次、多维度、全社会协同的"1+N"政策体系逐步形成。

（2）增强企业创新能力。在推动关键核心技术攻关方面，梳理2600多项重点产业链关键核心技术清单，组建17个龙头企业牵头的创新联合体，部署实施12个"两链"融合重点专项、15个企业联合专项和118个"卡脖子"补短板关键核心技术推广项目，面向全国发布55个"揭榜挂帅"课题，在光电子、新能源汽车、人工智能、生物医药等领域涌现出一大批原创性成果。同时，以龙头企业、重点高校、高水平科研机构为依托，陕西布局建设18个共性技术研发平台、23个新型研发机构、34个未来产业创新研究院、69个"四主体一联合"校企新型研发平台和10个中试基地。

（3）加快科技成果转移转化。按照"每周发布+月度专场"，常态化举办成果转化项目路演活动，建立"四位一体"全链条跟踪服务模式，搭建项目团队与企业、投融资机构的对接平台。陕西坚持"资源联动、体制联动、要素联动、区域联动、孵化全程联动"，培育建设5个立体联动"孵化器"、8个成果转化"加速器"和"两链"融合促进器样板集群，打造集孵化转化产业化于一体的科创服务综合体。

（4）升级人才模式。坚持人才培养引进和机制创新两手抓，支持企业联合高校院所组建500支"科学家+工程师"队伍，促进跨专业、跨领域、跨单位、跨区域协同创新。探索"校招共用"引才用才新模式，支持企业引进高层次人才351名，其中海外人才占比近四成；实施创新人才攀登行动，完善人才梯次培养机制，新认定近500名中青年领军人才、创新创业人才、青年科技新星和100余个创新团队。

3. 湖北

湖北省实施科创能级提升行动，争创国家科技创新中心。

（1）构筑高水平科研平台。拥有国家重点实验室30个，创建以武汉东湖国家自主创新示范区为核心区域，加快建设东湖实验室，布局光电科技、集成电路、空天信息、生命健康、生物育种等高水平实验室。

（2）打造产业创新高地。2022年，全省高新技术企业总数突破2万家，高新技术产业增加值占GDP比重达25.82%。通过持续加大企业科研攻关支持力度，培育领军型龙头企业的同时，积极引导中小微企业向"专精特新"发展。注重国家级共性技术平台建设，支持企业牵头组建创新联合体，引导企业自主创新，致力打造一批"国之重器"。

（3）注重引智与聚智。持续深化人才发展体制机制改革和政策创新，完善人才工作体系。坚持市场化社会化育才引才用才，突出"高精尖缺"导向。围绕"人才链"完善"服务链"，实施助企引才工程，优化人才创新创业环境。积极实施院士专家引领十大高端产业行动计划，搭建高水平科技人才干事创业的舞台。武汉东湖高新区出台"黄金十条"，包括"科研人员留岗创业""科技人员可在高校院所与企业之间兼职""大学生休学创业计入学分"等解决创业者的后顾之忧，让创业者有"板凳"坐。

（4）打造科技成果转化高地。推动"政产学研金服用"一体化高效协同，实现大学校区、产业园区、城市社区"三区"融合发展。不断优化对科技项目的组织管理方式，深化科技成果转化"四权"改革，完善科技评价制度，扩大科研院所科研自主权。推动"四不像"新型研发机构发展，促进高校院所科技成果的转化。推动建设湖北技术交易大市场，打造全国技术转移枢纽。加强知识产权保护与应用，争取设立武汉知识产权法院。建立完善科技创新容错纠错机制，营造鼓励创新、宽容失败的良好氛围。科技创新成果转化机制的完善有力助推了武汉科技创新发展。

（5）完善科技金融综合服务体系。武汉率先在股权激励、知识产权质押贷款、科创企业投贷联动试点等方面探索科技金融改革创新，建立机构设立、经营机制、金融产品、信息平台、直接融资、金融监管等"六个专项机制"，为科技型中小企业搭建了全方位信用服务和政银企沟通合作平台，形成科技企业全生命周期金融综合服务"东湖模式"。

4.四川

四川省依托科技创新开辟发展新领域新赛道、塑造发展新动能新优势。

（1）打造高能级创新平台。争创国家实验室（基地），推动在川国家重点实验室优化重组，推进天府实验室实体运行，扎实推进国家川藏铁路技术创新中心研发基地和成果转化基地建设，加快创建高端航空装备国家技术创新中心，发挥战略科技平台技术攻关"国家队"作用。

（2）聚集高端紧缺人才。支持建设高水平创新团队，注重激发引才用才活力，持续实施"天府峨眉计划""天府青城计划"，增设国防科技领域人才专项，加大对博士后的自主培养力度。支持事业编制科研人员5年内保留人事关系，参与各类创新平台建设。探索将技术经纪人科技成果转移转化绩效作为职称（职务）评聘、岗位聘用的重要业绩。允许科研事业单位管理人员、科研人员以"技术股+现金股"形式持有股权。

（3）强化企业创新主体地位。实施高新技术企业倍增计划、科技型中小企业和专精特新"小巨人"企业培育计划，支持企业设立博士后科研工作站，引导民营企业持续增加创新投入。加快构建龙头企业牵头、高校和科研院所支撑、各创新主体相互协同的创新联合体,实现从分散式创新向系统性创新的转变。

(4)大力推进科技金融结合。政府联合金融机构为科技产业量身创新融资产品。成都建立了科技资源市场配置机制,发挥财政资金的"杠杆效应",对企业"科创贷"担保费补助、贷款利息补助。

(5)创新科技项目组织模式。按照市场化原则调配优势创新资源,针对制约产业发展的关键核心技术,探索实施"科研揭榜制",引导国内外企业和高校院所科研力量参与研发,推动产业链上下游环节有效对接。通过实行"项目经理制""揭榜挂帅制"和"投资包制",探索人才、技术、资本融通新机制,推动科技成果转化为现实生产力。

四、下一步推动河南省创新驱动高质量发展的主要着力点

锚定"两个确保",深入实施"十大战略",河南省应从创新平台建设、创新企业培育、创新人才汇聚、创新成果转化、创新生态构建等方面持续发力,加速构建一流创新生态,打造全国创新高地和全国重要人才中心,奋力谱写中国式现代化建设河南实践的创新篇章。

(一)推动高能级创新平台建设,打造创新要素集聚高地

1. 优化科技创新平台体系

(1)积极争创国家重大创新平台。主动对接、深度嵌入全国战略科技力量体系,争取神农种业等省实验室进入国家实验室基地或全国重点实验室行列,积极推进小麦、隧道掘进装备、关键金属等国家技术创新中心创建工作,争取取得新的突破。

(2)构建研发平台梯次培育机制。积极引进高水平研究院,推动一流大学(科研机构)郑州研究院园区建设,加快建设一批省实验室以及技术创新中心、产业创新中心、中试基地、新型研发机构等创新平台,做实做优以省科学院和各类产业研究院、中试基地为主体的创新平台体系。

(3)完善省实验室管理体制。继续将重建重振省科学院作为实施创新驱动、科教兴省、人才强省战略的"一号工程"。推动省实验室纳入省科学院体系,省科学院履行省财政资金出资人职责,加强省实验室服务保障工作,提升省实验室建设管理运行水平,开展省级重点实验室优化重组工作。

(4)加快推进"中原农谷"建设。一体化推进"中原农谷"种业基地、神农种业实验室、国家生物育种产业创新中心、省级农高区建设,引导全省种业科研资源向"中原农谷"集聚,推动资源共享、平台共建、人才共育、项目共研,打造环省科学院创新生态圈。

2. 分类明晰各类平台功能

（1）全面梳理创新平台清单。系统梳理全省国家及省、市重点实验室、工程研究中心、工程技术中心、大学科技园等各类创新平台，通过不同类型的创新平台链接研发、设计、创意、孵化、生产等环节，制定个性化服务政策，构建起有竞争力的创新链、产业链。

（2）分类优化提升现有创新平台。科学研究类重大创新平台应聚焦实验室、大科学装置、前沿交叉研究机构建设，集聚高端创新资源、突破科学前沿，实现原始技术创新突破。技术研发类平台应聚焦产业技术创新需求，面向经济"主战场"，集聚优势力量开展专项攻关。高校创新平台应立足于"产学研用"融合，提升科技研发和成果孵化转化能力。企业创新孵化平台应持续完善"众创空间—孵化器—加速器—开发区"专业化、全链条孵化体系，加速形成科技成果孵化、项目落地、企业成长的"双创"生态圈。公共科技服务类平台应加速数字技术的创新应用，打造高效便捷的科创服务体系。

（3）优化创新平台评价体系。积极探索符合创新规律的研发评价体系，根据不同创新平台目标差异，不断完善差异化的平台考核评估体系，探索将知识产权、技术标准、技能培训、成果推广等指标纳入考核体系。推广实施重大科技项目"揭榜制"，探索基础研究和应用基础研究常态化、多元化资金支持模式，赋予各类创新平台更大的独立权，鼓励平台按需设岗、按岗聘用，突出绩效导向，激发创新活力。

3. 统筹产业创新载体建设

（1）推动郑洛新自创区提质发展。充分发挥自创区改革试验田作用，支持自创区深化管理体制和人事薪酬制度改革，在引进培育高层次人才、建设重大科研设施、培育科技型企业、发展科技金融、优化土地供给、促进科技成果转化、优化营商环境等方面实施更具竞争力的政策措施。制定自创区科技型企业成长路线图，培育具有国际竞争力的创新型企业。优先在自创区建设具有战略支撑作用的创新平台、产业共性关键技术创新与转化平台和高端新型研发机构。

（2）推动高新区高质量发展。新建一批省级高新区、国家高新区，积极引导各级高新区持续集聚创新创业要素，优化和完善创新创业环境，以"三个一批"活动为抓手，扎实做好高质量项目推进工作，支持区内企业持续加大研发投入，集中开展"卡脖子"关键核心技术攻关，形成一批具有国际竞争力的特色产业集群和特色企业集群。

（3）推动创新型产业孵化载体建设。积极创建国家高新技术产业化基地、国家火炬特色产业基地。推动新型研发机构扩量提质，分类建设产业技术公共服务平台和专业产业技术研究院。充分发挥双创基地载体功能，探索跨市孵化、离岸孵化等新型孵化业态，培育"技术研发+创业苗圃+孵化器+加速器+产业园"梯次孵化体系。

(二)强化高水平企业主体地位,促进产学研用良性循环

1. 打造创新型企业雁阵格局

(1)培育创新型市场主体群落。充分发挥企业的创新主体作用,强化政府对龙头企业及行业优势企业的政策支持力度,针对中小企业制定多元融资支持的产业政策,引导培育专精特新中小企业,推动建成产业链上中下游互融共生、分工合作、协同发展的优势产业集群和龙头企业引领、中小企业分工合作的产业生态。

(2)完善金融财税激励机制。发挥政府资金的引导和杠杆作用,积极营造良好的技术创新和扩散的金融财税政策环境,加大对战略性新兴产业和未来产业的支持力度,完善和创新市场交易机制,建立可再生能源电力消纳激励机制,实现科技创新和产业发展双向促进。

(3)加速产业渗透融合发展。推动信息技术与服务业、制造业的深度融合,加强生物技术与大数据、人工智能、新材料、新能源等技术的交叉,支持生物燃料、精准育种、脑机接口等各类技术平台建设,促进新能源汽车与智慧能源、智能交通、5G通信等产业快速融合发展。

2. 提升企业技术研发创新水平

(1)充分发挥头部企业的创新核心作用。以市场为导向,建立完备的产学研协同创新体系,促进产学研协同创新。以头部企业为引领推动产业链跨区域协同合作,建立都市圈龙头骨干企业培育库,构建以产业联盟和合作示范园区体系为核心的创新链合作格局。

(2)完善企业主导产业技术创新的体制机制。支持企业发挥市场需求、集成创新、组织平台的优势,打通从科技强到企业强、产业强的通道;突出开放创新,引导企业以"可控开源"的方式充分利用国际智力资源,支持企业设立境外、省外研发机构,集聚外部创新资源。

(3)打造产学研创新联合体。组建由行业龙头企业牵头带领,联合产业链上下游企业、高校以及科研院所组合而成的创新联合体,鼓励高校及科研机构的研发者面向市场和企业的需求,建立与企业的良性互动机制;支持科技领军企业通过建立"创新链、产业链、资金链、人才链"融合的可持续的利益机制,与高校、科研机构共建产业技术联盟、产学研共同体等新型创新联合体。

3. 优化战略性新兴产业创新生态

(1)强化龙头企业创新主导作用。对于技术门槛较高、龙头地位凸显的战略性新兴

产业,着重提高龙头企业生产规模和科技竞争力,强化辅助企业和龙头企业的业务衔接和分工合作,建立金字塔形企业集群生态体系。

(2)推动核心企业协同创新发展。根据战略性新兴产业发展特点,对于拥有多家核心企业的战略性新兴产业,引导各个龙头企业在构建各自企业链群的同时实现协同发展,建立多核型企业生态体系。

(3)创新型企业群体性崛起。对于没有龙头企业带动、中小企业集群发展的产业,鼓励集群内的企业相互交流合作,让更多的企业专注于自身所长,突出异质性和比较优势,把重心放在战略性新兴企业上市和"瞪羚企业"培育领域,建立网络型企业生态体系,形成独具特色的企业衍生体系。

(三)汇聚高层次创新人才队伍,形成区域高端智力磁场

1. 完善科技创新人才战略

(1)推动高端科技创新人才结构优化。完善战略科技人才、科技领军人才和创新团队培养发现机制,鼓励科技人员开展重大原创性研究,在重大科技攻关实践中培育锻炼人才。重点从完善引进机制、优化考核评价、畅通晋升渠道、创新激励机制等维度着手,有针对性地解决国有企业创新人才队伍建设痛点。重视青年人才培养,建立青年人才培养机制,给予充分包容,培育科研生力军。

(2)注重培育高素质应用型人才队伍。探索建设一批专业化程度高,教学环境与产业界实际技术环境无缝链接的工程师大学(学院),将学历和技能教育一体化,规模化培养高级工程师,稳定支持一批创新团队,培养更多高素质技术技能人才、能工巧匠、大国工匠,形成结构合理、多层次梯度的科技人才队伍结构。

(3)注重柔性引才、产业引才、宜居引才。采取招聘、挂职、兼职、项目合作等形式,引进关键技术领域及新兴技术领域的领军人才。通过产权及股权的确认与保护、科技项目的扶持等方式吸引、留住人才,激活人才引擎"新动能"。依托大学城探索推广以"科技社区"为代表的产城创融合新模式,吸引国内外高端人才落户中原。

2. 优化人才激励保障机制

(1)完善人才培养激励机制。突出"高精尖缺"导向,瞄准培养造就具有国际水平的战略科技人才、科技领军人才和创新团队,研究制定育才、引才、用才中长期规划和激励约束措施。拓宽科技人才多元化职业晋升渠道,立足员工素质能力模型,打通研发人才与技能人才、管理人才的职业发展通道。支持公益性科研机构探索试行更灵活的薪酬制度,建立包括固定薪资、绩效奖励、项目分红、股权激励等在内的多元化薪酬体系,为从事

基础性、前沿性、公益性研究的科研人员队伍提供保障。

（2）加强对科技创新人才的放权赋能。统筹全省科研院所和高等院校建设，将研发成果纳入科研人员绩效、职称、岗位考核体系。给予科研单位更多自主权，赋予人才团队更大技术路线决定权和经费使用权，试行首席专家负责制、科研项目包干制、科研课题招标制等，完善容错机制。探索科技人才赋权负面清单管理机制，优化科技创新管理流程，对清单以外的科技创新活动相关决策权限"应放尽放"。

（3）推动人才合理流动。统一全省各地市相关人才认定标准和流程，建立全球引才顾问专家库、城市联盟人才培训资源库。推动建立互认互通的人才档案审核机制和"一体通办"的流动人员人事档案转接受理机制，鼓励高校毕业生跨地区参加就业见习实习。

3. 注重发挥企业家精神

（1）引导企业家树立崇高理想信念。坚持中国特色社会主义方向，加强对企业家的理想信念教育、爱国主义教育和社会主义核心价值观教育。注重吸收民营企业家中的优秀分子加入党组织。发挥优秀企业家的示范带动作用，在省、市开展的相关评选表彰活动中，推荐评选名额适当向优秀民营企业家倾斜。

（2）加强企业家的正向激励导向。合理安排企业家和技能人才担任人大代表、政协委员的规模，打破传统束缚、大胆创新改革，积极把管理能力强、政治素质好、社会评价优的企业家引入党政管理队伍。各级政府安排专项资金用于企业家培训，每年组织优秀企业家赴国内外培训考察，参加高校高级研修班和跨国企业实训研修。

（3）营造积极向上的舆论氛围。组织引导新闻媒体策划优秀企业和优秀企业家的宣传专版、专栏和专题，选树企业家队伍中的先进典型，弘扬新时代豫商精神。建立企业家荣誉制度，按照国家和省有关规定，对优秀企业和企业家进行表彰，给予一定的精神和物质奖励，引领全社会形成崇尚企业家精神的风尚。

（四）促进高效率科技成果转化，扣紧创新驱动发展链条

1. 持续增强夯实基础创新能力

（1）加强基础研究。鼓励"从0到1"的原始创新，加大政府在基础研究方面的投入，鼓励社会加强基础及其应用研究。加快集成电路、操作系统等关键核心技术突破，推动加快自主创新产品推广应用的"迭代"工程，超前布局前沿未来技术和颠覆性技术。

（2）强化公共创新体系建设。围绕重点领域和行业发展需求，加快建设一批专业水平高、服务能力强、产业支撑力大的科技创新平台、共性技术研发平台，提升可靠性试验验证、计量检测、标准制修订、认证认可等服务能力。

(3)加强新型基础设施建设。围绕人工智能、集成电路、工业互联网、物联网、5G移动通信等领域布局建设一批新型基础设施,提升创新发展动力支撑。研究制定并发布分类指导目录,更好地引导社会资源投向新基建领域。

2. 促进创新链产业链深度耦合

(1)完善科技成果转化服务体系。完善科技成果转化服务以及科技成果价值评估、收益分配、产权管理、转化评价、维权服务等配套机制,提升科技成果转移转化云平台、科技资源共享、技术交易平台等平台服务能力,培育发展技术转移机构和技术经理人。

(2)创新"产学研用"合作方式。充分发挥创新主体之间创新要素优势,推动创新主体跨区域、跨体制联合开展"产学研"合作,建立一批跨区域、跨体制的联合创新主体。结合产业创新发展需求,大力支持有条件的地市政府与国内外知名大学、研究机构,合作成立新型研发机构,落地一批区域创新中心、区域总部,培育吸引产业亟须人才。

(3)打造一批产学研用融合示范平台。以培育新时代产业工人和服务"双创"为主线,发挥院所高校、企业和城市主体作用,开展产学研融合型城市、企业、院所高校培育试点,推进重大科技成果产业化,推动科技成果向重点产业园区转化,推动校企双方深化产学研融合、校企合作,谋划建设一批高水平专业化产学研融合示范基地(园区)。

3. 强化科技成果转化服务保障

(1)促进科技中介服务繁荣发展。积极培育壮大科技成果推介、科技成果交易、专利保护、项目申报指导、资本市场孵化指导等科技服务企业,逐步形成科技服务产业链。推进科技孵化新业态发展,大力拓展科技相关法律、信息、咨询等支撑性服务,加强科技情报搜集分析、技术中介服务、科技战略咨询等科技服务生态培育。

(2)构建多维度科技金融服务网络。统筹省级创投政策衔接,推动科技金融服务和产品创新,面向具有创新能力和较高成长性的高科技企业推出"科创贷"等专属科技金融产品。积极引进培育创业投资和天使投资机构,加速优质企业在创业板、科创板、新三板上市挂牌融资,实现线上平台共联共享,构建债权、股权、基金、上市联动的现代科技金融综合服务生态。

(3)加大知识产权保护力度。加快发展知识产权战略研究、知识产权金融、知识产权咨询、知识产权运营、知识产权转移转化、知识产权评估等高端服务。强化知识产权政策支持、公共服务和市场监管,营造公平公正、开放透明的知识产权法治环境和市场环境。建立健全知识产权侵权查处快速反应机制,加强知识产权创造、运用和保护。

（五）优化高质量创新生态体系，持续增强创新治理能力

1. 深化创新体制机制改革

（1）强化科技创新法制保障。加快科技投入、基础研究、创新主体、重大创新平台、科技成果转化、标准化、反垄断及知识产权保护等方面的地方法律法规修订工作。研究制定商业秘密保护、职务发明条例等相关制度。

（2）完善河南省关键核心技术攻关体制机制。主动融入国家关键核心技术攻关新型举国体制，构建河南省关键核心技术攻关体制机制，加快落地实施一批重大科技项目，力争取得能够推动重大技术突破甚至产业变革的原创性科技成果。

（3）推动重大科技项目管理体制改革。加快科研项目管理和科研评价改革，建立符合科研活动规律的项目评价机制，进一步完善自由探索型和任务导向型项目分类体系，构建"需求众筹+揭榜挂帅+科学评审+里程碑管理+绩效评价"管理链条。

（4）完善科技成果综合评价机制。以郑州都市圈为试点，以质量、效益、贡献为导向建立能够准确反映科技研发能力、成果创新水平、社会实际贡献的科技成果综合评价机制。

2. 完善科技创新治理体系

（1）探索推行同科技革命和产业变革方向相匹配的敏捷治理模式。树立敏捷治理理念，提高决策者对前沿科技领域的认识深度，从管理制度、分配方式、引导政策、政府投入、组织模式、重大科技专项等多层次强化科技治理体系顶层设计。坚持多元主体共治，构建包括政府、创新者、企业、社会组织、行业协会、用户和公民个人等多元主体参与的治理体系。以实现灵活、快速治理为目标，整合和优化科技资源，重塑治理流程，形成高效、协作的科技创新治理体系。

（2）开展科技人才评价改革试点。坚持"破四唯"和"立新标"并举，参照国家改革试点工作方案，选择部分高校、科研院所和省辖市作为河南省科技人才评价改革试点，构建以创新价值、能力、贡献为导向的科技人才评价体系，建立与国际接轨的高层次人才招聘、薪酬、评价、考核、科研资助和管理制度，激发人才创新创造活力。

（3）营造全社会创新氛围。在全社会弘扬工匠精神、企业家精神、全民创新精神、草根创新精神，营造尊重劳动、尊重知识、尊重人才、尊重创造的环境，形成崇尚科学的风尚，强化创新文化认同感、参与感，打通创新链、产业链、资金链及政策链，让知识、信息、技术、人才、资金等各种创新要素资源互联互通。

3.构建开放式创新生态

(1)推动知识流动便利化。依托中国(河南)自由贸易试验区,借鉴欧盟与新加坡知识自由流动平台的建设经验,稳步推进上海自贸区知识自由流动平台建设,加强对外知识资源的贡献和科技创新的合作,建立高度开放的创新研发体系和与国际接轨的知识产权与专利管理制度,实现专业信息与知识流动的便利化,打造中西部最大的开放式创新载体。

(2)促进区域科技开放合作。面向全球组织资源要素,主动融入全球创新网络,提升各类创新主体通过开放知识网络利用各类创新资源的能力,面向"一带一路"重点合作区域,在更宽领域深化与沿线国家和地区的科技创新合作,推进科技创新平台建设,积极打造"一带一路"协同创新共同体。在加快承接产业转移的同时,开展跨省域创新合作,与国内外科研院所和创新型企业合作,探索异地研发平台建设模式,以"科技飞地"、技术创新联盟等方式开展委托或合作研发,共建创新链。

(3)创新对外科技合作模式。围绕产业链布局创新链,拓展与先进地区政府、科研院所、高校、院士专家团队、上下游企业以及具备领先技术优势的科技型企业开展科技创新合作,探索共同申请国家级重大科技专项,共建国家重点实验室、国家工程中心、联合实验室、协同创新中心等科研合作平台,或建立院士专家工作站,充分发挥国有企业的龙头作用,在优势产业以及未来发展产业方面建立大中小企业融通的开放创新平台,围绕产业链开展科技创新项目联合开发。

(4)促进创新资源双向开放和流动。加快建设对外技术转移中心,加强机制性科技人才交流,培养国际化青年科研人员,加强国际科技创新合作能力建设。推动一流科研机构和企业在河南省建立合作研发机构,引导先进技术产业化、商业化,推动地方建设国际技术转移中心和科技合作中心。

参考文献

[1]陈瑜.让知识产权更好为创新驱动发展护航[N].文汇报,2024-01-28(5).

[2]程国媛,李炼,郭宁,等.提升创新驱动效能推动高质量发展[N].山西日报,2024-01-27(2).

[3]刘波.创新驱动江苏沿海地区经济高质量发展的机制与实现路径研究[J].江苏海洋大学学报(人文社会科学版),2024,22(1):103-115.

[4]张营营,叶继红,喻秋,等.基于"四轮驱动模式"的大学生创新能力培养模式研究与实践[J].高等建筑教育,2024,33(1):44-49.

[5]何涛.AI驱动下金融科技创新的方向及路径[J].中国集体经济,2024(3):103-106.

[6]章艳华,王琪,胡田田.数字经济创新引领城市高质量发展的路径研究:以淮安为例[J].江苏商论,2024(2):36-39,54.

[7]李向红.区块链驱动跨境电商供应链协同共生管理创新[J].江苏商论,2024(2):55-58.

河南建设数字经济新高地研究

冯书晨

摘要：

党的十八大以来，我国数字经济快速发展，数字技术支撑的新产品、新服务、新业态、新商业模式成为经济增长的主要贡献力量。党的十九大以来，数字经济上升为国家战略，党的十九届五中全会提出坚定不移建设网络强国、数字中国。河南省委、省政府高度重视数字经济发展，国民经济与社会发展"十四五"规划和2035年远景目标纲要把"加快数字化发展"独立成篇，提升到事关全省高质量发展的战略位置，提出全面提升数字经济的质量和水平，加快建设数字强省；河南省第十一次党代会将实施数字化转型战略作为全省"十大战略"之一，把加快数字化转型作为引领性、战略性工程，加快构建新型基础设施体系，壮大数字经济核心产业，推动传统产业数字化改造，全面提升数治能力，全方位打造数字河南。大力发展数字经济，建设数字经济新高地是河南在新时代加快弯道超车、换道领跑，实现奋勇争先、更加出彩的必然选择。

一、数字经济新高地的内涵与特征

（一）为什么要建设数字经济新高地

随着新一轮科技革命与产业变革深入发展，新一代数字技术加速创新，数字化正在成为推动经济社会发展的核心驱动力，大力发展数字经济，全面推进数字化转型已成为各国及各地经济发展的新动力和赢得竞争新优势的关键所在。

（1）加快数字化转型已成为世界主要国家抢占国际竞争新优势的战略重心。数字经济已成为重组全球要素资源、重塑全球经济结构、改变全球竞争格局的关键力量。欧美发达国家纷纷把数字经济上升为国家战略,紧抓数字经济领域前沿进行布局,旨在赢得未来国际竞争优势。美国作为数字经济先发国家,先后发布《数据科学战略计划》《美国国家网络战略》和《美国先进制造业领导力战略》,巩固其领先优势。德国把发展数字经济作为政经层面的首要任务,大力实施"工业 4.0"、《2020 创新伙伴计划》《数字战略2025》等战略。英国先后颁布《数字经济法案 2010》《数字宪章》和《英国数字战略》。法国发布《法国人工智能发展战略》《5G 发展路线图》《利用数字技术促进工业转型的方案》等系列规划。日本继 E-Japan、U-Japan、I-Japan 战略计划之后,又提出社会"超智慧社会计划"5.0,力争在前沿技术研发、数据开放共享、隐私安全保护等领域进行前瞻性布局。

(2)加快数字化转型已成为国内各地打造发展新引擎的关键选择。各地纷纷把加快数字化转型、建设数字强省作为掌握未来竞争主动权、增强核心竞争力的头号工程。上海市制定《上海市全面推进城市数字化转型"十四五"规划》,提出以经济数字化转型助力高质量发展、以生活数字化转型创造高品质生活、以治理数字化转型实现高效能治理,打造具有世界影响力的国际数字之都;浙江省把数字经济作为"一号工程",全面推进数字产业化发展和产业数字化转型,已成为高质量发展的"金名片";广东省出台数字经济促进条例为数字化转型提供制度保障,2022 年全省数字经济规模达到 6.41 万亿元、居全国第一位;贵州省作为全国首个大数据综合试验区和首个发布数字经济规划的省份,2022 年数字经济增速超过 14.3%、连续八年排名全国第一;福建、安徽、湖北、四川、河北、湖南等省也纷纷出台超常措施加快数字经济发展。

(3)加快数字化转型已成为双循环新格局下河南省培育发展新动能、推动高质量发展的必由之路。近年来,河南省以建设国家大数据综合试验区为抓手,培育壮大数字经济核心产业,加快推进数字化转型,数字经济呈现良好发展态势,正在成为全省高质量发展的新引擎,但也存在数字经济核心产业规模小、产业数字化和数字产业化转型慢、城市和社会治理领域数字化水平不高等突出短板。河南省作为全国重要的人口大省和经济大省,数字资源丰富,必须紧抓数字化转型带来的发展方式变革、生产关系的再造、经济结构的重组、生活方式的巨变的战略机遇,加快把数字资源优势转为数字经济优势,既有利于拓展经济发展新空间、培育发展新动能,又有利于创新公共服务提供方式,实现产业领域"换道领跑"和"弯道超车"、公共服务领域补齐短板和社会治理领域效能提升。因此,对河南省而言,加快数字化转型不是一道简单的"选择题",而是一道赢得未来战略优势的"必选题"。

（二）数字经济新高地的"新"在哪里

数字经济新高地的"新"具体表现在以下几个方面。

（1）新基建为基础。新基建对支撑以数字经济为代表的新一代技术革命具有不可或缺的基础性作用。现阶段河南的新基建主要集中在5G、工业互联网、人工智能、数据中心、智慧能源等方面，构建全覆盖、高水平新型基础设施体系，为现代化河南建设数字经济新高地提供新平台、新支撑。鲲鹏小镇、国家超级计算郑州中心、河南省能源大数据应用中心、上汽全球数据中心、中国铁塔5G建设技术创新中心等一系列重大项目的落地，标志着河南新基建进入发展新时期，为河南经济带来了活力。

（2）新技术为支撑。新一代信息技术数字技术日益成熟，使得数字化创新活动层出不穷，迅速催生出了新经济、新模式、新业态，这些正在引领和带动新一轮产业变革和社会变革，推动着人类社会步入数字化时代。通过不断更新完善互联网和物联网、云计算与云服务、大数据技术、区块链技术、通信技术、数字孪生技术、量子技术、人工智能等为代表的新兴数字技术，激发河南数字经济发展的澎湃动能。

（3）新产业为核心。河南是人口大省和农业大省，有着丰富的人力资源和农业资源，在数据资源、算力成本、传输速度、市场潜力等方面具有独特优势，数字经济发展基础扎实、潜力巨大。壮大数字核心产业，以软件服务、人工智能、区块链、卫星产业、网络安全等为重点，培育壮大新兴数字产业；以新型显示和智能终端、智能传感器、计算产业等为重点，突破提升电子核心产业；以整合利用数据资源、深度挖掘数据价值、探索数据交易服务等为重点，加快发展数据服务产业。

（4）新制度为保障。制度创新是不断壮大数字经济的关键保障，数字发展领域仍然存在着一些法制上的空白，进一步制定促进数字经济发展的相关政策，形成河南数字经济发展的"制度高地"。数据是数字经济的基础性战略资源，通过出台数据使用及保护相关法案，统筹立法质量和效率、填补重点领域的立法空白、做好配套立法和授权立法工作至关重要。明确数据权责边界、使用规范以及信息保护责任，强化法规制度保障；建设公共安全资源池、安全监管平台等，实现全程留痕和可追溯，强化安全保障；加快制定数据共享技术规范，提升数据共享标准化水平。贯彻落实河南省数字经济促进条例，为河南数字经济发展保驾护航。

二、国内外数字经济发展趋势特点

(一)世界数字经济发展趋势特点

随着物联网、大数据、人工智能等新一代信息技术蓬勃兴起,世界经济已进入以数字化、网络化、智能化为显著特征的发展新阶段,数字经济蓬勃发展,成为全球经济增长新动能。

1. 数字经济成为全球经济增长新引擎

数据已成为与资本和土地相并列的关键生产要素,被不断地分析、挖掘、加工和运用,价值持续得到提升、叠加和倍增,有效促进全要素生产率优化提升,为经济增长提供充足新动能。2022 年,全球 51 各主要经济体数字经济规模达到 41.4 万亿美元,同比名义增长 7.4%,占 GDP 比重的 46.1%。2022 年,美国、中国、德国、日本、韩国等 5 个国家的数字经济总量为 31 万亿美元,数字经济占 GDP 比重为 58%,较 2016 年提升约 11 个百分点;数字经济规模同比增长 7.6%,高于 GDP 增速 5.4 个百分点。2022 年,全球数字服务贸易规模达到 3.82 万亿美元,占服务贸易的 53.7%。根据联合国贸易和发展会议,全球可数字化交付服务贸易出口规模不断扩大,由 2005 年的 1.2 万亿美元增长至 2022 年的 4.1 万亿美元。

2. 欧美等发达国家前瞻布局数字经济发展

整体来看,经济发展水平较高的发达国家和高收入国家在全球数字经济发展格局中处于优势地位。欧美发达国家高度重视数字经济发展,2015 年以来,美国先后发布《数据科学战略计划》《美国国家网络战略》《美国先进制造业领导力战略》和《2021 年美国创新与竞争法案》,欧盟发布《欧盟人工智能战略》《通用数据保护条例》《非个人数据在欧盟境内自由流动框架条例》等一系列政策,英国实施《数字宪章》《产业战略:人工智能领域行动》《国家计量战略实施计划》等一系列行动计划,日本发布《日本制造业白皮书》《综合创新战略》《集成创新战略》《第 2 期战略性创新推进计划(SIP)》等,在前沿技术研发、数据开放共享、隐私安全保护、人才培养等方面做了前瞻性布局。

3. 数字技术和资源向大型高科技公司高度集中

联合国贸易和发展会议报告指出,全球数字经济活动及其创造的财富增长迅速,且高度集中,目前美国和中国占有超过 75% 的区块链技术相关专利,50% 的全球物联网支出,75% 以上的云计算市场。数字产业是典型的网络效应产业,最终行业中 1~2 家企业占有绝大多数市场份额,大型高科技公司的规模和数量成为一个国家数字经济发展水平的重要标志。2023 年,全球 70 家最大数字平台公司中,7 个"超级平台"占总市值的 2/3,依次是微软、苹果、亚马逊、谷歌、脸书、腾讯和阿里巴巴。全美市值超最大的 5 家公司(苹果、谷歌、微软、亚马逊、特斯拉)全部为数字经济龙头企业,其中谷歌拥有 90% 的互联网搜索市场。我国腾讯旗下的微信拥有超过 10 亿活跃用户,阿里巴巴旗下的支付解决方案和支付宝几乎占据了整个移动支付市场,阿里巴巴还占据近 60% 的中国电子商务市场。

4. 数字安全领域投入不断加大

随着竞争主体由企业竞争转向生态竞争,生态系统中任何一个价值链环节被攻破,都有可能导致攻击技术沿着价值链"传染",最终引发整个生态系统的连锁损失和崩溃。世界主要国家都把安全技术成为企业生存和发展的关键技术之一,企业对数字安全的重视程度已提升到前所未有的高度,纷纷进行组织结构调整并设立首席安全官岗位,持续加大对数字安全的资金、人员、技术的全面投入。

(二)国内数字经济发展趋势特点

我国高度重视数字经济发展。2017 年 3 月,数字经济被首次写入政府工作报告;党的十九大报告中提出加快建设"数字中国",发展数字经济等新兴产业;2021 年两会政府工作报告重申"建设数字中国",提出加快数字化发展,打造数字经济新优势,协同推进数字产业化和产业数字化转型,加快数字社会建设步伐,提高数字政府建设水平,营造良好数字生态,建设数字中国;2022 年党的二十大指出加快发展数字经济,促进数字经济和实体经济深度融合。

1. 数字经济规模快速壮大

2010 年以来,我国数字经济高速发展,中国信通院发布的《中国数字经济发展白皮书(2023 年)》显示,我国数字经济规模已由 2011 年的 9.5 万亿元增加到 2022 年的 50.2 万亿元,占 GDP 比重从 20.3% 提升到 41.5%。2022 年我国数字经济保持 10.3% 的增速,高于同期 GDP 增速约 7.3 个百分点,数字经济在国民经济中的地位进一步凸显,对经济增长贡献率达到 60% 以上。2022 年,我国数字服务贸易规模达 3727 亿美元,相比 2011 年,规模基本实现翻番。

2. 各地抢滩布局数字经济制高点

沿海发达省份都把发展数字经济、建设数字强省作为掌握未来竞争主动权、增强核心竞争力的头号工程,中部、西南省份也倾力发展大数据、人工智能等新产业,各地纷纷出台相关政策和行动方案,超前布局 5G 网络、工业互联网等新型基础设施,主要城市新一轮竞争格局正在加速形成。上海市依托上海自贸区和传统贸易领域优势率先发力数字贸易,打造"数字贸易国际枢纽港";杭州市出台数字经济专项行动计划和政策,设立数字经济发展专项资金5亿元,打造"全国数字经济第一城";福州市全面实施"数字经济领跑行动",持续举办数字中国建设峰会;西安市提出"向全球数字经济第一方阵迈进"的目标。从总量来看,2022年广东、江苏、山东、浙江、上海、北京、福建、湖北、四川、河南、河北、湖南、安徽等省份数字经济增加值超过1万亿元;从占比来看,北京、上海数字经济在地区经济中占据主导地位,数字经济GDP占比已超过50%。

3.数字经济技术赋能实体经济成为主攻方向

"十四五"规划和2035年远景目标纲要提出"打造数字经济新优势",强调"充分发挥海量数据和丰富应用场景优势,促进数字技术与实体经济深度融合,赋能传统产业转型升级,催生新产业新业态新模式"。在新基建的推动下,各地普遍把互联网、大数据、人工智能等新一代信息技术,作为促进先进制造业升级作为重要举措,积极推进从生产要素到创新体系,从业态结构到组织形态,从发展理念到商业模式的全方位变革突破,持续催生个性化定制、智能化生产、网络化协同、服务型制造等新模式、新业态,推动形成数字与实体深度交融、物质与信息耦合驱动的新型发展模式,大幅提升全要素生产率。未来,数字技术将在数字产业化与产业数字化两股力量的推动下,更加全面和系统地向传统产业扩散与渗透,产业的边界被打破,产业链、供应链、价值链加快整合重构。

4.基础设施加速实现数字化、网络化、智能化升级

随着万物互联和人机物共融将会成为网络架构的基本形态,各地信息基础设施的规划与部署都面临着扩域增量、共享协作、智能升级的迫切需求。电网、水利、公路、铁路、港口等传统基础设施也正在逐步开展与互联网、大数据、人工智能等新一代信息技术的深度融合,向着智能电网、智能水务、智能交通、智能港口转型升级,显著提升能源利用效率和资源调度能力,支撑数字经济健康可持续发展。

三、河南建设数字经济新高地的基础条件

(一)发展基础

"十三五"以来,河南省以建设国家大数据综合试验区为引领,以数字产业化、产业数字化为主线,努力培育新业态新模式,全省数字经济呈现良好发展态势,已成为经济转型升级的新引擎、高质量发展的重要支撑。

1.数字经济发展势头迅猛

2022年,全省数字经济总量突破1.9万亿元,占GDP比重达到31.5%。"十三五"期

间,河南省数字经济对 GDP 增长的年均贡献率超过 50%,成为带动经济高质量发展的重要引擎。国家大数据综合试验区建设加快推进,龙子湖智慧岛累计入驻华为、甲骨文、浪潮、海康威视、紫光集团、南威软件等数字经济龙头企业 200 多家,18 个省辖市大数据产业园初具规模,互联网医疗系统与应用国家工程实验室、数学工程与先进计算国家重点实验室、国家数字交换系统工程技术研究中心等一批数字经济国家级创新平台先后落地,全省初步形成了"核心引领、节点带动"的大数据产业集聚发展态势。"1+18"大数据产业布局等 11 个案例入选国家"数字化转型伙伴行动"典型案例。郑州信息技术服务、下一代信息网络产业集群入选首批国家战略性新兴产业集群发展工程。

2. 数字核心产业快速发展

黄河鲲鹏产业生态加快形成,出台《河南省鲲鹏计算产业发展规划》《2020 年河南省鲲鹏计算生态建设工作方案》,举办 2023 数字经济峰会。许昌鲲鹏制造基地已具备年产"Huanghe"服务器 36 万台、PC 机 75 万台、主板 25 万片的生产能力,成为华为鲲鹏服务器国内重要生产基地。中原鲲鹏生态创新中心与软通动力等 11 家国产化龙头企业成立联合实验室,与省内 20 所高校合作建设鲲鹏产业学院,累计发放系统适配证书 238 个、居全国首位。电子信息产业规模持续壮大,信息安全、智能传感器及终端、光电子、汽车电子、云计算大数据、软件和信息技术服务六大特色产业发展迅速,电子信息产业集群主营业务收入突破万亿元。5G、人工智能等新兴产业发展迅速,制定实施 5G、新一代人工智能、网络安全等行动计划,依托龙子湖智慧岛、郑州高新区、金水科教园、鹤壁 5G 产业园等重点园区,全面推进 5G、新一代人工智能、网络安全等产业链建设,鹤壁 360 网络安全产业基地等一批重大项目落地实施。

3. 产业数字化转型取得新突破

2022 年全省产业数字化增加值突破 1.9 万亿元,同比增长 10.6%。河南省积极应用信息技术改造提升促进传统产业,推动在三次产业中的深度应用。制造业数字化转型步伐加快。服务业数字化发展迅速。全省首批确定河南省进口物资公共保税中心等数字商务企业 10 家。在教育、医疗、快递等领域,实施了中小学空中课堂、基于 5G 的智慧医疗和远程医疗、UU 跑腿零工经济等一批应用场景项目。农业数字化成效明显。省市县乡四级农业信息服务体系基本建立,省级农业数据中心和"农业云"初步建成,物联网在高端蔬菜生产、禽畜养殖等方面得到广泛运用。全省建成益农信息社 40285 个、覆盖全省 85.8% 的行政村。鹤壁淇滨区、三门峡灵宝市、南阳市西峡县、漯河市临颍县入选首批国家级数字乡村试点地区。

4. 新型基础设施加快建设

依托中原(世导)大数据中心、国家超级计算郑州中心等重大平台,加快推进全国一流的大数据中心建设。率先在全国实现 20 户以上自然村 4G 和光纤接入全覆盖,2022 年,河南省实现乡镇以上区域 5G 网络连续覆盖和千兆光网全覆盖,网络规模位列全国第一方阵。全省 5G 用户总数达到 3682.4 万户,居全国第 3 位。1000M 以上宽带接入用户占比达到 21.2%,居全国第 2 位。中国移动、中国联通 5GSA 核心网大区中心部署郑州,实现对河南、湖南、湖北、内蒙古、山西等多省区 5G 业务承载。实施"上云用数赋智"行动,引导企业将基础设施、业务系统、设备产品向云端迁移,"5G+工业互联网"融合应用加快复制推广,产业互联网发展初具规模。截至 2022 年底,河南省在装备制造、煤矿、钢铁、水泥等 16 个重点领域复制推广 5G 应用项目 1470 个,居全国第一阵营。"5G+工业互联网"场景应用加速推广,建成智能工厂 919 家,新增 3.58 万家企业上云上平台。

5. 新型智慧城市建设全面展开

制定实施加快推进新型智慧城市建设的指导意见,组织开展首批新型智慧城市试点,统筹推动各地智慧化应用示范场景建设,郑州市生态宜居、驻马店市惠民服务被国家评为新型智慧城市典型优秀案例,郑州格力 5G+智慧产业园与安全应用、5G 携手能源企业共同踏上安全高效之旅等 19 个项目获得第四届国家"绽放杯"应用征集大赛奖项。争取国家抗疫特别国债支持,加快推进巩义、禹州、新郑等县城智慧化改造。

6. 社会数字化转型稳步推进

政府信息资源共享和"互联网+政务服务"水平明显提升,建成全省一体化在线政务服务和"互联网+监管"平台,河南政务服务移动端"豫事办"上线运行,"最多跑一次"实现率达到 90%。2023 年,河南省一体化政务服务能力在全国省级政府中位列第一档,"互联网+监管"系统建设处于创新引领阶段,位居第一梯队。实施"智慧旅游工程"和"网络文化建设工程",全省智慧文旅开放平台建成投用,形成一批智慧化景区。河南省综合交通服务大数据平台建成投用,基础设施运行监测和安全监管水平大大提升。图书馆、博物馆等数字化改造快速推进,文化事业服务能力显著增强。

(二)存在短板

近年来,河南以建设国家大数据综合试验区为引领,大力推动数字经济发展,成为带动经济高质量发展的重要引擎,但与发达省份相比,河南省数字经济发展存在以下突出问题。

1. 数字经济规模较小,占 GDP 比重在全国排名偏低

2022 年,河南省数字经济规模接近 1.9 万亿元,排名全国第 10 位,占 GDP 的比重 31.5%,低于全国平均水平近 10 个百分点。北京、上海、天津数字经济占 GDP 的比重已超过 50%,广东、浙江、福建、江苏、山东、湖北等省(市)均超过 40%。在数字经济总量超过 1 万亿的 13 个省份中,河南省占比排名最后。

2. 科技创新能力薄弱

创新创业氛围不浓、创新能力不强是制约河南省产业升级和技术进步的重要短板,企业家精神等与发达省(市)有较大差距,人工智能、区块链、新零售等互联网新业态、新模式原创少,在共享经济、平台经济等领域缺少创新龙头企业。2022 年全省 R&D 经费 1143.3 亿元,居全国第 11 位,R&D 投入强度 1.86%,低于全国平均水平 0.69 个百分点,仅相当于全国水平的 72.9%、湖北省的 79.8%、安徽省的 72.7%、湖南省的 77.2%,居全国第 17 位;万人发明专利拥有量为 6.8 件,仅是全国的 72.3%;拥有国家重点实验室 16 个、国家级工程技术研究中心 10 个,分别仅占全国的 3.06%、2.86%。(表 1)

表 1 2022 年主要省份 R&D 占 GDP 的比重

排名	省份	R&D 占比(%)	排名	省份	R&D 占比(%)
	全国	2.55			
1	北京	6.83	10	安徽	2.56
2	上海	4.44	11	辽宁	2.14
3	天津	3.49	12	四川	2.14
4	广东	3.42	13	陕西	2.35
5	江苏	3.12	14	湖北	2.33
6	浙江	3.11	15	福建	2.04
7	山东	2.49	16	河北	2.00
8	湖南	2.41	17	河南	1.86
9	重庆	2.36	18	江西	1.74

数据来源:《2022 年全国科技经费投入统计公报》。

3. 新一代数字基础设施仍是短板

新一代信息基础设施是构筑数字经济创新发展之基,但河南省数字基建仍存在一些短板。

（1）系统规划不够。近年来，河南省 5G 网络、宽带网络、物联网、数据中心等新型基础设施加快布局，但总体规划仍然缺乏，在都市圈一体化发展机遇下，以郑州为中心的"轨道上的都市圈"快速推进，但"数字都市圈"超前引领布局依然滞后。

（2）数据共享不足。目前数据资源主要掌握在各级政府手里，跨部门、跨层级的信息共享程度不足，对接效率较低、数据标准没有统一，加上重点领域应用场景进展较慢，无法形成规模上有影响力、有带动作用的应用。

（3）建设模式单一。当前河南省新型基础设施建设主要依赖政府和大型央企、国企主导，这种自上而下建设模式适合大型公共基础设施和平台建设，但也存在对社会资本撬动不够、不利于本土企业培育、市场活力不足等问题。

4. 本土市场主体培育不足

（1）新产业、新业态、新模式相对匮乏，平台投资孵化和数字生态构建是数字经济爆发增长的源动力，而河南省平台型企业严重不足，缺乏像华为、滴滴出行、京东等引领新兴业态的本土企业。

（2）数字核心产业存在规模偏小、层次偏低、产业体系不完善等问题，在大数据、物联网、区块链、人工智能等新兴领域缺少新锐企业。

（3）数字新业态独角兽企业尚为空白。根据《中国独角兽企业研究报告 2023》显示，截至 2023 年 5 月，国内独角兽企业 514 家，其中北京 136 家、上海 112 家、杭州 37 家、深圳 57 家、广州 31 家，而河南省企业无一入选。

5. 数字经济高层次人才严重短缺

目前，河南省创新发展数字经济的人才智力资源紧缺，尤其是复合型、高端型人才缺口较大，人才集聚能力相对有限，发展数字经济的智力支撑亟待强化。

（1）信息技术人才总量偏少。据统计，2020 年郑州市信息技术相关产业从业人员约为 12 万人，而同期杭州市从业人员超过 70 万人。根据企业数字化服务商深圳奥哲网络科技有限公司发布的《2023 中国企业数字化人才发展调研报告》显示，数字化人才主要分布于广东、浙江、江苏、北京等地，河南相关人才较少，与经济规模的数字化转型需求不相匹配。

（2）复合型人才缺乏。产业数字化需要大量既懂信息化又懂具体产业发展规律的数字人才，但全省缺少影响力较强的研发机构和知名高等学校，高端人才聚集水平低，具有"数字+"行业应用经验的人才紧缺，尤其缺乏精通信息化与生产制造的复合型人才。

（3）高端人才引进培育不足。在大数据、云计算、人工智能等领域，拥有核心技术并具备产业化条件的高端人才或团队数量偏少。郑州市科研技术人员总体数量和薪酬水平低于北京、上海、杭州、广州等发达地区,对人才吸引力不足,人才洼地效应尚未形成,人才队伍结构性短缺成为制约郑州数字经济创新发展的重要瓶颈。

四、先进省份数字经济发展主要做法与启示

(一)外省典型做法

党中央高度重视数字经济发展,将数字经济作为构筑新发展格局、提升综合竞争力的重要抓手。全国各省市纷纷响应国家政策导向,采取多种措施、手段加快当地数字经济发展速度。

1.加强顶层设计,做好系统谋划

顶层设计是数字经济高质量发展的重要保障。为了助推数字经济发展,广东、浙江、贵州等地相继发布数字经济发展规划,将数字经济作为重大发展战略进行部署。广东省对接国家战略,加强顶层规划,统筹布局数字经济发展,陆续出台多项政策举措,研究制定了《广东省数字经济发展规划(2018—2025年)》,明确争取用5~8年时间,将广东建设成为国家数字经济发展先导区、数字丝绸之路战略枢纽和全球数字经济创新中心。浙江省从顶层设计上高度重视数字经济发展,提出把数字经济作为"一号工程"来抓,出台《浙江省数字经济发展"十四五"规划》《浙江省国家数字经济示范省建设方案》《浙江省数字经济五年倍增计划》《城市数据大脑规划》《工业互联网战略》等中长期战略性文件,成立浙江省5G产业联盟,在全国率先建立"1+N"工业互联网平台体系和行业联盟。贵州省在大数据、区块链、人工智能等技术和标准方面,以及数据确权、数据开放、数据交易、数据安全保护等数据要素市场化方面出台了大量政策,其中多项政策在国内是首创性的,这些政策对加强数字经济顶层设计,助力数字经济高质量发展意义重大。

2.集中优势资源,培育龙头企业

浙江省大力培育平台型企业,支持龙头企业对标国际先进水平,实施平台化战略,加强科技发展,开展并购重组,增强全球资源配置能力。招引国内外领军企业全球总部、研发总部、区域总部,开展实体化经营,打造数字经济总部高地。贵州省为推动人工智能、5G、物联网等六大新领域技术创新、应用创新和模式创新,积极引进和培育一批大型企业。省外大数据企业总部落户贵州,所在市、县可以给予不超过500万元的奖励;投资1000万元以上的大数据企业,政府会以补助形式来奖励企业。此外,贵州省还积极推动一些有发展潜力的企业上云、上市,对"独角兽"企业、"瞪羚"企业给予重点支持和帮助。江苏省积极培育创新型领军企业,深入实施"百企引航""千企升级"行动计划,强化科技、人才、融资、财税、服务等政策扶持,引导数字产业企业通过核心技术攻关、技术升级

改造、兼并重组等方式做大做强,积极推动优质数字企业多渠道上市挂牌,着力在车联网、大数据产业链实现上市公司"零的突破",推动工业互联网、智能电网等领域培育更多"链主"上市公司,引导重点企业利用资本市场加快资产证券化步伐,支持已上市企业通过多种形式开展再融资,鼓励经营管理状况良好的上市挂牌企业围绕主业开展高质量并购重组,增强企业发展能力。

3. 优化发展载体,推动集聚发展

山东省以"数字产业化、产业数字化"为主线,以促进大数据与实体经济深度融合为重点,在2019—2022年间,面向各市、县(市、区)分批、分类、分级推动数字经济园区(试点)建设工作,通过培育市场主体、完善基础设施、提升创新能力、落地重大项目、强化人才支撑、优化发展环境六项重点任务,集中打造山东省数字经济产业集聚区,共建成20个省级示范数字经济园区(试点)和10个省级成长型数字经济园区(试点)。江苏省推进数字产业园区试点示范建设。依托苏南国家自主创新示范区和省级以上高新技术产业开发区、经济技术开发区等园区建设,加快建设与现代产业体系高效融合、创新要素高效配置、科技成果高效转化、创新价值高效体现的开放型区域创新体系,瞄准数字产业建设一批具有国际先进水平的创新型综合园区。依托创业创新资源集聚的各类专业园区、高校和科研院所、创新型企业等载体,建成一批具有综合影响力的数字经济特色园区、示范基地和示范企业,探索形成与数字经济发展相适应的政策制度环境。

4. 重视金融生态建设,助力快速发展

贵州省整合省市两级财政资金设立大数据产业发展专项资金,引导社会资本共同发起成立大数据产业投资基金,构建多层次投融资体系,为处于不同发展阶段的大数据企业提供资金。湖北省发挥各级政府投资基金作用,统筹整合参股母子基金资源,优化基金投向,引导支持社会资本参与数字经济、数字社会的重点领域、重大项目、应用示范建设。鼓励引导政策性金融机构设立新基建专项贷款,完善科技金融服务体系,鼓励金融机构在审批放贷、贷款利率、期限、额度等方面对湖北省数字经济领域的企业给予政策倾斜。提升风险投资机构对湖北省数字经济发展的支持力度,优化国有风险投资基金的市场化运营和考核机制。创新运用基础设施领域不动产投资信托基金(REITs)盘活与数字经济发展相关的各类经营性基础设施存量资产,带动和扩大增量投资。重庆市加大财政资金扶持力度,统筹全市各类专项资金,重点支持全市数字经济领域重大工程项目建设。推动重庆建设内陆国际金融中心,打造科技金融支撑服务中心,丰富数字经济创新主体融资渠道。用好用活"渝快融""信易贷"等平台,开展知识产权融资、投贷联动、投保联动等科技金融产品和服务创新,扩大商业价值信用贷款、知识价值信用贷款规模。整合

提升全市现有各类政府引导基金,鼓励成立市场化投资基金,支持发展前景好的数字企业通过发行上市、并购重组、股权转让、债券发行、资产证券化等方式进行直接融资,促进资金加速向数字经济创新发展领域集聚。

5.重视智库、人才等建设,强化人才支撑

浙江省以大平台为抓手,提出首席数据官配备率指标,通过阿里云、数梦工场等龙头企业,集聚了全国近70%的云计算大数据产业顶尖人才,相继组建了西湖大学、之江实验室、中国科学院大学杭州校区、杭州北斗时空研究院、云栖工程院、浙商军民融合研究院等科研院所,以此为依托迅速集聚大批高端人才。安徽省大力培养数字经济创新人才,评选"数字经济领军企业""发展数字经济领军人物"并给予相应的奖品。贵州省利用省内高校资源,建立大数据人才培养基地。鼓励企业和园区培养大数据人才,在全社会形成大数据人才培养氛围,对贵州省内企业、高校、产业园区等进行"大数据产业人才基地"评选。设立大数据专家库,汇集高层次人才,充分发挥大数据专家的智囊作用。设立大数据专业技术职务职称体系,对各等级职称的任职条件、业绩条件、学术成果等进行明确规定,为大数据人才认定提供标准。

6.创新体制机制,完善治理体系

贵州、浙江、广东等地发挥地方立法的保障和推动作用,相继出台《贵州省大数据发展应用促进条例》《贵阳市健康医疗大数据应用发展条例》《浙江省数字经济促进条例》《广东省数字经济促进条例》等重要地方性法规,理清了各级政府在推动数字经济方面的职责和任务,从多个角度细化扶持数字经济发展政策,从法规制度层面建立前瞻性制度设计,搭建起引领和保障当地数字经济发展的"四梁八柱"。北京、重庆等地将知识产权保护作为完善治理体系,发展数字经济重要抓手。北京市知识产权公共服务中心通过组织编写指导书籍《数字经济知识产权保护指南》来加快北京全球数字经济标杆城市。重庆市通过举办数字经济与知识产权保护论坛,推动重庆数字经济的高质量发展。广州市通过建设会展和数字经济知识产权保护中心,助力营造良好的知识产权保护氛围,推动国际国内知识产权要素资源集聚。

(二)主要启示

从外省市发展数字经济、实施数字化战略的典型经验中,可以为河南省建设数字经济高地提供以下启示。

1.建设数字经济高地是实现"弯道超车"和"换到领跑"的战略选择

近年来,随着科技的日新月异,数字经济正成为全球新一轮产业变革的核心力量,尤

其是新冠疫情发生之后,无论是北上广深等一线城市,还是中西部省份,均在数字经济方面频频发力。数字经济正在成为激活区域经济的新动能,发展数字经济则是区域经济竞争不可回避的"新赛道"。这意味着,未来5~10年,甚至更长时间内,各省市在数字经济方面的战略布局、政策目标以及落实情况,或将直接影响区域经济优势及核心竞争力。通常来说,各省市的数字产业化能力与传统经济实力基本呈现正向关系,即经济越发达的地区,其数字化能力越强。不过,以贵州省为代表的西部省份,大数据产业异军突起,让我们看到了新时代西部省份"弯道超车"的可能性。数字经济并非"富省的游戏",目前已经成为西部省份后发赶超的重要抓手。四川、重庆、甘肃等中西部省份也已将数字经济视为弯道超车的新赛道。对此,中国国际经济交流中心副理事长黄奇帆曾表示,数字经济下,东中西部地区完全在一条起跑线上。

2. 建设数字经济高地应因地制宜、发挥自身优势

贵州省充分利用自身地质结构比较稳定,地质灾害发生率低;山地较多,便于利用山体内部空间,保持稳定较低温度;水电、煤炭等能源资源丰富,电力价格比较低;气候温和,尤其是夏天比较凉爽,散热相对容易等优势自然条件,大力发展大数据产业。目前,华为、腾讯、苹果、三大基础电信运营商、人民银行等重要数据中心纷纷落户贵州,贵州以大数据产业为抓手,拉动数字经济快速发展。江苏省立足自身传统优势产业,以制造业为主的融合型数字经济发展突出。浙江省发挥自身互联网经济优势,依靠龙头企业,在云计算、工业互联网等领域占据领先地位。广东省充分发挥粤港澳大湾区协同发展优势,利用各城市在创新资源、创新环境、创新投入等方面存在的优势,促进数字经济发展。相较而言,河南省虽然在气候、产业基础等方面不占优势,但地理区位优势明显。可以利用地处中原腹地,沟通南北东西的区位优势,建设区域性大数据中心,为成为信息枢纽提供支持。

3. 建设数字经济新高地要充分利用好国家政策、抢抓战略制高点

内蒙古、贵州、甘肃、宁夏四地充分利用国家"东数西算"工程,抢抓算力枢纽建设,打造面向全国的非实时性算力保障基地,不断提升算力服务品质和利用效率,充分发挥资源优势,积极承接全国范围的后台加工、离线分析、存储备份等非实时算力需求。京津冀、长三角、粤港澳大湾区、成渝4个节点,借助国家"东数西算"工程,积极服务于重大区域发展战略实施,定位于进一步统筹好城市内部和周边区域的数据中心布局,实现大规模算力部署与土地、用能、水、电等资源的协调可持续,优化数据中心供给结构,扩展算力增长空间。浙江省、河北省(雄安新区)、福建省、广东省、重庆市、四川省等六地积极争取建设"国家数字经济创新发展试验区",并以此为契机在数字经济要素流通机制、新型生产关系、要素资源配置、产业集聚发展模式等方面开展大胆探索,充分释放新动能。各地通过争取国家政策支持,提升了数字经济发展速度和质量。

4.建设数字经济高地要集聚都市圈或城市群合力、推动协同发展

在发展数字经济中,粤港澳大湾区各城市优势形成了互补。深圳作为粤港澳大湾区数字经济发展的先驱,拥有腾讯、华为等数字企业巨头,充分发挥科研成果转化效果显著特点。香港充分发挥科研院所实力强特点,侧重对前瞻性的基础科学研究。广州充分发挥科研资源丰富,综合产业基础强优势。长三角地区,上海的人才、科技、金融等优势明显,江苏传统制造业规模大实力强,浙江互联网经济发达,各地联合发展优势明显。京津冀地区聚焦政策措施、融合应用、数字安全等重点领域,促进相关主体的交流和深度合作,推动京津冀产业数字化、数字产业化、治理数字化快速健康发展。河南省发展数字经济,应注意扬长避短,积极寻求区域协调发展,在合作中增强整体竞争力。

五、河南建设数字经济新高地的思路与路径

(一)基本思路

建设数字经济新高地是一项长期系统性工程,必须借鉴先进地区经验,加强数字经济顶层设计,选准切入点数字化改造。①要抢抓"新基建"机遇,把新型基础设施建设作为打造数字经济新高地的"催化剂"。完善信息基础建设,推动传统基础设施智慧升级,加快构建系统完备、高效实用、智能绿色、安全可靠的新型基础设施体系。②要依靠"新技术"为支撑。加大以大数据、云计算、区块链等为代表的新兴技术持续为数字产业赋能升级。强化对数字经济领域核心技术、前沿技术的研发支持,鼓励企业技术升级改造、高效转化技术成果。③要坚持"新产业"为核心。引进培育数字经济核心产业,重点发展数据分析、软件服务、人工智能、工业互联网等新兴数字产业,以及先进计算、半导体等电子核心产业,积极引入域外龙头企业和专精特新企业,打造全国重要的智能传感器、网络安全产业集群和人工智能创新应用发展高地。④要出台"新制度"为保障。完善细化数字经济扶持体系,进一步健全数字经济治理政策法规,贯彻落实《河南省数字经济促进条例》,保障河南省数字经济平稳高质量发展。

(二)发展路径

可借鉴先进地区经验,分产业、分企业、分区域探索不同的数字化转型路径。

1.产业路径

分类引导、一业一策、一群一策、生态重构。装备、汽车、电子等离散型产业主要围绕

个性化定制、服务化延伸、研发设计协同、制造共享等方面开展数字化改造;化工、医药、建材等流程型产业主要围绕在线检测、设备健康管理、能源智慧管理等方面开展数字化转型;食品、服装、家居等消费类产业主要围绕市场推广、消费数据挖掘、新品开发等方面开展数字化转型。依托优势产业集群引进培育工业互联网平台,打造数字化产业集群,推动企业从信息、资源上平台逐步向管理上平台、业务上平台、数据上平台升级,带动全产业链数字化改造,形成产业集群数字化生态,以数字化推进优势集群和特色产业链生态重构,从而提升河南优势产业链整体竞争力。

2. 企业路径

大中企业培育平台、中小微企业链接生态。大型企业和中型优质企业可以凭借"链主"带动力和数字化投资实力,在内部数字化改造基础上打造综合级或行业级工业互联网平台,培育产业链生态,带动供应链上下游企业开展链式数字化改造,让更多关联企业、行业数据在平台集聚,形成数据模型和产业知识,封装成工业 App 和微服务,为中小微企业提供数字化服务。中小微企业通过链接大中企业的平台生态,导入轻量化、易部署、低成本的数字化转型方案,节约改造成本,降低转型难度,倒逼企业导入精益制造、优化业务流程和管理架构,提高数字化转型成功率,同时,接入平台也就意味着贡献了数据,为产业链提供了知识积累,有利于形成产业数字生态。

3. 区域路径

中心引领、平台集中、空间扩散、场景下沉。突出郑州、洛阳在全省数字化转型中的引领带动作用,吸引更多域外数字化服务企业和平台落地,支持各地龙头企业培育的行业级工业互联网平台在郑州、洛阳集聚,培育形成数字生态载体,创建具有国际影响力的郑洛数字经济创新发展试验区。同时,通过产业链、供应链、价值链向周边扩散,支持数字化服务企业和平台围绕产业数字化、智慧城市、数字乡村、数字治理等重点领域,在市、县开发数字化场景,推广数字化方案,带动市域、县域数字化转型,支持创建省级数字经济发展示范县(市、区)。当前及未来一段时期,数字化场景下沉成为新趋势,为各地加快数字化转型带来新机遇。

六、河南建设数字经济新高地的对策建议

针对当前河南省数字经济发展的突出矛盾和问题,紧紧结合国内外数字经济发展的趋势特征,聚焦建设数字经济强省、打造数字经济发展高地的战略目标,从以下六个方面提出对策及建议。

（一）固根基，完善提升数字基础设施

高速高效、互联互通的网络基础设施是数字经济发展的重要基础，"十四五"时期，要率先弥补河南省数字经济存在的基础设施短板。

（1）尽快升级网络基础设施。加快建设5G和光纤超宽带"双千兆"网络，优先实现5G网络在交通枢纽、产业集聚区（园区）、热门景区、核心商圈等区域深度覆盖，尽快形成覆盖城乡的5G网络。加快推动IPv6建设，布局推广NB-IoT，优化郑州、开封等国际互联网数据专用通道，全面改造升级骨干网、城域网、接入网。

（2）建设大数据中心。依托郑州国家大数据综合实验区，加快建设国家级大型数据中心、区域分中心，打造全国区域性数据中心枢纽。继续加快国家超级计算郑州中心建设，构建可持续发展的高性能计算应用生态环境。支持有条件的省辖市建设数据存储中心，在重点行业、知名企业、公共服务等领域内建设一批绿色数据中心。

（3）打造"数字丝绸之路"枢纽。紧抓黄河流域生态保护与高质量发展、中部崛起等重大机遇，依托郑州国家中心城市建设中原数字港，加强与国内数字经济重点区域和先进城市的协同联动及优势互补，推动各类数据资源和创新资源向郑州汇聚，抢占数字经济发展制高点，为全省乃至全国数字经济发展赋能。深度融入"一带一路"，突出抓好"四条丝路"建设，打造"数字丝绸之路"的战略枢纽城市。

（二）育引擎，打造郑州都市圈数字经济核心引领区

在数字经济全面纵深发展的大背景下，推动新一代信息技术与城市发展深度融合，打造数字经济核心引领区，带动全省数字经济发展。

（1）发挥郑州"主核"引领作用。郑州作为河南省省会城市和国家级中心城市，要充分抓住数字经济时代的机遇，以郑开同城化、郑许一体化为支撑，着力打造一批智慧化示范应用，全面推进数字产业化、产业数字化和城市数字化"三化融合"，加快推进郑东科学谷软件产业园、鲲鹏产业生态基地、5G产业园等建设，打造数字化新业态集聚区，全力建设中部地区数字"第一城"。

（2）加快推进"副核"建设。洛阳作为副中心城市要建设国内重要的机器人及智能装备研发生产和示范应用基地，打造旅游大数据应用示范市。依托洛阳和济源深度融合发展，形成都市圈西部板块强支撑，加强各城市地脉相连、产业相融，围绕先进制造业，积极开展"5G+""人工智能+""区块链+"等试点，深化在产业、城市、政府等领域的创新应用。

（3）构建多点发力格局。积极推进新乡、焦作、漯河等新型智慧城市开展试点，结合

当地主导产业,突出发展特色,加快大数据产业园建设,建设"城市大脑",大力发展数据核心产业、场景应用、智慧民生等,探索城市发展新形态和新模式。

(三)强支撑,集聚发展数字经济产业

紧抓新一代信息技术变革带来市场再布局的历史机遇,争取在数字经济新兴产业、未来产业等关键领域占据一席之地。

(1)打造郑州数字经济核心产业基地。依托郑东新区智慧岛、高新区大数据产业园,进一步提升黄河鲲鹏产业生态链,打造"智能终端、新型显示、集成电路、智能传感器"为核心的电子信息制造产业集群,强化数字经济发展"硬核"支撑。把握数字技术变革趋势,抢先布局 5G、人工智能、北斗导航、物联网、区块链等产业,推进前沿新兴产业与实体经济融合发展,增强新技术的带动效应。

(2)壮大省辖市数字经济应用产业园区。依托其他省辖市大数据产业园,引进培育具有核心竞争力的大数据骨干企业,发展大数据采集、存储、挖掘、分析、管理等相关产业,支持企业面向全省提供大数据技术、产品、服务和应用解决方案。

(3)加快发展融合型数字新产品。推动数字技术与先进制造技术融合应用,大力发展智能网联汽车,推动汽车控制芯片、车载操作系统等关键技术产品研发应用,建设国家级智能网联汽车测试与评价中心。围绕制造业强省建设,大力发展网络化、智能化成套装备和工业机器人,提升高端装备水平。围绕消费升级,大力发展可穿戴设备和智能家电,推动传统家电和各类电子消费品的智能化转型。

(四)抓创新,突破关键技术研发与产业化

加大对数字经济技术创新和研发的支持力度,鼓励企业创新和开展研发活动,力争在基础研究和应用研究领域取得突破。

(1)抓前沿关键技术突破。以人工智能、云计算、大数据、物联网、网络数据安全、集成电路等领域为重点,加快突破一批核心关键技术,形成一批重大创新成果。在数字化制造、数字农业、数字贸易、数字金融、数字政务、数字社会治理和民生服务等领域,打造一批自主共性关键技术,开发一批新产品。

(2)抓科技成果产业转化。强化对基础前沿关键技术的测试验证,在云计算、大数据、5G、"城市大脑"、智能网联车、网络安全攻防靶场、量子计算等领域,积极承接和布局建设国家级大科学装置与试验验证平台。借鉴国际成熟经验,在郑州、洛阳等地设立数字技术成果转移转化中心,通过政府采购、新型基础设施建设等方式,加快就地产业化,推动数字技术迭代和成熟。深化高效、科研院所的科技成果管理体制机制改革,增强科技成果转化的积极性。

（3）抓数字技术标准制定。加强政府、行业协会、领军企业、高校和科研院所密切合作，积极参与国际和国家数字经济术语、新技术和数据格式、工业互联网平台架构等领域的标准制定，加快形成业界共识、实现兼容和互联互通。

（五）促应用，赋能产业升级和社会治理能力提升

在新一轮科技革命下，发挥数字经济牵引、赋能、撬动作用，促进数字经济和实体经济深度融合发展，加速培育新经济高质量增长动力。

（1）推动产业数字化。加快制造业数字化转型发展，加快工业互联网平台体系建设，持续推动企业智能化改造，鼓励产业集聚区、制造业企业"上云用数赋智"发展，建设一批数字园区、数字工厂。鼓励文化、旅游、现代物流、现代金融等领域数字化提升，完善"云、网、端"基础设施，提升服务业发展水平。围绕现代农业强省建设，建立农业云数据中心，大力发展智慧农业，推动农业生产、农产品流通和质量追溯数字化。

（2）推动城市场景数字应用。围绕解决城市发展的难点、堵点问题，加快建设智慧城管、智慧监管、智慧交通、智慧公安、智慧环保、智慧消防、智慧应急、智慧信用、智慧扶贫、智慧住建，推进城市运行"一网统管"，建设新型智慧城市。

（3）推动公共服务领域数字化。加快推进5G、人工智能、互联网、物联网、大数据等新一代技术在公共服务领域的布局和应用，提高公共服务的数字化水平，如"5G+医疗"、"人工智能+医疗"、智慧教育云、"物联网+环保"，实现城市公共服务的数字化、智能化。

（六）优环境，构建一流数字经济生态圈

创造公平竞争发展环境，推动产业政策与国际经贸规则接轨，减少政府对数字经济发展的不当干预，打造一流营商环境。

（1）优化开放环境。研究制定政府数据开放制度规范，推动企业登记、交通、信用评价等不涉及国家安全的公共数据向企业开放以及各地区各部门间的数据共享。推动制定数据权利归属、数据交易等相关法律法规，建立全省统一的数据交易市场，鼓励企业间的数据连接与交易共享。

（2）优化投资环境。继续办好数字经济大会，积极承接国内外数字产业转移。坚持非禁即入，进一步拓宽投资来源渠道，广泛吸引民间资本参与信息通信基础设施投资，在基础电信运营等方面去除各类限制民营企业进入门槛。

（3）优化人才环境。深入实施"中原英才"计划等各类引才引智计划，全力引进数字经济领域科技领军人才。依托郑州航空港综合试验区建设国际数字人才创新创业示范

基地,引进培养一批创新人才,集聚一批互联网工程师。支持郑州大学、河南大学、信息工程大学等高校,设立河南数字经济研究院,加强数字经济领域交叉学科建设和产教深度融合,加快培养一批复合型、实操型人才。

(4)优化安全环境。规划建设"数字安全谷",研发推广拟态防御、态势感知、数据加密等网络安全新技术和新产品,加快推动数据安全等服务业发展,打造全国具有重要影响力的自主可控网络安全产业和数据安全服务业中心。

(5)优化法治环境。借鉴发达国家和广东、浙江等省数字经济立法的经验,着眼于促进创新、产业发展和国家安全等涉及数字经济发展的关键领域,加快数字经济重点领域和重点环节的立法工作,建立全面、规范、有序、包容和审慎的网络治理体系,在推动数字经济快速发展的同时,实现科技向善。

参考文献

[1]张红太."东数西算"赋能黄河流域生态保护策略研究[J].华北水利水电大学学报(社会科学版),2024,40(2):45-51.

[2]熊广勤,罗琳涵.技术性贸易壁垒冲击下数字经济与国家对外贸易与融资:基于RCEP成员国的实证分析[J].当代经济,2024,41(2):48-58.

[3]曹飞廉,邱艳.乡村振兴背景下数字经济与家庭创业新模式[J].中国集体经济,2024(4):1-4.

[4]曲明.数字经济背景下中小微企业数字化转型路径研究[J].商场现代化,2024(2):100-102.

[5]黄益平.数字经济与经济高质量发展[J].新金融,2024(1):4-9.

[6]谢强,周蕊.武陵山地区数字技术推动乡村居业协同研究[J].南方农机,2024,55(3):117-120.

[7]木天琦,起建凌.数字经济时代下农业绿色发展路径探索:以云南省为例[J].南方农机,2024,55(3):184-186+198.

[8]李凯杰,司宇,董丹丹.数字经济发展提升了出口贸易韧性吗?:基于跨国面板数据的经验研究[J].云南财经大学学报,2024,40(2):15-31.

[9]戴艳娟,沈伟鹏.大数据发展如何影响企业全要素生产率?:基于内外部双重视角的分析[J].云南财经大学学报,2024,40(2):78-94.

[10]江必新,刘倬全.论数字伦理体系的建构[J].中南大学学报(社会科学版),2024,30(1):38-49.

推动河南枢纽经济高质量发展研究

王庆国　王笑阳

▎摘要：

　　枢纽经济作为优化经济要素时空配置、重塑产业空间分工体系、全面提升城市能级的经济发展新模式，是畅通经济循环、融入新发展格局的重要举措。党的十八大以来，党中央、国务院高度重视枢纽经济发展，提出要依托国家物流枢纽经济示范区建设，推动物流枢纽从"通道经济"转向"枢纽经济"，打造更具竞争力的枢纽经济增长极。河南承东启西、连南贯北，区位交通便利，拥有一批国家级物流枢纽，发展枢纽经济既有基础条件，又有潜力优势。河南省委、省政府高度重视枢纽经济发展，省第十一次党代会将实施优势再造战略作为"十大战略"之一，提出推动由交通区位优势向经济发展优势转变；楼阳生书记强调要加快构建大枢纽、发展大物流、形成大产业，推动交通区位优势转化为枢纽经济新优势。为推动枢纽经济高质量发展，本报告在梳理分析枢纽经济内涵特征的基础上，提出了枢纽经济高质量发展的评价指标体系和总体架构，为河南省枢纽经济发展提供基本参考。

一、枢纽经济的内涵、特征与趋势

（一）基本内涵

　　近年来，国内外对枢纽经济发展的热度越来越高，但学术界对枢纽经济概念作出准确界定的文献相对不多。有的学者认为，枢纽型经济主要是由经济中心、经济腹地和经济网线三大要素组成，这些要素相互联系、相互作用，共同构成有机的经济系统。还有些学者提出枢纽经济是以现代综合交通枢纽为依托，以提供便捷高效运输服务为支撑，汇集经济资源要素，融合业态模式，吸引相关制造业、服务业和新兴产业集聚发展而形成的经济形态。目前认可程度较高的是国家发展改革委综合运输研究所提出的枢纽经济概念,即枢纽经济是依托交通枢纽、物流枢纽、信息枢纽、流通枢纽、产业聚集区域等承载平台,对客流、货流、商流、资金流、信息流等各类具有流特征的经济要素,按照现代供应链、产业链、价值链协作运行规律,借助网络化服务体系以及现代信息技术、金融服务等手段,进行高效集聚、引导、转化、扩散而形成的资源要素高效配置和经济价值创造方式,具有显著的依托承载城市实现规模化、协同化、集群化、融合化经济组织和发展特征,是新经济新业态新模式的代表,是推动经济高质量发展的新动能。

综上,我们认为枢纽经济的内涵是:①以物流枢纽为依托的流通型经济。在全球化和城市化背景下,城市成为物流、信息、人员等要素流动的交汇点和集散地,依托物流枢纽聚集具有"流"特征的经济要素发展"航空经济""高铁经济""陆港经济""港口经济"等经济形态。②以二、三产业融合发展为主的复合型经济。制造业、战略性新兴产业与现代物流、商务、金融、信息、科技等生产性服务业相互交叉融合,形成新的复合型经济形态。③以数字化、互联网新技术加持的平台型经济。随着新一代信息技术和数字经济加快发展和深度应用,基于产业链、集群化的电子商务、快递行业等新型业态不断涌现,一些原先并不具有优势区位条件的城市,依托各种"经济流"组织平台,做到"买全球、卖全球"。④以枢纽城市为载体的"双循环"开放型经济。枢纽城市作为区域经济活动的中心,既是物流中心、信息中心、科技中心和人才中心,也是供应链中心和消费中心,通过枢纽城市的极化效应、辐射效应,辐射带动城市群或都市圈,还促进了城市与全球经济的联系和互动,形成连接通达海内外的国内国际双循环的重要节点。

(二)主要特征

枢纽经济区或枢纽城市因枢纽类型、发展能级及产业基础等不同存在差异,但都具备枢纽经济的共同属性和一般特征,即"两强两高"。

(1)要素的集聚性强。枢纽地区凭借交通区位优势在更大范围内不断聚集客流、货流、商流、资金流、信息流等资源要素,加速物流、金融、商务及休闲娱乐等高附加值服务业布局,产业发展规模和枢纽能级正向交互,产生迭代效应,促使枢纽地区能级持续提升,逐步成为枢纽城市,但由于枢纽规模和城市能级的不同,资源要素聚集效果也不尽相同,枢纽规模越大、能级越高的城市集聚要素能力越强。

(2)产业的带动性强。枢纽城市通过集聚具体产业组织形式,催生了多元化产业和业态,加快要素自由流动、整合重组,并向周边地区进行延伸、扩张和辐射,周边许多地区也因新生的产业业态的辐射带动效应而不断壮大,逐步与枢纽城市之间形成高效率、低成本、全产业链的区域经济模式。

（3）经济的开放度高。枢纽经济不是封闭型经济而是一种开放型、辐射型经济，其开放性是通过多种因素和各方面条件共同决定的。枢纽城市先天具有较为优越的地理位置，内外通达的交通设施为经济开放性奠定基础，内外互通的市场联系提高经济开放性。随着"互联网+"逐步推进，枢纽城市依托"通道+枢纽+网络"外向发散功能更加强大，进一步推进外向型经济繁荣发展。

（4）产城的融合度高。随着新一代信息技术深度应用，枢纽经济中二、三产业之间以及同一产业内的行业之间产业融合步伐持续加快，还催生出更多新型业态，把商品设计、生产、信息、物流、多点存储、展示、消费者体验、购物等融为一体，把产城融合推向了新的高度。

（三）演变趋势

国内外发展规律表明，枢纽经济发展是动态演进的，随着枢纽能级、科技创新、信息技术等不断进步，枢纽经济呈现"代际更替"的显著特征。从演进过程看，枢纽经济一般呈现"物流（交通）枢纽—产业枢纽—城市枢纽经济区"的迭代升级。随着机场、铁路、公路、港口等交通枢纽设施不断完善，不仅要使物流"流"起来，更要让资源要素"留"下来，经过加工、分拨、配送、第三方等增值，形成现代物流枢纽；随着国际产业转移、国际贸易以及人员流动，物流枢纽发挥了引导产业布局和区域产业组织中心的功能，进而拓展为产业枢纽；随着城市既拥有高水平的基础设施条件和产业条件，也拥有高度聚集与辐射性，推动产业枢纽与城市加速融合，成为城市枢纽经济区。从发展形态看，枢纽经济呈现由实体枢纽到"实体+虚拟"枢纽的深度融合。在新一轮科技革命和产业变革的背景下，枢纽经济不单表现为依托公铁港航的实体物流枢纽，还表现为依托虚拟化互联网平台运输调配经济要素资源、支撑经济运转的协调组织平台。随着5G、人工智能、数字孪生等新技术加速突破和广泛应用，平台经济、流量经济以及数字经济的进一步发展，实体综合交通枢纽将会不断更新迭代，实现实体经济和虚拟经济"线上线下"融合发展。从功能作用看，枢纽经济呈现由城市的枢纽功能区向枢纽城市的经济新引擎转型。在新业态、新模式快速涌现的背景下，枢纽经济的功能不再仅仅局限于物流和流通支撑区域产业经济发展模式，更是深度融合物流链、产业链、贸易链与价值链，深度关联新兴消费，成为培育新业态新模式的重要载体，进而成为城市或都市圈的新增长极。

二、枢纽经济高质量发展的评价指标体系

（一）评价指标体系借鉴

目前，我国关于枢纽经济高质量发展评价指标体系研究成果较少，主要有国家发展

改革委综合运输研究所提出的枢纽经济发展水平评价指标体系,还有江苏南京、浙江金华提出的各自枢纽经济考核指标体系。

1.枢纽经济发展水平评价体系

国家发展改革委综合运输研究所将基础支撑、环境营造、规模效应、成本效益等4个方面作为一级评价指标,在基础支撑方面,设计交通、区位、教育科研、资源以及枢纽偏好产业等5个二级指标、15个三级指标;在环境营造方面,设计供应链环境、要素环境、产业以及政府服务环境等4个二级指标、13个三级指标;在规模效应方面,设计经济总量、枢纽偏好产业规模及从业人员等3个二级指标、7个三级指标;在成本效益方面,设计物流成本、要素成本及产业利润等3个二级指标、8个三级指标(表1)。该指标体系具有系统全面、能准确反映枢纽经济发展水平的特点,但由于三级指标的相关数据有较大部分无法获取或难以量化,导致实际操作性不强,直接开展评价存在一定困难。

表1 国家发展改革委综合运输研究所枢纽经济发展水平评价指标体系

序号	指标类型		具体指标层
1	枢纽经济发展基础支撑性指标	交通条件	公路网通达性(对外高速公路通道数)
2			高铁枢纽、铁路货运场站等级、数量
3			水运港口、码头数量
4			机场等级、作业能力
5		区位条件	城市在国家级规划出现次数
6			辐射区域经济规模
7			辐射区域人口规模
8		教育科研条件	高等院校在校教师、学生人数
9			科研机构数量、科研人数
10			高新技术企业数量
11		资源禀赋条件	矿产资源条件
12			土地资源条件
13			人力资源条件
14		产业基础	枢纽偏好型产业产值
15			枢纽偏好型产业从业人员

续表1

序号	指标类型		具体指标层
16	枢纽经济环境营造型指标	物流供应链环境	物流产业产值
17			不同运输方式吨公里运费
18			物流企业数量
19			供应链服务企业产值
20			电商快件的平均取送、投递时间
21		要素聚集环境	人才引进补贴政策
22			资源要素聚集补贴程度
23			技术要素引进补贴程度
24		产业服务环境	信息服务业产值
25			金融服务业产值
26			中介、商务、法律、咨询机构数量
27		政府服务环境	政府服务平台功能
28			政务服务效率
29	枢纽经济规模效应指标	经济总量	枢纽经济产生的 GDP
30			枢纽经济占城市 GDP 比重
31			枢纽经济增量占城市增量 GDP 比重
32		枢纽偏好产业规模	枢纽偏好产业产值
33			枢纽偏好产业产值占产业总产值比重
34		枢纽经济从业人员	枢纽经济从业人员数量
35			枢纽经济新增就业人数占城市新增从业人数比重
36	枢纽经济成本效益指标	物流成本	不同运输方式运输成本与全国平均成本比值
37			仓储成本与全国平均成本比值
38			电商快件的平均取送成本与全国平均成本比值
39		要素成本	枢纽偏好产业单位要素成本与全国平均成本比值
40			不同类型工种工资与全国平均水平比值
41			不同类型用地价格与全国平均价格比值
42		产业利润	枢纽偏好型产业企业平均利润率
43			枢纽偏好型产业利润率与全国行业利润率比值

资料来源:根据国家发展改革委综合运输研究所枢纽经济发展水平评价指标体系整理。

2.南京市枢纽经济发展指标体系

南京市"十四五"枢纽经济和现代物流业发展规划,将枢纽经济实力、枢纽设施能级、市场主体建设、枢纽城市建设、现代流通体系等5个方面作为一级指标。枢纽经济实力包括地区生产总值、制造业增加值等6个二级指标,枢纽设施能级包括机场货邮吞吐量、港口货物吞吐量等12个二级指标,市场主体建设包括高新技术企业、新型研发机构数等4个二级指标,枢纽城市建设包括固定资产投资额、产业载体面积2个二级指标,现代流通体系包括物流业增加值、4A和5A级物流企业数等10个二级指标(表2)。该指标体系具有数据容易获取、可操作性强的特点,且单项指标更多反映了城市建设方面的成效,缺少枢纽经济效益类指标。

表2 南京市"十四五"枢纽经济和现代物流业发展指标体系

序号	一级指标	二级指标
1	枢纽经济实力	地区生产总值(亿元)
2		一般公共预算收入(亿元)
3		工业总产值(亿元)
4		制造业增加值(亿元)
5		实际利用外资额(亿元)
6		进出口总额(亿元)
7	枢纽设施能级	机场旅客吞吐量(万人)
8		机场货邮吞吐量(万吨)
9		飞机起降架次(万架次)
10		飞机通航国家和地区数(个)
11		港口货物吞吐量(亿吨)
12		集装箱货物吞吐量(万标箱)
13		万吨以上泊位数(个)
14		高铁客运量(万人次)
15		中欧班列开行班次(列)
16		滚装码头装卸量(万辆)
17		铁水联运量(万吨)
18		内陆无水港(个)

续表2

序号	一级指标	二级指标
19	市场主体建设	高新技术企业(家)
20		科技型中小企业(家)
21		新型研发机构数(家)
22		独角兽企业数(家)
23	枢纽城市建设	固定资产投资额(亿元)
24		产业载体面积(万平方米)
25	现代流通体系	社会物流总额(万亿)
26		物流业增加值(亿元)
27		社会物流总费用与地区生产总值的比率(%)
28		国家物流枢纽和国家示范物流园区(个)
29		省级示范物流园区和省级物流基地(个)
30		4A、5A级物流企业数(家)
31		跨境电商货量(万单)
32		跨境电商货值(万美元)
33		新能源配送车辆占所有配送车辆比例(%)
34		金陵海关进出口货物通关时间(小时)

资料来源:根据南京市"十四五"枢纽经济和现代物流业发展指标体系整理。

3.金华市枢纽经济发展指标体系

2021年10月,浙江省金华市印发《关于加快枢纽经济高质量发展的实施意见》,将枢纽经济发展列入市政府综合绩效考核,发布了枢纽经济发展指标体系,重点从枢纽型交通体系、枢纽型物流体系和枢纽型产业体系3个维度构建评价指标体系,其中,枢纽型交通体系包括总线网里程、铁路总里程等7个指标,枢纽型物流体系包括交通物流业增加值、机场货邮吞吐能力等11个指标,枢纽型产业体系包括枢纽经济增加值、社会消费品零售总额等12个指标(表3)。该指标体系具有数据容易获取、可操作性强、考核针对性强的特点,但也存在评价体系不系统的短板,比如缺少对枢纽经济基础支撑条件"区域经济、人口、消费水平"、枢纽经济效益"物流成本、要素成本"等指标评价。

表3 金华市枢纽经济发展指标体系

序号	类别	指标
1	枢纽型交通体系	总线网里程(万千米)
2		铁路总里程(千米)
3		高速铁路里程(千米)
4		公路总里程(千米)
5		高速公路总里程(千米)
6		高等级内河航道里程(千米)
7		交通投资(亿元)
8	枢纽型物流体系	交通物流业增加值(亿元)
9		公路货运量(亿吨)
10		铁路货运量(万吨)
11		内河港口货运吞吐量(万吨)
12		机场货邮吞吐能力(万吨)
13		快递业务量(亿件)
14		中欧班列开行数量(列)
15		海铁联运班列(万标箱)
16		集装箱吞吐量(万标箱)
17		多式联运占比(%)
18		物流服务信息化水平(%)
19	枢纽型产业体系	枢纽经济增加值年均增速(%)
20		社会消费品零售总额(亿元)
21		网络零售额(亿元)
22		外贸进出口总额(亿元)
23		市场采购贸易出口额(亿元)
24		大宗商品市场交易额(亿元)
25		六大专业市场交易额(亿元)
26		新型贸易占国际贸易比重(%)
27		互联网普及率(%)
28		5G覆盖率(%)
29		金融业增加值(亿元)
30		服务贸易进出口额(亿元)

资料来源:根据金华市枢纽经济发展指标体系整理。

(二)评价指标体系选择

通过对国家发展改革委综合运输研究所,南京市、金华市枢纽经济指标体系的各自特点的比较分析,在河南省枢纽经济高质量发展指标体系选择上,要遵循三个原则:①指标数据具有可量化、可得性。相关指标数据能够通过统计部门或行业部门获得,所有指标数据可量化,使得评价具有可操作性。②指标选取具有代表性、可比性。考虑到随着物流设施、科技创新、信息技术等不断进步以及枢纽能级的提升,枢纽经济呈现迭代升级发展规律,根据其在不同阶段对相关指标体系进行动态调整,结合一个省(市、区)的自身特点,赋予相应的权重,使其具有广泛性。③评价体系具有系统性、全面性。根据枢纽经济的内涵特征,尽可能涵盖枢纽经济发展的重点领域,包括软硬环境,能直接反映枢纽经济的发展成效。

综上,为全面、客观、科学、准确地反映整个系统的水平和特征,我们认为,衡量一个地区枢纽经济发展水平,应从物流发展、交通设施、枢纽产业、平台建设、消费水平、营商环境6个方面构建指标体系、进行综合评价。

(三)枢纽经济评价体系的构建

根据上述分析,构建枢纽经济发展评价指标体系的相关指标数据,均可在国家、省统计年鉴和行业部门数据中获取,或通过测算得到(表4)。

表4 枢纽经济发展评价指标体系及数据获取方法(表格按照上述六类指标调整)

一级指标	二级指标	三级指标	数据获取或计算方法
物流发展水平	物流体量	全省社会物流总额(亿元)	数据可从统计年鉴获取
		邮政业务总量(亿件)	数据可从统计年鉴获取
		快递业务总量(亿件)	数据可从统计年鉴获取
		交通运输、仓储和邮政业单位数(个)	数据可从统计年鉴获取
	物流收入	物流行业总收入(亿元)	数据可从统计年鉴获取
		邮政业务收入(亿元)	数据可从统计年鉴获取
		快递业务收入(亿元)	数据可从统计年鉴获取
	物流效益	社会物流总费用占GDP的比值(%)	数据可从统计年鉴测算获取
		交通运输、仓储和邮政业增加值(亿元)	数据可从统计年鉴获取
	物流枢纽	国家级枢纽指数	该地区所有国家层面确定的综合交通枢纽城市指数的累积和(国际性枢纽取10,国家级枢纽取5,区域级枢纽取2)。综合交通枢纽城市数据来自《国家综合立体交通网规划纲要》和《现代综合交通枢纽体系"十四五"发展规划》
		省级枢纽规划数量(个)	该地区省级层面公开发布的枢纽经济相关规划数量,数据来自各省政府部门官网

续表4

一级指标	二级指标	三级指标	数据获取或计算方法
交通能级提升	机场	国际国内客货运航线数量(个)	数据可从机场集团公司获取
		机场指数	该地区所有机场指数的累积和(国际级机场取10,国家级机场取7,区域级机场取5,地方性机场取2),数据可从高德地图和百度百科获取
		航空旅客吞吐量(万人次)	数据可从统计年鉴获取
		航空货邮吞吐量(万吨)	数据可从统计年鉴获取
	公路	公路网密度	该地区公路网总里程/该地区面积,数据可从统计年鉴获取
		高速公路网密度	该地区高速公路网总里程/该地区面积,数据可从统计年鉴获取
		公路货运量(万吨)	数据可从统计年鉴获取
	铁路	铁路网密度	该地区铁路网总里程/该地区面积,数据可从统计年鉴获取
		高速铁路(含城际)网密度	该地区高速铁路(含城际)总里程/该地区面积,数据可从高德地图和统计年鉴获取
		铁路客运量(万人次)	数据可从统计年鉴获取
		铁路货运量(万吨)	数据可从统计年鉴获取
	水运	高等级内河航道里程(千米)	数据可从统计年鉴获取
		港口码头指数	该地区所有港口码头指数的累积和(特大型取9,大型取7,中型取5,小型取2),数据可从高德地图和百度百科获取
		水运货运量(万吨)	数据可从统计年鉴获取

续表 4

一级指标	二级指标	三级指标	数据获取或计算方法
枢纽产业发展		枢纽偏好型产业生产总值(亿元)	该地区既有枢纽经济类型下相关产业指标数据的代数和。数据可从统计年鉴和各地经济年鉴获取
		枢纽偏好型产业生产总值占 GDP 比重(%)	其中,临空偏好型产业包括:计算机、通信和其他电子制造业,仪器仪表制造业,医药制造业,航空物流业,金融、保险业,商务服务业,电子商务,教育、科学研究和各类技术服务业
		枢纽偏好型产业营业收入(亿元)	港口偏好型产业包括:黑色金属冶炼及压延加工业,有色金属冶炼及压延加工业,金属制品业,农副产品加工业,石油加工、炼焦及核燃料加工业,石油和天然气开采业,铁路、船舶、航空航天和其他运输设备制造业,信息传输、软件和信息技术服务业
		枢纽偏好型产业营业成本(亿元)	高铁偏好型产业包括:汽车制造业,其他制造业,金融业,租赁和商务服务业
		枢纽偏好型产业从业人员数量(万人)	陆港偏好型产业包括:农副产品加工业,专业设备制造业,通用设备制造业,食品制造业,纺织服装服饰业
平台建设水平		引进国内外平台型企业数量(家)	数据通过企业工商注册登记获得
		培育本土平台型企业数量(家)	数据通过企业工商注册登记获得
		全国或全球有影响力交易市场(家)	数据通过企业工商注册登记获得
消费带动能力	经济人口	地区生产总值(亿元)	数据可从统计年鉴获取
		常住人口(万人)	数据可从统计年鉴获取
	消费水平	居民人均可支配收入与全国平均收入比值(%)	数据可从统计年鉴通过计算获取
		社会消费品零售总额占全国社会消费品零售总额比重(%)	数据可从统计年鉴通过计算获取
	旅游发展	旅游业总收入(亿元)	数据可从统计年鉴获取
		旅游接待游客数量(万人次)	数据可从统计年鉴获取
	开放水平	外省直接投资(万美元)	数据可从统计年鉴获取
		进出口总额占 GDP 比重(%)	数据可从统计年鉴获取
营商环境评价		营商环境评价总体得分	数据可从年度营商环境评价中获取

资料来源:课题组整理。

（1）物流发展水平指标。反映地区现代物流发展能力水平,从物流体量、物流收入、物流效益和物流枢纽4个二级指标衡量,主要包括全省社会物流总额、社会物流总费用占GDP的比值、物流行业总收入、邮政业务收入、快递业务收入等11个三级指标。

（2）交通能级提升指标。反映地区综合交通发展能力和可达性,从机场、公路、铁路、水运等4个二级指标衡量,主要包括具体国际国内客货运航线数量、公路网密度等14个三级指标。

（3）枢纽产业发展指标。反映地区枢纽经济产业支撑能力,从枢纽偏好型产业生产总值、枢纽偏好型产业生产总值占GDP比重、枢纽偏好型产业营业收入、枢纽偏好型产业营业成本、枢纽偏好型产业从业人员数量等5个二级指标衡量。

（4）平台建设水平指标。反映地区平台经济发展水平,从引进国内外平台型企业数量、培育本土平台型企业数量、全国或全球有影响力交易市场3个二级指标衡量。

（5）消费带动能力指标。反映地区消费能力和消费潜力,从经济人口、消费水平、旅游发展、开放水平4个二级指标衡量,主要包括地区生产总值、常住人口、旅游业总收入、进出口总额占GDP比重等8个三级指标。

（6）营商环境评价指标。反映地区营商环境发展水平,各地年度从营商环境评价总体得分。

三、枢纽经济高质量发展的总体架构

（一）优化枢纽经济城市总体布局

构建有层次、有侧重、成体系的枢纽经济布局,有助于形成更加优化的城镇发展体系和产业布局体系,有助于巩固提升河南省在国家物流枢纽体系中的地位和作用,有助于提升地方的经济辐射带动能力、提升人民生产生活和消费水平。枢纽经济城市的发展与选择,应遵循以下原则:①要与城市综合发展能级相匹配,需要有完善的交通条件和较高的枢纽地位,同时具有一定的人口和产业规模,通过发展枢纽经济提升城市发展能级以及在全国全省的地位作用;②要与国家和全省发展大局相匹配,在国家物流枢纽和枢纽经济布局中具有重要地位和较强的比较优势,通过增强枢纽核心能力有力支撑全国全省发展大局;③要与自身发展基础相匹配,能够充分结合城市的产业、人口规模等基础条件,立足交通和物流枢纽优势,挖掘产业和市场潜力,推动产城互动融合。

因此,要立足河南实际情况,加快优化全省的枢纽经济城市总体布局。①聚力打造郑州枢纽经济核心动力源。支持郑州立足国家中心城市定位,围绕国际性综合交通枢纽、国家物流枢纽、国际消费中心城市建设,承接国家枢纽体系及重大生产力布局,增强全球高端资源要素配置能力,打造具有全国乃至国际影响力的枢纽经济发展标杆城市。②积极构建区域枢纽经济增长极。充分发挥洛阳、南阳副中心优势,支持洛阳、南阳围绕中原城市群和省域副中心城市建设,拓展全国性综合交通枢纽功能,打造全国重要的制造业、农产品供应链中心和文化旅游消费目的地;借助商丘、安阳、三门峡省际地缘优势和交通、资源、能源等领域比较优势,支持商丘、安阳、三门峡等市依托国家和区域物流枢纽建设,强化跨省域交通对接、功能衔接、产业链接,大力引聚陆港偏好型产业;依托内河航运独特优势,支持周口、信阳等市依托内河主要港口和物流枢纽建设,畅通内陆出海通道,发展铁水、公水联运,大力引聚港口偏好型产业。③强化枢纽经济多点支撑。支持其他具备条件的地市立足自身产业、市场、区位优势,因地制宜发展枢纽经济,布局引导关联产业和企业集聚。

(二)厘清枢纽经济"六位一体"的内在逻辑

1. 强化物流拉动是核心引擎

物流通过资源整合、网络拓展和业态创新,在特定时空里提高货物流动的规模和效率,通过营造强大的物流辐射网络条件,能够为制造、商贸流通等产业要素基于成本、要素竞争力的聚集创造环境,带动枢纽偏好型相关产业发展、形成"枢纽经济价值",提升城市产业要素聚集发展功能。省委省政府把强化物流拉动作为推动经济平稳健康发展的重要举措,是结合河南省特点与优势作出的战略抉择,也将是河南省发展枢纽经济的核心引擎。

2. 建设交通设施是先决条件

良好的交通基础设施硬条件能够在一定区域空间内集约利用生产要素,高效衔接各种交通运输方式,是经济和产业高质量发展的重要基础和前提条件,对区域经济发展具有深远的影响。在原有交通运输体系上建立更高层次的、功能更完善的、资源配置更合理的综合交通基础设施体系,不仅有利于加快推动河南省的交通区位优势向枢纽经济优势转变,对于提高本地区的发展有重要意义,同时对周围地区乃至全国的经济发展也具有巨大的推动作用。

3. 培育枢纽产业是发展之基

新时代枢纽经济发展呈现出各类要素高度融合、产业组织功能充分凸显、产业集群化特征鲜明等发展趋势,发展枢纽经济,关键在于结合枢纽技术经济特征、地方资源禀赋和发展目标导向,吸引枢纽经济核心产业的龙头企业入驻,打造枢纽偏好型产业体系。

枢纽偏好型产业培育和枢纽功能区开发依托交通枢纽的便利条件,将交通枢纽优势累积为产业优势,进而迸发出发展优势,是枢纽经济发展的重要基础和主要内容。

4. 壮大平台经济是价值之锚

枢纽经济的核心在于利用枢纽优势将产业链、供应链、价值链的核心增长点"锚定"在当地,以此促进区域产业升级、供应增效、价值倍增。而平台是继市场、企业之后的第三种资源与利益组织方式,加快发展平台经济能够通过平台在更大范围更高效率地吸引各类资源要素集聚,从而更好地支撑物流枢纽建设、枢纽产业发展和消费潜力激发;能够更好发挥平台在配置市场资源中的积极作用,提高供需匹配效率和生产效率,降低全社会流通成本;能够通过平台企业构建的产业生态环境吸附更多链上中小企业形成企业群落,从而最大化提升区域市场经济活力和价值创造力。

5. 打造消费中心是必然要求

发展枢纽经济的重要目的是通过重塑流通环节组织模式,实现枢纽功能充分发挥和流通环节提质增效,进而向消费品供给环节和终端消费环节上下游延伸,将其价值增值更多地留在当地,进而最大限度地"沉淀"全产业链创造的价值,增加区域财政税收、提升财富积累速度和水平,实现从"交通枢纽"到"经济枢纽"的转变。消费是扩大内需的重要部分,借助"交通枢纽"打造"消费枢纽",能够有效促进经济向产业链和价值链中高端迈进,同时更好地满足人民美好生活需要。

6. 优化营商环境是重要保障

营商环境是经济软实力的培育之土,无论是培育枢纽产业、发展平台经济还是打造消费中心,都需要将市场化、法治化、国际化的一流营商环境作为坚强保障。发展枢纽经济,就需要把打造一流营商环境作为"生命线",聚焦加强"招商、营商、安商、稳商"全链条、全过程、全覆盖的一体化服务水平,以法治之力破解营商环境堵点痛点难点,促进"服务质量"变"竞争力量"。

(三)明确枢纽经济发展方向

1. 坚持强化物流拉动

现代物流业已成为一个依托供应链、嵌入产业链、提升价值链,畅通赋能经济循环的重要战略性、基础性、先导性产业,聚集物流资源,优化物流布局,提升物流服务对推动枢纽经济高质量发展具有重要意义。要坚持把现代物流业作为枢纽经济的核心进行重点培育,尽快形成一批功能复合、高效联通的物流设施群和物流活动组织中心;围绕增强物流枢纽一体化运作、网络化经营、专业化服务能力,强化与物流通道、末端配送等功能设施对接,完善机场、港口、铁路站等枢纽集疏运体系;大力发展国际物流、冷链物流、电商物流和产业物流;培育壮大本土物流骨干企业,积极引进一批国内外知名物流企业在豫设立区域性和功能性总部;着力构建现代物流运行体系,增强产业链供应链服务能力。

2. 加快完善交通设施

交通是经济发展的先手棋,交通设施建设是畅通枢纽经济"血脉"的关键所在。要坚持软硬并举,优化太郑合、济郑渝综合运输通道交通网络结构,强化北沿黄、宁洛综合运输通道海陆双向开放能力,构建直连主要经济区域的"米+井+人"综合运输通道;坚持客货运并举,织密"空中丝绸之路"航线网络,推进"一枢多支"现代化机场群建设;接续推进高速公路"13445"、干线公路"畅通畅连"和农村公路"提档提质"工程,提升高速公路主通道能力,推动农村公路骨干路网提档升级和基础网络提质改造;实施内河水运"通江达海"工程,形成"六城六港"铁海联运走廊;提升航空、铁路口岸及各类功能性口岸服务能力,促进跨境贸易便利化;实施一批智慧港航、物流、公路等新基建试点项目,支持"互联网+"枢纽平台发展,提升智能化服务水平。

3. 大力培育枢纽产业

产业是发展的抓手和落脚点,要统筹考虑产业基础和资源优势,按照铁路、机场、港口等重要交通枢纽的技术经济特征,甄别、筛选、确定适合发展、符合需求、体现特色的枢纽偏好型产业发展目录,大力发展枢纽偏好型产业。一方面,强化郑州航空港实验区龙头引领作用,培育壮大空港偏好型产业;依托全国性综合交通枢纽、陆港型国家物流枢纽和大宗原材料加工及商品生产基地等建设,做大做强陆港偏好型产业;依托国家内河主要港口和物流枢纽建设,大力发展水港偏好型产业;充分发挥高铁枢纽牵引力、内聚力和辐射力,提质做优高铁偏好型产业。另一方面,统筹考虑开发区、国家物流枢纽、综合交通枢纽等布局建设,推动枢纽经济先行区试点示范;坚持项目为王、致力产业倍增,聚焦综合交通枢纽升级、现代物流体系建设、偏好型产业培育、平台经济发展、消费中心打造等重点领域,加大招商引资力度,加快枢纽经济重大项目建设。

4. 持续壮大平台经济

促进"枢纽+平台+生态"深度融合,有利于释放出巨大发展动能,推动未来枢纽经济高质量发展。要聚焦能源原材料、大宗工业品和农产品等领域,高水平建设一批大宗商品交易平台,打造一批具有国际竞争优势的平台企业;围绕增强枢纽偏好型产业服务能力,建设一批垂直细分行业和优势产业区域的工业互联网平台;加快推进国家枢纽型技术交易市场建设,建设一批服务枢纽经济发展的科技创新服务平台;加快跨境电子商务综合试验区建设,建设一批综合性、专业化电子商务平台。此外,要持续夯实平台经济发展基础,以打造全国重要的信息通信枢纽和信息集散中心为抓手,增强平台经济网络支撑;以加快建设省大数据中心为引擎,打造推广一批智能制造、车联网、智慧医疗、智慧养老等领域典型应用场景,推动平台数据共享应用;优化平台经济发展环境。

5. 聚力打造消费中心

充分发挥枢纽功能,打造多层级消费中心,是河南实现枢纽经济高质量发展的独特优势,也是必然要求。要增强郑州国家中心城市龙头引领,打造辐射全国、连接世界的交易中心、快件分拨中心及航空、铁路境内境外物流集散中心和全球消费品集散中心;支持具备条件的枢纽城市打造全国性或区域性消费中心,挖掘城市文化元素,加快提升中心城区商业能级,创建培育一批国家级、省级文化和旅游消费试点(示范)城市、信息消费示范城市、体育消费试点(示范)城市,构建区域消费中心体系。要积极扩大文旅休闲消费、促进丰富体育消费、拓展展会节会服务,提升多领域服务消费能级;聚焦消费服务重点领域,拓展新型消费服务市场供给、培育零售新业态、点亮城市夜间经济,丰富时尚消费服务供给。

6. 着力优化营商环境

拼资源拼要素的时代已经过去,经济发展的竞争力更多源于包括基础设施、制度安排、市场服务、发展环境在内的地区综合发展能力,良好的营商环境是优化枢纽经济发展生态的重要保障。要深入开展枢纽经济发展的顶层设计研究,系统梳理国内外典型枢纽经济发展模式与实现路径,在借鉴、吸纳相关经验的基础上,因地制宜制定各地枢纽经济发展规划,明确枢纽经济发展方向、重点任务与实施条件,指导枢纽经济城市发展。同时,坚持党的全面领导,夯实部门责任,严格督导落实。从用地保障、土地开发、资金支持、部门协作、开放合作等角度,完善"枢纽+政策"制度有效供给,制定出台枢纽经济扶持政策,建立有效推动枢纽经济发展的政策保障机制,破除枢纽经济发展政策壁垒。

参考文献

[1]河南省力争打造千公里智慧高速[EB/OL].中国交通新闻网,2024-01-04.

[2]韩正,汪传雷,刘远,等.物流枢纽经济评价体系研究[J].现代商业,2023(24): 32-35.

[3]文瑞.郑州航空港十年来发展经验剖析与未来图景[J].郑州航空工业管理学院学报, 2023,41(6):27-33.

[4]河南铁建投:推进高铁拓"米"成网打造中国式现代化建设河南实践新优势[J].中国人大,2023(23):56.

［5］文瑞.中国枢纽经济发展实践与反思［J］.区域经济评论,2023(6):120-126.

［6］汪传雷,胡蕾,张春梦,等.合肥市高质量发展国家物流枢纽经济示范区探索［J］.武汉商学院学报,2023,37(5):31-35.

［7］弋伟伟,王庆国.建设枢纽经济先行示范区的思路与对策研究:以河南省为例［J］.北方经济,2023(10):64-67.

［8］卢越,兰捷,赖承略,等.加快建设南宁商贸物流枢纽平台促进我国面向东盟经贸合作提质发展［J］.中国经贸导刊,2023(10):27-29.

［9］张国强.再论枢纽经济与城市发展［J］.综合运输,2023,45(10):1.

［10］王秀芳,夏小燕,王振宇,等."一带一路"背景下酒泉物流枢纽区建设路径研究［J］.经济师,2023(10):114-115.

［11］杨云飞.盖世集团深度融入国家物流枢纽网络［J］.中国物流与采购,2023(19):20-22.

［12］冉净斐,李国政.理论、现实与进路:枢纽经济赋能全国统一大市场建设［J］.经济体制改革,2023(5):5-12.

第三篇
产业链安全韧性

河南粮食生产高质量发展路径研究

李　猛

摘要：

粮食是民生之本、社稷之基。2004—2023 年中央一号文件多次强调要狠抓粮食生产，牢牢把握粮食安全主动权，尤其是党的二十大提出建设"农业强国"以来，保障粮食安全，端牢粮食饭碗，已成为社会共识。新形势下，社会主要矛盾发生重大变化，人们对美好生活的追求推动着粮食消费观从"吃得饱"向"吃得好""吃得健康"转变，传统粮食生产模式已无法适应当下消费需求。因此，探究粮食生产高质量发展路径具有重要现实意义和实践价值。基于此，本文首先阐述了粮食生产高质量发展的内涵和特征，其次分析了河南省粮食生产现状和高质量发展的机遇和挑战，再次梳理总结了国内外的成功案例和经验，最后提出河南粮食生产高质量发展思路和路径。

一、粮食生产高质量发展的内涵及其特征

粮食是民生之本，是推进经济高质量发展、维护社会安全稳定的重要保障。纵观人类社会发展史，粮食足，国泰民安，粮食亏，民不聊生，粮食生产始终是社会可持续发展的首要问题。新形势下，农业科技革新，农业机械助力，粮食生产力得到极大提升，随着人们粮食消费需求升级，农村劳动人口流失，"谁来种粮""怎么种粮""种什么粮"等问题迫切需要解决，而粮食生产高质量发展是破题的"良药"。

(一)粮食生产高质量发展的概念

党的十八大以来，党中央高度重视粮食安全，深入实施"藏粮于地""藏粮于技"发展战略，确立了"谷物基本自给、口粮绝对安全"的粮食安全观，为粮食生产发展提供了

遵循。随着物质生活的极大丰富,人们对粮食的追求不再停留于温饱层面,而是更加注重健康、养生,传统的粮食生产结构已经无法满足人们多元化的消费需求。此外,种业发展、科技创新保障粮食产能的同时,也加快推动粮食生产向多层次、多元化、特色化转变,实现粮食生产高质量发展。

粮食生产高质量发展是粮食生产的新阶段,是立足新发展阶段,贯彻新发展理念,坚持创新驱动、绿色引领、科技支撑,统筹"共性和个性""数量和质量",以供给侧结构性改革为主线,以种子和耕地为抓手,实施"藏粮于地""藏粮于民""藏粮于技",贯穿粮食生产全过程的发展方式。粮食生产高质量发展遵循粮食生产发展规律,符合"乡村振兴"战略发展定位,是推进农业现代化的内在要求。传统粮食生产与粮食生产高质量发展的比较见表1。

表1 传统粮食生产与粮食生产高质量发展的比较

	传统粮食生产	粮食生产高质量发展
经营目标	自给自足,解决温饱问题	绿色发展、特色发展、优质发展、品牌发展,以多层次供应满足多元化需求
经营主体	家庭	新型农业经营主体和服务主体
经营方式	粗放型,主要依靠人力	集约型,主要依靠机械
基础设施	农田基础设施薄弱,水利设施不足	农田水利基础设施健全,高标准农田提档升级,积极推进"设施农业"
科技含量	主要依靠经验,科技含量较低	从育种到生产再到收割、存储,科技贯穿全过程,依托人工智能、物联网技术等新一代信息技术,大力发展智慧农业、数字农业
绿色水平	通过化肥、农药等手段提升作物抗旱涝、抗病虫的能力	测土配方施肥,有机肥代替化肥,利用生物、物理等技术,提升抗虫抗旱能力
抗风险能力	靠天吃饭	灾害防治能力现代化,农业保险先行、普惠金融助力
产销融合	销售渠道单一,线下为主	销售渠道多样化,线上和线下共同发力

资料来源:作者整理。

(二)粮食生产高质量发展的特征

粮食生产高质量发展是传统粮食生产方式的创新和延伸。随着农业技术发展进步和粮食消费观的转型升级,粮食生产在追求"稳产增效"的同时,更加注重规模化、特色化、绿色化发展,呈现出"机械规模运营、特色现代生产、绿色优质发展"等特点。

1. 粮食生产高质量发展是机械化、规模化的发展方式

粮食生产高质量发展是破解"谁来种粮"难题,有效应对农业劳动力流失、提升土地利用率的重要途径。粮食生产高质量发展打破"一家一户"的传统小农经营方式,积极培育新型农业经营主体和服务主体,以机械代替人力,以土地制度变革推动土地流转,实现粮食适度规模经营。粮食生产高质量发展助推农机的研发和应用,有利于优化生产环境,降低生产成本,提升粮食播种、收割的效率,确保粮食高产高效。粮食生产具有"脆弱性"和"高风险性",机械化、规模化经营方式有助于推动惠农支农政策向粮食生产倾斜,以农业补贴、农业保险、普惠金融为载体,助力粮食生产高质量发展。

2. 粮食生产高质量发展是特色化、现代化的发展方式

粮食生产高质量发展是破解"怎么种粮"难题,顺应生产特色化、智能化发展趋势,保障粮食供给安全的科学路径。粮食生产高质量发展注重因地制宜,依据区域土壤、气候等条件,以粮食生产的层次性满足粮食消费的多元化需求,打造粮食生产品牌。粮食生产高质量发展依托互联网、物联网、大数据、云计算等现代信息技术,用数据、图像感知粮食生产全过程,通过精准投放、智能监控、科学决策,推进粮食生产提质增效。此外,"互联网+粮食"有助于及时准确识别粮食市场行情,了解需求,调整生产,形成粮食消费和生产精准匹配、良性互动的发展格局。

3. 粮食生产高质量发展是优质化、绿色化的发展方式

粮食生产高质量发展是破解"种什么粮"难题,以"品质为王""低碳环保"为导向,满足粮食消费多元化需求的关键路径。粮食生产高质量强调安全用种,精准施肥,科学用药,是粮食稳产增产、优质高效的重要保障。粮食生产高质量发展注重质量兴粮、品牌强粮,以供给侧结构性改革为主线,以产业兴旺、项目增长、产品优质为突破口,优化布局结构,推进粮食生产全产业链发展。粮食生产高质量发展在保障粮食稳产增收的同时,落实"绿色低碳"发展理念,倡导"有机肥""生物农药",以更加规范、标准的技术,推动化肥农药减施提质,提升粮食生产专业化、低碳化水平。

(三)粮食生产高质量发展的意义

粮食是民生之本,是经济社会安全稳定的保障,是社会主义现代化强国的内涵要求。目前,国际局势动荡,粮食市场存在较大的不确定性,增强粮食供给能力,筑牢粮食生产根基是新时代粮食安全发展的必然要求。

1.粮食生产高质量发展是筑牢粮食安全根基的核心要义

粮食生产高质量发展是扛稳粮食安全重任的重要抓手。2023年中央一号文件首提"农业强国"目标,要求实施新一轮千亿斤粮食产能提升行动,确保全国粮食产量保持在1.3万亿斤以上,为粮食生产高质量发展指明了方向。粮食生产高质量发展顺应农业发展规律,优化布局结构,保障粮食产量,以粮食生产的层次性满足粮食消费多元化需求。粮食生产高质量发展严守耕地保护红线,着力培育新型经营主体和服务主体,加大农业基础设施建设,牢牢端稳中国饭碗。

2.粮食生产高质量发展是深化农业供给侧结构性改革的重要体现

粮食生产高质量发展是统筹粮食"供给"和"需求",以供给侧结构性改革为主线,推进粮食市场均衡的重要发展方式。粮食生产高质量发展坚持科技创新驱动、绿色低碳引领,聚焦延链补链强链,聚焦要素优化配置,以生产方式变革推动粮食生产规模化、集群化发展。粮食生产高质量发展从粮食生产层面缓解粮食生产供需不匹配的矛盾,从要素匹配层面缓解种粮劳动力流失和耕地面积下降的矛盾,有利于提升粮食自给率,提高粮食生产综合生产力。

3.粮食生产高质量发展是实现农业农村现代化、全面推进乡村振兴的实践要求

粮食生产高质量发展着力提升机械化水平,发挥信息技术在现代农业发展中的重要作用,提升粮食产量,提升农业现代化水平。创新经营管理模式等方式,壮大区域特色农产品产业,提升农产品品牌知名度,以农业生产方式变革推动产业振兴。培育新型农业经营主体和服务主体,提升种粮的专业化、机械化水平,有效缓解"青壮劳动力流失"和"土地闲置"的矛盾,实现人才振兴。

二、河南省粮食生产现状

河南是全国重要的粮食生产大省,粮食生产安全对建设高质量、高水平河南具有举足轻重的意义。近年来,河南省认真贯彻落实中共中央、国务院关于粮食生产的决策部署,稳步推进粮食高质量发展,2022年,河南省粮食产量为1357.87亿斤,位居全国第二。河南粮食生产取得了显著的成绩,但也存在种粮收益低、劳动力缺乏、支农惠农政策有待继续完善等问题。分析河南省粮食生产现状,剖析存在的问题和原因,有助于探索河南省粮食生产高质量发展新路径。

（一）河南省粮食生产取得的成效

近年来，河南省顺应粮食生产高质量发展规律，以供给侧结构性改革为主线，先后出台了各项支农惠农举措，粮食生产取得了显著成绩。

1.产量稳步提升，单产稳中有进

粮食生产是河南的一大优势、一张王牌。党的十八大以来，河南依托优越的生产条件，聚焦粮食生产，在"乡村振兴"战略的引领下稳步推进"农业强省"建设。总量方面，河南粮食生产发展呈现上涨态势。2013年，中央一号文件鼓励和支持承包土地向专业经营组织流转，推进粮食生产规模化运营，河南省粮食产量突破6000万吨，同比增加125.42万吨，占全国的9.56%。随着农业农村改革创新发展，2017—2021年，河南省粮食产量占全国粮食比重稳定在10%左右，河南粮食生产地位愈发重要。单产方面，河南省粮食单产整体呈现增长趋势，且均高于全国粮食单产水平。河南省粮食单产从2012年的5652.73吨/公顷到2022年的6299.1吨/公顷，河南是名副其实的"中原粮仓"，牢牢扛稳国家粮食安全的重任。

2.粮食结构优化，小麦优势明显

随着粮食消费理念的转变，河南积极调整粮食生产结构，突出"小麦"生产优势，推动粮食供需有效匹配，筑牢经济社会高质量发展根基。河南省谷物、豆类、薯类等粮食产量整体呈上升趋势，谷物占比较高。2015年谷物产量突破6000万吨，占粮食产量的97.86%，随着供给侧结构性改革的深入推进，2021年谷物产量增加到6333.05万吨。豆类产量虽有所波动，但总体相对稳定。2021年，豆类产量为78.25万吨。河南是小麦主产区，小麦产量稳步上涨，并占谷物产量的50%以上。2021年，河南小麦产量为3802.86万吨，占谷物产量的60%。

3.播种面积稳定，粮食自给有余

土地是保障粮食生产高质量发展的关键。河南省耕地1.22亿亩，位居全国第三，为粮食稳产增效奠定了基础。粮食作物播种面积相对稳定，占农作物播种面积的70%以上。从2012年的10 434.56千公顷、占农作物播种面积的72.53%，到2015年的11 126.30千公顷、占农作物播种面积的74.77%，再到2021年的10 772.31千公顷、占农作物播种面积的73.26%，虽然受自然灾害的影响，部分年份有所波动，但粮食作物播种面积绝对值相对平稳。粮食作物播种面积中，谷物播种面积占比较高，基本为93%以上，豆类和薯类播种面积相对较小，基本维持在7%左右。河南省粮食生产高于粮食消费，是全国粮食净调出省之一，在保障国家粮食安全中贡献"河南"力量。

(二)河南省粮食生产存在的问题

河南省作为粮食主产区,在保障全国粮食安全方面发挥着重要的作用。近年来,河南省积极探究粮食生产发展的突破点和潜力点,取得了显著成绩,但随着经济社会高质量发展,农民种粮积极性不高,小农经营与现代农业融合水平不够,科技创新能力不强,惠农支农政策与农业发展需求还存在差距,影响了粮食生产可持续发展。

1. 农民种粮积极性有待提高

粮食收益是影响种粮积极性的重要因素。粮食生产成本上升、食物消费观念的转变、粮食价格机制不健全严重影响农民种粮的积极性。①粮食生产成本增加。粮食种子、农药、化肥、播种收割等生产成本上涨,种粮的收益相对较低,造成农民不愿意种粮。②粮食需求多元化。随着物质生活极大丰富,人们对食物需求向高端化、精准化转变,高层次、高品质的粮食生产需要花费更多的时间、精力和成本,农民更加倾向于种植果蔬,从事养殖工作,提高收入。③粮食价格机制有待进一步健全。最低收购价推进粮食生产发展,但与其他产业相比,种粮的收益较低。从农民收入的视角分析,种粮的可替代性进一步增强,尤其是随着新型城镇化深入推进,农村青壮劳动力向城市转移,务工、经商收益远远超过粮食收入。新形势下,粮食生产要统筹"市场经济发展规律"和"国家安全战略",破解种粮收益低难题,提高农民种粮积极性。

2. 小农经营与现代农业融合发展水平有待提升

科技创新发展推动农业生产关系变革,农村青壮劳动力流失加快农业生产结构优化,"谁来种粮""怎么种粮""种什么粮"是当下迫切需要解决的难题。①新科技普及率下降。传统种粮方式倾向于依靠经验选种、种田,农业机械化、信息化、科学化的方法无法在粮食种植中得到有效的应用,从而影响粮食产量的提升。②新工具应用率不高。随着国内大市场的确立和发展,粮食生产、分配、交换、消费全过程需要借助互联网平台进行运营,而传统种粮无法有效获取市场信息,推进粮食深加工,实现粮食"一、二、三产业融合"发展,从而造成粮食生产的品牌效应和规模效应降低。③新理念不被接受。随着科技进步和产业革命的创新,规模化、绿色化、融合化经营已经成为未来农业发展的重要共识。然而,以一家一户小农经营模式为主的粮食生产方式在一定程度上阻碍了土地有效运转,影响了乡村土地制度、生产方式的变革,放缓了粮食生产迈进现代化、高质量发展的步伐。新形势下,粮食生产科技化、机械化在一定程度上缓解了农村青壮劳动力流失和土地无法得到有效利用的矛盾,但粮食集约生产、绿色生产、融合发展均需要有理念、懂技术、会经营的新型农业经营主体和服务主体来推动和发展。

3. 粮食生产支农惠农政策有待完善

粮食生产具有高风险、高脆弱性,粮食的生产受到天气、土壤、水源、病虫等因素的影响。虽然农业科技的发展降低了自然因素对粮食生产的影响,但粮食生产依然需要强有力的支农惠农政策支持。党的十八大以来,党中央、国务院和省委、省政府高度重视粮食安全发展,实施"乡村振兴"战略,培育种粮人才,坚持科技创新引领,探索具有河南特色的粮食生产道路,但支持粮食生产的政策还有待进一步加强和完善。①土地流转制度需进一步具体化、可操作化。规模化经营是未来粮食生产的一个典型特征,而土地流转是实现这一特征的重要保障。在禁止耕地"非农化""非粮化"的前提下,积极引导土地流转,探索农村集体经营性建设用地入市制度,提升粮食生产效率。②粮食补贴有待进一步精准。粮食补贴是支农惠农的重要举措,粮食补贴往往以承包户为单位进行发放,随着土地流转,真正种粮人享受不到相应补贴,从而无法实现粮食补贴调动农户种粮积极性的初衷。③粮食保险需要进一步普及。粮食的高风险性需要农业保险保驾护航,然而,在粮食生产过程中,农户对农业保险的作用、功能不甚了解,再加上农业保险补贴的额度相对较低,因此投保的积极性不高。新形势下,健全粮食生产支农惠农政策,完善土地流转制度,加强粮食补贴、农业保险对粮食生产的推动作用,是粮食生产高质量发展的核心和关键。

三、河南省粮食生产高质量发展机遇和挑战

随着新一轮科技创新和产业革命深入发展,河南强化科技引领,突出创新驱动,在"粮食安全"战略指引下,以乡村振兴、农业现代化为契机,深入推进粮食生产高质量发展。但农业自然灾害频发、粮食生产要素供给紧张、粮食消费需求升级等也给粮食生产高质量发展带来了挑战。

(一)河南省粮食生产高质量发展的机遇

粮食生产高质量发展是粮食生产的新阶段。科技创新助力粮食生产高质量发展,粮食安全发展战略指明粮食生产高质量发展方向,为推进乡村振兴、农业现代化提供遵循。新时代,河南省粮食生产迎来了发展新机遇。

1. 新一轮科技创新为粮食生产高质量发展提供了新的驱动力

科技是推动粮食生产高质量发展的重要力量。新形势下,以种子为抓手,以化肥、农药为支撑,提升粮食生产全过程科技化、产业化、链条化水平,是加快粮食生产高质量发展的重要路径。①科技创新推进种业振兴。种子是粮食生产的"芯片",优良的种子增强

抵御旱、涝、病、虫等灾害的能力,提高粮食存活的概率。科技创新加快"产、学、研"合作,积极培育粮食优良品种,提高科技成果转化率。②科技创新提升粮食生产效率。科技推动粮食生产工具的变革和发展,提升施肥、洒药的精准度,缩短播种、收割的时长,降低生产成本,推动粮食生产机械化、规模化、集约化发展。③科技创新引领粮食生产绿色转型。绿色、可持续是粮食高质量发展的重要特征,科技创新通过减少农药、化肥、农膜等生产资料等方式推动粮食生产全过程低耗能、低排放,助力粮食生产高质量发展。新一轮科技创新有助于健全农业科技创新体系,加快农业科技人才培育,加大科技成果的推广应用,是新形势下粮食生产高质量发展的重要契机。

2. 粮食安全战略地位提升为粮食生产高质量发展提供了新的引领力

粮食生产高质量发展不仅是解决温饱的具体举措,也是保障国家粮食安全、维护经济社会稳定发展的基础和前提,具有十分重要的战略意义。国家"十四五"规划纲要指出,实施粮食安全战略,毫不放松抓好粮食生产。习近平总书记多次强调,粮食安全是"国之大者",要深入实施"藏粮于地""藏粮于技"战略,抓好粮食供给。粮食生产作为粮食安全的核心内容,被赋予了新的时代内涵。①粮食安全战略推动粮食生产要素优化配置。耕地是粮食生产的重要抓手,守牢耕地保护红线,加强高标准农田建设,健全配套农业基础设施,有助于推动粮食生产高质量发展,保障粮食安全。②粮食安全战略推动粮食生产结构优化升级。随着供给侧结构性改革的深入推进,粮食生产高质量发展以市场规律为遵循,在解决温饱的基础上,满足多层次粮食需求,有效缓解粮食供给不足与供给过剩的矛盾。③粮食安全战略推动粮食生产体制机制创新。培育新型经营主体,鼓励土地适度规模经营,完善农民收入保障和粮食主产区利益补偿机制是新时代粮食生产高水平、高质量发展的重要方式。粮食安全战略为粮食生产绘制了"施工图""任务书",引领粮食高质量发展。

3. 乡村振兴战略深入推进为粮食生产高质量发展提供了新的带动力

党的十九大以来,乡村振兴作为推进"三农工作"的重要抓手,在提高农业现代化、推进壮大粮食产业、提升农民收入方面发挥着重要的作用。①乡村振兴助力粮食生产补齐人才短板。人才是推进粮食生产高质量发展的重要因素,乡村振兴有助于加快科研、管理等专业人才的培育和吸引,加快良种覆盖率,提升农业机械化水平,为粮食生产高质量发展提供人才支撑。②乡村振兴助力粮食产业三链同构。延链补链强链是新时代粮食高质量发展的要求,产业振兴是乡村振兴的重中之重,以数字、科技、绿色为引领,深入推进粮食产业链、价值链和供应链深入融合,优化粮食生产结构,推进粮食生产综合实力稳步提升。③乡村振兴助力粮农增收。提升粮农收入,激发种粮积极性是实现粮食生产高质量发展的基础和前提。乡村振兴以农业强、农村美、农民富为导向,通过提升粮农收入释放生产要素活力,推进良种、良田、良技深入融合,助力粮食生产优质化、品牌化发展。乡村振兴加快农业现代化进程,巩固提升粮食安全生产效能,为科技兴农、机械强农、推进粮食生产高质量发展创造了条件。

(二)河南省粮食生产高质量发展的挑战

全球气候变暖,极端大气异常,自然灾害多发,粮食生产可持续发展受到较大影响,再加上人们对农业资源的过度开发和利用,粮食生产要素趋紧,粮食生产与粮食需求不匹配,粮食生产高质量发展面临较大挑战。

1.农业自然灾害频发给粮食生产带来不确定性

粮食生产具有脆弱性和高风险性,频繁发生的自然灾害是阻碍粮食生产稳定和可持续的关键因素。近年来,洪涝、干旱、低温冷冻、雪灾等自然灾害增加,气温变化频繁,土壤肥力下降,农作物生长环境受到严重挑战。2020年,河南省农作物受灾面积为670.4千公顷,绝收面积为45.2千公顷。一方面,自然灾害对粮食生产基础设施造成破坏。农业基础设施是抵御自然灾害的重要手段,但随着自然灾害的发生,农业基础设施会产生一定损害,需要定期整修、维护。另一方面,自然灾害对粮食作物生长带来影响。粮食生产需要适宜的生长条件,而自然灾害的发生打破了粮食作物发展的平衡,病害、虫害、倒伏等现象对粮食健康生长带来了巨大的挑战。自然灾害影响粮食产量,降低粮农的收入,挫伤了粮农增加生产投入的积极性。新形势下,加大金融支持力度,提升农业保险保驾护航能力,降低农业自然灾害对粮食生产的影响是粮食高质量发展迫切需要探索的路径。

2.人地矛盾制约粮食生产高质量发展

耕地是决定粮食生产高质量发展的重要因素。河南省人多地少,耕地资源相对紧缺。随着乡村振兴全面发展,新业态用地需求层出不穷,耕地"非农化""非粮化"现象仍然存在。此外,河南土壤有机质低于全国平均水平,水源相对紧张,豫南和豫西南土壤酸化有增加的趋势,耕地供给和质量有待继续完善。一方面,新型城镇化推动农村青壮劳动力向城市涌入,粮农老龄化问题更加突出。城镇就业机会平等、挣钱方式多样、医疗教育条件完善、福利保障健全,农村青壮人口劳动力愿意并且有能力留在城镇发展,从而造成粮农年龄普遍比较大,对信息化、智能化、机械化、规模化的种粮方式的接受和认可程度不高,导致粮食生产效率相对较低。另一方面,绿色化、低碳化是粮食生产发展的重要方式。依托化肥、农药提升粮食肥力,短期有利于提升粮食生产力,长期则容易导致土壤板结、污染,不利于推动粮食生产高质量发展。随着农业环保化、低碳化的概念深入人心,降低化肥、农药等生产资料的使用量,推动粮食生产环保化、健康化是粮食高质量发展的题中之义。

3.粮食消费升级对粮食生产提出更高要求

极大丰富的物质生活促使人们对粮食功能定位从"解决温饱"向"营养健康"转变,粮食生产结构、生产方式、生产品质也发生变革。一方面,粮食消费观促使粮食生产结构优化调整。稻谷、小麦等粮食作物在满足温饱的基础上,也加大对玉米、豆类、薯类等粮食作物的需求,有效推动粮食生产多元化、多样化,更好地满足人们对粮食作物的需求。另一方面,粮食消费观推进粮食生产品质的提升。"绿色""健康""有机"是新形势粮食消费观的重要体现。随着人们对营养、健康的追求,粮食作物生产也呈现出层次化特点,在满足应季粮食作物的同时,依靠塑料大棚等方式优化温度、湿度等生产条件,提升粮食生产品质,满足粮食多元化需求。

四、粮食生产高质量发展的成功案例和经验

粮食生产高质量发展是粮食生产的高级阶段。随着新型城镇化和工业化推进,农村劳动力流失、土地碎片化、农产品供求不匹配等一系列问题涌现,培育新型农业经营主体,加快粮食生产机械化和社会公共服务体系的发展,实施土地适度规模运营,是破题的重要手段。纵观国外、省外粮食生产发展典型案例和成功经验,立足河南粮食生产实际,探索出具有河南特色的粮食生产高质量发展道路,具有重要的现实意义和指导价值。

(一)国外粮食生产典型案例

粮食生产是保障社会稳定、可持续发展的重要因素。国外发达国家经过了上百年甚至上千年的探索,根据区域的人地矛盾、土壤禀赋、科技发展、机械化水平等条件,走出了具有本国特色的粮食生产道路。围绕粮食生产"规模化、绿色化、集约化",探究美国、英国、日本的粮食生产发展模式,为河南粮食生产高质量发展提供一定遵循。

1.美国:粮食生产规模化典范

美国是全球第一大农作物产品出口国,粮食产量占世界产量的1/5,每年向世界供应约1.5亿吨粮食,是全球公认的农业强国。虽然美国从事粮食生产的人口较少,但先进的农业技术、完善的机械装备,促使美国成为农业现代化程度最高的国家。

(1)应用现代科学技术。紧抓互联网和信息化发展机遇,依托物联网、大数据等技术,搭建粮食生产信息平台和数据库,加强天气预警、温度把控、虫灾预防、农产品价格监

测,提升现代化生产、智能化管理水平。积极引入电子商务,基于 B2B(企业对企业)模式,加强农场、加工企业和农用物资企业之间的联系,基于 B2C(企业对消费者)模式,增强农场和消费者有效沟通,健全农产品流通体系。

(2)加大对粮食生产政策支持。美国积极推进粮食立法,出台《新地开垦法》《联邦土地管理法》,引导私有土地的开发和应用,吸引大量劳动力进入粮食领域。美国加大粮食金融信贷立法支持,以政府信用背书为农业贷款提供担保,鼓励银行为粮食生产提供低息贷款。美国制定了《农业贸易发展和援助法》,增强了粮食价格保护,健全粮食流通体制机制,充分调动了美国农民粮食生产的积极性。

(3)充分调动家庭农场积极性。家庭农场是美国粮食生产的核心单位,随着农业现代化推进,美国家庭农场数量有所下降,但平均规模有所扩大。成立了农业合作社组织,为家庭农场提供加工、销售、资金服务,增强家庭农场间的交流和合作,降低粮食生产成本。美国粮食生产实行专业化、市场化经营模式,在育种、种植、加工及营销等领域分工明确,强化家庭农场间合作,增强抵御自然、社会风险的能力和水平。

2.英国:粮食生产绿色化典范

英国粮食生产历史悠久、经验丰富、现代化水平较高,是粮食生产绿色发展的重要代表。英国耕地 627.8 万公顷,占农用土地的 36.4%,为粮食生产发展奠定了坚实基础。英国政府高度重视粮食生产发展,稳步推进粮食生产与环境协调发展,实现粮食生产与环境美化有机衔接。

(1)因地制宜发展粮食。英国统筹粮食生产发展自然禀赋和市场需求,充分挖掘东南部农业区潜力,明确谷物生产的主体地位,以英格兰中部、北部和苏格兰南部平原为依托,积极推进农牧业有机衔接,发挥区域比较优势,做到"宜粮则粮""宜牧则牧",实现粮食生产布局区域化,过程专业化,技术集成化,推进粮食生产高质量发展。

(2)绿色赋能粮食生产。英国推进粮食生产和环境有机融合,打造集农田、草地、树木于一体的田园风光,实施绿色生产、环保生产。英国以"绿色发展计划"为契机,推广应用可再生能源,加强农药安全管理,应用休耕轮作、多样性种植方式,保护生态环境、维护生物多样性的同时,保障粮食生产安全,推动人与自然和谐共生。

(3)推进农民职业化。英国通过立法,完善经费投入制度,明确教育培训的机构和内容,以职业资格准入、扶持社会组织等方式推进农民职业化,确保农业资源优化配置。保障农民收入,提升农民技能,使农民成为较为体面的职业。提高农民专业素养,调动农民配置生产资料、应用农业机械的积极性和主动性,推进粮食生产规模经营。

3.日本:粮食生产集约化典范

日本国土面积较小,耕地面积相对缺乏,是全球重要的粮食进口国。随着全球局势日益动荡,日本高度重视粮食安全问题。近年来,日本加大对农业机械、农业技术的研发和应用,提升粮食市场化和开放化程度,强化粮食政策引导作用,保障粮食产能稳步提升。

(1)实施农地保护政策。日本以《农地法》为核心制定了一系列关于农地保护的法律制度。严格规范农地转用审批程序,依据农地划分采取不同的转用规定,确保农地数量安全。颁布《农用地土壤污染防治法》和《土壤污染对策法》等农地污染防治法律体系,强化农用地土壤污染防治,采取轮作休耕制度,减少水土流失,确保土壤有机质与养分有机循环,实现农地质量安全。

(2)加快粮食生产经营主体多元化进程。日本积极培育村落营农等新型农业经营主体,引导青年参与粮食生产,推进土地集中、农机设施共享共用,提升粮食生产效率。围绕粮食可持续发展目标,对满足条件的粮食生产经营者进行认定,给予长期低利率融资、土地流转等方面的支持。加快推进粮食生产经营法人化进程,有序开展财务管理、人力资源等信息和技能培训,引导企业参与农业产业化经营。

(3)增加粮食生产要素投资。日本制定《土地改良法》,围绕农田、水利、道路,构建以财政补贴为主的资金来源投资模式,加大对粮食生产基础设施的建设。持续增强粮食生产机械化财政投入,提升粮食生产效率,有效应对农村劳动力流失与老龄化。支持农业科学研究机构研发,以经费补贴的方式贯穿粮食生产全过程,加快农技的推广和应用,实现种业振兴、科技强国。

(二)外省粮食生产典型案例

中国是农业大国,粮食生产高效安全是社会稳定、经济繁荣的前提,在推进经济高质量发展过程中发挥着重要的作用。随着农业机械化、科技化进程加快,粮食生产也迈向了新的台阶。深入探究黑龙江、安徽、江苏的粮食生产主要做法对河南粮食生产高质量发展具有重要的借鉴意义和价值。

1.黑龙江:粮食生产功能示范高地

黑龙江常年粮食总产位居全国首位,粮食调出量占比1/3,是名副其实的“中华大粮仓”。平原面积广阔、黑土土壤肥沃、水源灌溉便利是黑龙江推动粮食生产高质量发展的天然优势,水稻、玉米、小麦等粮食作物高产高效筑牢黑龙江粮食安全基石。2022年黑龙江粮食产量7763.1万吨,粮食播种面积1468.3万公顷,位居全国前列。

(1)强化政策保障。黑龙江稳步推进粮食安全省长责任制,将粮食安全战略与乡村振兴战略有机衔接,保障粮食生产高质量发展。印发了《黑龙江省粮食机械化生产提质增产减损行动方案》《"十四五"全国农产品质量安全提升规划》,为粮食标准化、绿色化、机械化生产提供了关键依据。出台了《黑龙江省加快农业保险高质量发展工作方案》,全面推进"大灾保险"和"保险+期货",增强抵御风险的能力,为粮食生产保驾护航。

(2)壮大人才队伍。黑龙江省实施"现代农业人才支撑""农村实用人才带头人素质提升""乡村农业技术人员培育"等计划,加强粮食生产人才队伍建设,充分发挥人才对粮食生产发展的核心作用。引进和培育农业科研人才、农技推广应用人才,深化与高校、科研机构合作,加大农业技术的研发,加快农业技术的应用和推广。定期对科技带头人、经营带头人开展培训,以项目、产业为载体,扩大农业技术应用场景。

(3)加强产销对接。黑龙江立足自身优势,充分发掘"好粮油"品牌价值,提升五常大米、同江大米、泰来大米、响水大米、绥化鲜食玉米、九三大豆等粮食品牌的市场影响力。积极拓展粮食销售渠道,依托互联网电商平台,提高粮食作物的销售量,增强"黑龙江粮食作物"的知名度。以"中国粮食交易大会""金秋粮食交易洽谈会""福建粮洽会"为契机,加强与粮食主销区省份合作,其中,黑龙江粮食运往广东省粮食每年达到600万吨左右,黑龙江与天津、四川直销通道项目已经建设。

2.安徽:粮食生产改革先行高地

安徽省是农村改革的发源地。党的十八大以来,安徽省坚持粮食安全发展,扎实推进粮食生产改革,稳步提升粮食生产能力,优化调整粮食生产结构,多措并举推进粮食生产高质量发展。安徽省粮食播种面积稳定在1亿亩,粮食产量高达800亿斤,为保障国家粮食安全作出了重要贡献。

(1)推进绿色生产发展。安徽省积极推广绿色低碳生产理念,创新粮食生产方式,应用高质高效生产技术,打造3个国家级农业绿色发展先行区和18个绿色高产高效示范区。与此同时,安徽省加快"三品一标"农产品认证工作,绿色食品数量位列全国第二。推进粮食绿色低碳生产,综合利用农作物秸秆、畜禽粪污,有序推进化肥、农药使用量下降,提升粮食生产综合能力,筑牢粮食安全根基。

(2)培育新型经营主体。安徽省开创"农业企业+家庭农场+农民合作社"的现代粮食经营体系,提升粮食生产集约化、组织化、社会化水平,有效解决"谁来种地"的难题,实现粮食生产规模化经营与小农经营模式有机衔接。安徽省加强对新型职业农民培训,形成了省、市、县、乡镇四级培训体系,提升家庭农场、农民合作社对新技术、新知识的应用能力,推进科技种粮、高效种粮,破解"怎么种粮"的困境。

(3)加大金融扶持力度。安徽省成立农业信贷担保公司,开创"劝耕贷"新模式,为种粮大户、家庭农场等新型经营主体发展提供了担保机制,有效缓解融资难、融资贵的问题。率先设立区域性股权市场农业板,成立省金融支农协作联盟,从股权的视角拓展粮食生产的投融资渠道,支持粮食生产高质量发展。积极推进粮食补贴改革,将原"三项补贴"合并成为"农业支持保护补贴",精简补贴环节,提高精准性和时效性,加大对粮食适度规模经营的倾斜力度,发挥导向激励作用。

3.江苏:粮食生产科技引领高地

江苏省是粮食生产大省,2022年江苏省粮食总产为753.8亿斤,为全国粮食生产安全贡献江苏力量。江苏省围绕农业供给侧结构性改革,强化生产管理,优化生产布局,推广良种良法,划定粮食生产功能区3700万亩,累计建成2000多个水稻绿色高质高效创建示范片,粮食生产基础进一步加强。

(1)加快数字粮食建设。江苏省以物联网、大数据、人工智能、区块链、5G等新技术为支撑,深入推进粮食生产与数字信息技术有效衔接,形成了智能化、绿色化的粮食生产信息平台。江苏省引领粮食管理服务信息建设,耕地质量管理信息系统在全国范围得到推广和应用。拓展信息自动化、智能化采集水平,对水稻、小麦应用精准栽培管理技术,建立粮食生产发展数据库,搭建粮食生产信息化"一张网"。

(2)推进土地适度规模经营。江苏省完成农村土地承包经营权确权登记颁证工作,加快承包权和经营权分离,推进粮食生产适度规模经营。出台土地制度改革实施意见,引导土地经营权规范流转,全省土地流转面积占承包面积的60%。依托农村产权交易平台,推进经营权流转线上交易、网签,建立健全土地经营权抵押融资、履约保证等机制,为加快土地适度规模经营提供保障。

(3)创新粮食生产经营模式。江苏省推广应用"企业+合作社+农户""土地入股+农民打工"等粮食生产新模式,以培育粮食生产龙头企业、新型农业经营主体为抓手,围绕"生产经营、社会服务、专业技能",深入开展"万企联万村、共走振兴路"行动,推进耕地托管经营,挖掘农民收入新的增长点和粮食企业新的盈利点实现资金、技术、人才、信息与粮食生产的资源有效衔接、深度融合。

五、河南粮食生产高质量发展思路和路径

河南省是全国重要的粮仓,粮食生产高质量发展不仅关乎河南省经济社会平稳发展,也是全国经济社会健康有序发展的重要基石。近年来,河南省深入贯彻落实"藏粮于地""藏粮于技"发展战略,以种子和耕地为抓手,积极探索符合河南粮食发展实际的发展路径。本研究在梳理归纳前人发展成果、实地考察调研的基础上,提出粮食生产高质量发展思路。

（一）基本思路

河南省是全国重要的粮食生产大省,立足河南实际,探究粮食生产高质量发展路径,在引领全国粮食生产高质量发展方面发挥着重要的作用。河南省粮食生产高质量发展是以"中原粮仓"为总目标,以增效和减损为主线,深入实施"藏粮于地""藏粮于民""藏粮于技"三大行动,深入开展粮食一、二、三产业融合发展,健全区域利益补偿机制,积极延伸产业链、提升价值链、打造供应链,不断增强河南省粮食生产竞争力,唱响河南"粮食王牌",引领粮食生产高质量发展路径。

（二）发展任务

河南省粮食生产高质量发展突出粮食"高产"的同时,更加注重粮食生产"安全",粮食"供需匹配",是打造"粮食强省"的核心和关键。

1. 粮食产能稳定提升

粮食高产,解决"温饱"问题是推进粮食生产高质量发展的前提和基础。①培育新型经营主体。探索农民职业化路径,引导懂技术、爱农业的年轻人投入粮食生产中去,加快种粮大户、家庭农场等新型经营主体的培育,走出"小农+新型经营主体"互补促进的农业发展道路。②完善土地流转制度,推进土地适度规模经营。守牢耕地红线,有效遏制耕地"非农化""非粮化",以高标准农田建设推动粮食生产高质量发展。③健全种粮保障机制。精准高效进行粮食补贴工作,加大政策性农业保险对粮食生产的扶持力度,引导金融要素对种粮大户、家庭农场等新型经营主体的支持力度。

2. 粮食生产绿色安全

粮食生产安全关乎社会稳定、健康,是推进粮食生产高质量发展的核心和关键。①绿色发展。强化绿色宣传,减少化肥、农药等农资使用量,倡导有机肥替代化肥,实施测土配方施肥,提高化肥农药使用的精准度。②种业安全。种子是粮食生产的芯片,是粮食生产高质量发展的重要条件,在保障粮食稳产高产中发挥着重要的作用。③存储安全。完善粮食流通、存储机制,提升粮食保存、运输的智能化水平,降低粮食流通、存储过程中的损失。

3. 粮食生产供需匹配

粮食生产发展在追求"总量"提升的同时,也兼顾"结构"的优化。①"生产"和"消费"匹配。随着人们生活水平的提升,人们对粮食的需求从"吃得饱"向"吃得好""吃得健康"进行转变,传统的粮食生产方式已经无法满足人们的消费需求。新形势下,粮食生产在保障总量稳定的前提下,应优化种植结构,提升粮食品种和质量,推进粮食供需匹配。②一、二、三产业的匹配。粮食生产发展不仅仅是农业的问题,也关乎二、三产业的发展,粮食生产高质量发展在实现粮食产业内部的高质量发展的同时,也要满足粮食生产加工业、农业文旅观光业的发展需求,推进一、二、三产业融合发展。③区域间的匹配。河南省是农业大省,区域间粮食生产发展存在一定差异,粮食生产高质量发展统筹好河南省内部粮食生产的同时,要充分发挥好利益补偿机制,保障河南省作为粮食主产区的合法权益。

(三)发展路径

河南省粮食生产高质量发展离不开耕地和劳动力的支持,不能缺粮食储备、以种业为代表的农业科技的助力,深入实施"藏粮于地""藏粮于民""藏粮于技"是推进粮食生产高质量发展的必由之路。

1. 藏粮于地

土地是保障粮食生产高质量发展的核心要素,随着农业机械化水平持续提升,土地适度规模经营更加符合农业生产力发展需求。

(1)加快土地流转。建立健全土地流转制度,搭建农村土地流转平台,探索农村集体经营性建设用地入市,以书面标准合同等形式规范土地流转行为,倡导长期流转、跨村跨组流转。实施土地流转奖补政策,对于转出承包地比例较大的农户、村集体、乡镇给予相应奖励或补贴。充分调动村集体的作用,加快农村土地规模集中,为农村土地适度规模经营创造条件。

(2)加快高标准农田建设。有序平整土地,推进土地适度规模集中。加快配肥改良,实现土壤通透、酸碱平衡、营养丰富。完善田间灌排设施建设,提高灌溉效率和节水水平。实施田间桥涵、路面配套设施建设工程,确保农机作业、生产物流有序开展。开展农田防护和生态环境行动,提升农田抵御自然灾害和降低水土流失的能力。加强气象监测预警能力,推广应用数字农业、良种良法,减少耕地污染,为粮食生产高质量发展创造良好的条件。

(3)有效遏制耕地"非粮化""非农化"。实施粮食生产"台账式"管理,明确耕地保护职责,严厉打击违规占用耕地绿化造林、超标准建设绿色通道、挖湖造景、占地建房等行为。建立健全"田长制",以耕地稳定面积,以耕地稳定产量,强化耕地监管,多措并举稳定粮食生产,确保谷物基本自给,口粮绝对安全,坚守国家粮食安全生命线。

2. 藏粮于民

随着工业化和城镇化的推进,农村青壮劳动力向城市涌入,粮食生产面临着劳动力缺乏、老龄化等问题,种粮收入低、社会保障差、种粮过程艰辛等因素也造成农民不愿意种粮。新形势下,推进小农户和现代农业发展有机衔接是必由之路。

(1)培育新型农业经营主体。加大财政补贴,支持家庭农场和农民合作社等新型经营主体建设,发挥市场机制,引导新型农业经营主体公平竞争。建立健全农民合作社规范管理制度,完善农民合作社的财务和会计制度,有序推进家庭农场数字化、智能化管理运营制度,为培育新型农业经营主体提供根本遵循。

(2)提升新型农业经营主体的能力。顺应"人人持证、技能河南"的发展趋势,加快对新型农业经营主体带头人的培育,逐步推进农民"职业化"。分层次、分类别定期开展农业经营主体培育,建立人才储备库,尤其是加大对青年、高学历人才的培养力度,推进新型农业经营主体"愿意""能够""勇于"服务粮食生产高质量发展。鼓励金融、保险、科技、物流、农产品加工、销售等企业加大对新型农业经营主体的支持力度,推进新型农业经营主体做大、做强。

(3)健全新型农业经营主体的保障能力。加大医疗、养老、教育、住房等社会保障制度向农民倾斜,稳步扩大年金制度在农民合作社和家庭农场的应用场景,允许农民合作社、家庭农场以公司的形式缴纳社保,保障员工的合法权益。

3.藏粮于技

农业科技是粮食稳产安全的关键要素,是推动粮食生产高质量发展的重要保障。聚焦种子、机械、信息,优化区域布局,完善种植结构,推进河南粮食绿色健康发展。

(1)加大种业研发。依托神农种业实验室、现代种业产业园、国家级制种基地等重大科技平台,加快郑洛新国家自主创新示范区建设和发展,充分调动科研院所、高校、企业的积极性,加强农技科研人才引进和培养,积极开展生物育种技术研发攻关,打造"中原粮谷"。

(2)提升农业机械普及率。加快农机产品研发,加快粮食生产全过程机械化进程,提升粮食机械化生产减损提质能力,满足平原、丘陵和山区粮食生产发展需求。创新作业服务模式,积极培育农机操作人才、管理人才和维修人才,定期开展培训,提升应对农机新技术、新产品、新模式的水平。强化农机购置补贴宣传,依法规范农机购置补贴操作流程,确保补贴政策落地落细。

(3)加快粮食生产智能化、信息化、绿色化水平。基于互联网、大数据、人工智能等现代信息技术,围绕"数字种业""数字农场",打造标准化示范基地和示范企业,稳步推进粮食生产智能化、信息水平。持续推进粮食绿色生产方式,实施化肥农药零增长工程,以有机肥代替化肥,开展测土配方施肥,严控农药使用,在节水、节肥、抗病等科技上取得新突破、新进展。

参考文献

[1]徐宣国,尹春凤.种业振兴背景下粮食安全与种业创新协调发展研究[J].农林经济管理学报,2023,22(1):1-10.

[2]李刚.农村劳动力转移对粮食生产的影响机制与异质性研究[J].四川农业大学学报,2022,40(5):792-798.

[3]刘守英.建设农业强国的土地制度基础[J].中国农村经济,2022(12):24-29,2.

[4]杜志雄.确保粮食安全,推进国家安全体系和能力现代化[J].中国农村经济,2022(12):11-13.

[5]朱晶,臧星月,李天祥.新发展格局下中国粮食安全风险及其防范[J].中国农村经济,2021(1):5-19.

[6]全世文.论农业政策的演进逻辑:兼论中国农业转型的关键问题与潜在风险[J].中国农村经济,2022(6):132-147.

[7]仇焕广,雷馨圆,冷淦潇,等.新时期中国粮食安全的理论辨析[J].中国农村经济,2022(12):111-122.

[8]展进涛,朱菊隐,纪月清.近百年来中国农户家庭经营的变迁逻辑[J].中国农村观察,2023(1):2-19.

新发展阶段河南产业链现代化的实现路径研究

王 梁

摘要：

随着产业分工持续深化，国际竞争表面上看是产品或企业之间的竞争，实质上是产业链和产业生态体系的竞争。我国改革开放已积累了显著的资源优势，具备实现产业链现代化的良好基础。当前，河南省正处于转型升级、爬坡过坎的关键时期，产业体系不优、产业层次不高等问题依然突出。通过加强上下游企业关联性，增强区域产业间协同性，提高产业链与供给链、创新链紧密度，构建现代化产业体系，提高供给体系质量，推进产业链现代化，对河南省社会经济发展具有重要意义。基于此，本文通过对产业链现代化进行深入分析，明确产业链现代化的内涵特征与发展趋势，把握好产业链现代化规律，在深入分析河南产业链发展水平的基础上，找出河南产业链现代化的优势条件和存在问题，提出河南省产业链现代化的实现路径，为河南省出台相关政策举措提供参考借鉴。

一、研究背景

（一）产业链现代化的内涵

产业链是指各个产业部门之间基于一定的技术经济联系和时空布局关系而客观形成的链条式关联形态。随着产业分工持续深化，国际竞争表面上看是产品或企业之间的竞争，实质上是产业链和产业生态体系的竞争。我国改革开放已积累了显著的资源优势，具备实现产业链现代化的良好基础。2019年中央财经委员会第五次会议首次提出打好产业链现代化的攻坚战。产业链现代化的实质是产业链水平的现代化，包括产业基础能力提升、运行模式优化、产业链控制力增强和治理能力提升等方面的内容。与传统产业相比,主要有以下特征(表1)。

(1)生产组织方式。传统产业链是建立在传统分工基础上的,适应了工业化的需要。随着以数字化、网络化、智能化、绿色化为特征的新一代技术革命的到来,以及经济发展从要素驱动向创新驱动转变。创新性成为现代化产业链的突出特征,全要素、全产业链、全价值链全面连接的新型生产制造和服务体系。

(2)企业联系强度。传统产业链以工序为分工基础、以产品的投入产出相连接,企业之间联系较为简单。现代产业链企业之间则会有需求协商、技术扶持、合作研发、资金支持等多方面的合作,联系更加紧密。

(3)合作范围。随着经济全球化和国际分工的进一步深化,产业链、供应链也突破了一国范围。当前,国际贸易更多体现为中间产品的贸易,这表明各国产业链、供应链已经相互嵌套。通过在全球整合产业链、供应链,企业能够更高效配置资源,降低成本,提高利润。

表1 传统产业链与现代化产业链对比

	传统产业链	现代化产业链
生产组织方式	传统分工	新型生产制造和服务体系
企业联系强度	以原料、配件、产品为主	合作沟通、技术扶持等
合作范围	有一定的范围边界	全球范围

资料来源:作者整理。

(二)产业链现代化意义

当前,河南省正处于转型升级、爬坡过坎的关键时期,产业体系不优、产业层次不高等问题依然突出。通过加强上下游企业关联性,增强区域产业间协同性,提高产业链与供给链、创新链紧密度,构建现代化产业体系,提高供给体系质量,推进产业链现代化,对河南省社会经济发展具有重要意义。

1.产业链现代化是提升产业核心竞争力的战略选择

产业链现代化是目的和手段的辩证统一,即使目标的实现因为有举措、手段的支撑而成为可能,也使举措的实施因为目标的确立而有着力点、针对性。当前,河南省产业总体发展水平有待进一步提高,必须着力解决自主创新能力不强、高端有效供给不足、关键环节缺失等重大问题。应当将提升产业链水平作为提升全省产业发展水平的抓手,围绕做大、做强制造业,进一步提升实体经济竞争力,为河南省长远发展奠定坚实基础。

2. 产业链现代化是建立现代化产业体系的题中之义

改革开放以来,尤其党的十八大以来,河南省产业体系现代化速度不断加快,"以传统产业为基础、新兴产业为支柱、未来产业为先导"的现代工业体系初步形成。但是,河南省产业体系中,产业链相对薄弱的问题依然存在,甚至缺失一些关键环节,限制了产业进一步现代化。积极推进河南省产业链现代化,攻克其中存在的难点、堵点,扩展产业链长度,疏通产业链要素流通效率,对河南省构建现代化产业体系意义重大。

3. 产业链现代化是沟通安全与发展的桥梁

现代化是一个动态的、相对的概念,在全球具有相对竞争优势,才能实现现代化。一旦失去相对竞争优势,现代化也会随之消亡。因此,产业链现代化是一个动态的、持续的过程,在此过程中,要不断延伸产业链、提升价值链、加强对产业链控制力,只有这样才能达到相对领先地位。实现全球相对领先,本身就会增强产业链抗击打能力,提升产业链对全球相关产业支配力,因此,产业链的现代化实现了产业链供应链安全可靠。

(三)产业链现代化趋势

当前,产业链现代化已经成为我国一个重要的战略举措,并且呈现出新的发展趋势。①产业升级推动产业链融合化发展。以数字技术为代表的新一代技术革命和产业变革推动不同产业、行业相互渗透、融合发展,极大地提升了产业竞争力。②人才流动带动产业链供应链高端环节向城市群和中心城市聚集。高端人才向城市群和中心城市集中,将带动产业链供应链高端环节随之向城市群和中心城市集聚,这对城市的营商环境、生态环境、配套设施、教育医疗资源等提出了更高要求。③科技创新驱动全球产业链供应链向智能化、现代化方向发展。随着云计算、工业互联网和自动化等技术逐步成熟并投入商用,未来产业链供应链将从规模驱动转变为效率驱动,逐步向智能化、现代化方向发展,从而不断催生新技术、新产业、新模式、新应用,加速区域产业格局的重构。④国际政治经济形势变化推动产业链供应链向区域化、分散化方向发展。受逆全球化思潮泛滥、保护主义蔓延、新冠疫情流行等因素叠加影响,各经济体对构建"安全可控"产业链供应链的需求增强,逐步形成特定区域内的产业空间集聚,产业链供应链区域化、分散化也将成为结构性趋势。我们要紧抓产业链供应链调整窗口期,着力提升产业链供应链现代化水平。

二、产业链现代化的国内实践

当前各省关于产业链现代化的实践较多,重点包括链长制、多链融合、平台打造、政策保障、招商图谱、产业基础高级化等多个方面,有力地推动了产业链现代化。

(一)完善工作机制,放大政策效应

当前全国部分省市通过产业链"链长制"的工作机制,有力推动了产业链的现代化。浙江省科学把握产业链现代化特征,将产业链供应链能级提升与制造业产业基础再造相结合,提出了十大工作方向、六大推进机制,涉及强链补链建链畅链,人才、资金、技术、风险防控等各个方面,穿透地区间、国内外等多个界面,综合发力、精准施策,提升产业链现代化水平。湖北省出台制造业产业链"链长制",绘制16条制造业产业布局图,调研梳理重点产业链发展现状,绘制产业链技术结构图、应用领域图、产业布局图、发展路线图、招商目标图,实施"五图作业";围绕重点产业链发展的关键共性环节,有针对性地实施"一链一策";每年选取3~5个重点产业链的核心缺失环节,实行"揭榜挂帅"立项,安排省级重大项目和省级专项资金优先向重点产业链倾斜。长沙市着眼工程机械、汽车、先进储能材料等22条产业链建设,创建产业链"两图"(全景图和现状图)、"两库"(客商库和项目库)、"两池"(资金池和人才池)、"两报告"(招商报告和分析报告),建立市领导担任各产业链"链长"和工作调度机制,由链长牵头推进产业链,产业联盟盟长搭台密切企业联系,学校校长支撑推动"产学研政金"协同发展,银行行长帮扶引导银行紧盯产业链优化金融服务,大力扶持实体经济。在产业链最集中的园区设立"链办",为每条产业链遴选1名科技特派员,推动审批制度改革实现园区事园区办,实施新签约、新开工、未开工、新竣工、新投产、新达产的"六张清单"调度管理,及时帮助项目解决问题。

(二)强化多链融合,加快补链扩链

江苏省苏州市抢抓数字经济新机遇,以建设产业创新集群为抓手,推进科技同产业无缝对接,加快探索出一条产业链创新链(以下简称"两链")深度融合发展的新路子。①以企业为主体,推动科技创新和现代产业紧密结合。制定科技企业梯度培育方案,构建高水平创新型企业集群,夯实"两链"深度融合基础。支持创新型领军企业建设重大创新载体,联合行业上下游和产学研科研力量,牵头组建体系化、任务型的创新联合体,推动产学研深度融合。②以科技平台为载体,促进产业创新资源高浓度集聚。全面深化与中国科学院的战略合作,打造中科院体制机制创新的"苏州样板"。支持本地高校发展壮大,加快把苏州大学建设成为中国特色世界一流的高水平研究型大学,构建共生共赢的新型城校关系。支持企业、大院大所等各类主体牵头或参与建设新型研发机构,积极探索"企业出题、科研机构答题"的新模式。大力发展创新资源公共服务平台,降低企业创新成本与风险。③以创新生态为重点,营造催生产业创新聚变的发展环境。加强知识产权保护运用,推进知识产权质押融资和知识产权证券化,探索产业知识产权联盟和专利池,大力培育专利服务等科技服务中介机构。精简创新活动审批和办事流程。优化人才引进培育和服务工作。实施有梯度的分类人才计划,发挥人才团队在创新生态中的关键作用。深化金融领域改革,探索设立组建苏州高新技术创业投资集团和产业创新集群发展基金,支持企业通过资本市场做大做强。创新科技金融产品,持续完善金融服务机制。积极参与长三角科技创新共同体建设,推进产业创新带建设。积极拓展与共建"一带一路"国家和地区的科技合作,搭建国内外科技创新交流平台,加快布局海外离岸创新机构。

(三)加强区域合作,提升产业链水平

长三角区域通过产业协作有力提升了区域产业链现代化水平,对长三角经济发展发挥着重要支撑作用。①共建合作园区,优化合作平台。长三角地区通过股份合作、飞地经济、统一经营等模式,共建产业协作园等,为各地加强产业协作提供了载体平台。目前,已创建各类协作园区200多个。②推动产业链整体转移,提升转移效能。长三角地区产业转移形态主要以产业链整体转移为主,加快了产业链转移的效率,并尽快转化为生产力。以京东方第10.5代薄膜晶体管液晶显示器件为例,此次产业链转移,不仅将整条生产线转移到了合肥,并推动了康宁公司等配套企业在合肥落户。通过产业链整体转移,合肥快速形成了半导体显示产业链和集群。③发挥龙头带动作用,推动区域高质量产业协作。长三角区域充分发挥了上海的科创资源的优势,支持上海科研机构和科技企业以新思路、新模式打造"跨(省)界园区",扩大科创成果的转化和应用范围,打造了"张江长三角科技城"、G60高科创走廊等平台载体,有力推动了地区产业升级。④创新产业协作机制,提升合作水平。长三角地区涉及地市较多,为了更好地推进各地市之间协调,长三角地区形成了完善的合作决策和协调机制,形成了工作合力,有力推动了产业升级。该机制共有"决策层、协调层、执行层"三个层次,决策层为决定区域合作的方向、原则、目标与重点等重大问题,协调层落实主要领导座谈会部署,协调推进区域重大合作事项,执行层包括具体推动区域合作工作。同时,为了进一步提升产业合作水平,还专门成立了地区产业合作机制,设立区域行业协会、园区共建联盟、区域企业服务联盟、区域发展促进基金、区域利益分享和环境保护补偿机制。

(四)产业链现代化国内实践的启示

从当前我国部分地区产业链现代化的主要做法来看,对河南省推动产业链现代化主要有以下启示。

（1）完善工作推进机制。产业链的发展是一个系统工程,包含产业链主体、产业链运行要素、产业链发展的外部环境等多个方面,需要综合运用市场手段和行政手段来推进产业链现代化,当前,以链长制为典型的工作推进机制已经成为各地较为成熟的做法,未来推动产业链现代化,还要进一步完善要素保障机制、精准服务机制、重大项目推进机制等产业链现代化的工作推进机制,为产业链现代化做强支撑。

（2）推进多链融合。推进产业链现代化必须坚持推进多链融合,习近平总书记多次强调,"围绕产业链部署创新链、围绕创新链完善资金链"。产业链是客观产品生产制造过程的集合,创新链是推动产业升级的根本力量,资金链是产业发展和科技创新的重要支撑,通过产业链创新链资金链融合发展能够提升产业附加值,促进产业链供应链现代化发展,增强产业综合竞争力。

（3）加强区域合作。区域合作能够通过各区域在资源、技术、人才、投资、信息等方面加强合作,加强彼此间的联系,充分发挥各自的优势,促使资源的优化配置,提升全要素生产率。通过整合跨区域同质化产业链条,推进产业链上下游在区域间清晰布局。发挥地区资源禀赋和比较优势,统筹布局同质化产业,可在固定区域内培育形成优势互补、分工合理、布局优化的先进产业集群。

三、河南省产业链现代化基础条件及存在问题

（一）河南省产业链现代化基础条件

近年来,河南省坚持把制造业高质量发展作为主攻方向,充分发挥产业基础优势和市场规模优势,围绕增强全产业链、关键环节和核心技术掌控力,统筹优势产业强链、传统产业延链和新兴产业育链,培育形成了一批引领带动作用突出、支撑性强的标志性产业链。

1. 产业基础坚实有力

河南依托优越的资源禀赋和独特的交通优势,通过几十年发展,逐步形成了坚实有力的产业基础。

（1）传统产业链条完整。河南工业门类齐全,除其他采矿业外,41个工业大类占40个,已形成以大中型企业为骨干,以装备、食品、新能源汽车、医疗等产业为支柱的现代工业体系,工业总产值连续多年位居全国前列。2022年,全省传统支柱产业增长4.7%,占规模以上工业的49.5%。其中,铝加工形成从氧化铝、电解铝、合金化加工等完整产业链条,氧化铝、预焙铝电解等技术处于国内乃至国际先进水平;建材工业形成了汝州水

泥、许昌禹州陶瓷、郑州新密和濮阳耐火材料、洛阳玻璃等具有全国影响力特色产业集群；轻纺工业量大面广、门类齐全，拥有新乡化纤、新野纺织等行业龙头企业和一批具有特色的中小企业。

（2）优势产业持续巩固。2022 年，河南省五大主导产业工业增加值占全省规模以上工业增加值比重为 45.3%。初步形成装备制造、食品两大万亿级产业集群。其中，装备制造构建形成了电力装备、农机装备、盾构装备、矿山装备、起重装备等产业链；食品产业连续 15 年稳居全国第二位，肉类、果蔬和面粉加工能力位居全国第一，形成了较为稳固的冷链食品和休闲食品产业链。

（3）新兴产业发展迅速。2018 年以来，河南省先后制定了 10 个新兴产业发展行动方案和产业链提升方案，建立省级领导任链长的链长制。目前，全省已形成郑州信息技术服务和下一代信息网络、平顶山新型功能材料、许昌节能环保等 4 个国家级战略性新兴产业集群，正在加快形成错位发展、优势互补的新兴产业发展格局。2022 年，战略性新兴产业增加值占规模以上工业增加值比重为 25.9%，比 2015 年提高 14.1 个百分点。

2. 产业发展态势良好

近年来，河南省坚持把制造业高质量发展当作重点发展方向，充分发挥产业基础优势和市场规模优势，围绕增强全产业链、关键环节和核心技术掌控力，统筹优势产业强链、传统产业延链和新兴产业育链，产业发展态势良好。

（1）某些关键配套领域优势明显。河南省疫苗、血液制品和医用耗材、体外诊断试剂等产业链环节处于国内领先地位；智能传感器及终端研发和产业化处在全国上游水平，形成了气体、气象、农业、电力（网）、环境监测等多门类传感器产业链及批量生产能力；节能环保产业链在高效节能电器、水处理、脱硫脱硝、废旧电子电器拆解、废旧金属回收利用等环节具有特色优势；新乡市形成了完整的动力电池产业链，集聚了科隆新能源、天力锂能、新太行电源等骨干企业；鹤壁市天海集团、航盛汽车电子等企业在汽车电子产业相关细分领域占据较大市场份额。

（2）产业集聚平台不断完善。深入推进开发区"三化三制"（建设专业化、国际化、市场化的管理团队，实行领导班子任期制、员工全员聘任制、工资绩效薪酬制），全省开发区由 288 个整合为 184 个，形成了空间布局合理、产业集群发展、资源集约利用、特色优势鲜明、发展动能强劲的开发区发展新局面。

（3）产业链数字化、绿色化加速。2020 年工业互联网产业规模 1904 亿元、居全国第 5 位，大数据、网络安全、人工智能、先进计算、新型显示和智能终端等数字核心产业快速壮大。2022 年，河南省 5G 基站总数超过 15 万个，新增智能工厂 185 个，上云企业 3.6 万家,数字经济对经济增长的贡献率超过70%。构建市场导向的绿色技术创新体系,大力发展节能环保、清洁生产、清洁能源等绿色产业,绿色生产方式加快形成。节能产业、资源循环利用产业和环保装备产业快速发展,企业创新能力大幅增强,工艺和技术装备水平稳步提升,新业态、新模式不断涌现。"十三五"以来,全省累计培育62个型号的国家级绿色设计产品、14家绿色设计示范企业,创建国家级绿色工厂138家、绿色工业园区12个、绿色供应链管理企业14家。

3. 发展环境持续优化

近年来,河南省营商环境在全国位次稳步提升,社会信用体系各项指标明显优化,市场主体活力有力激发、满意度持续提升。

(1)法治环境持续优化。围绕打造统一市场,实现最大限度公平竞争,保护市场主体合法权益,河南省积极构建营商环境政策体系,支撑营商环境不断优化;构建新型亲清政商关系,提升政府服务能力。公布施行《河南省优化营商环境条例》,为市场主体提供法律支持。全面清理现存规章制度,针对营商环境的法治化进行评价,建立健全维权成本低廉、平等保护市场主体、公平解决纠纷等机制。

(2)信用环境持续优化。社会信用体系与大数据融合发展试点省建设加快推进,开展基于大数据的政务诚信监测治理,一批国内知名信用服务机构入驻中原龙子湖"智慧岛"集聚发展,在数据归集、共享服务、监督管理、惠民便企、行业发展和体制机制等方面探索功能协同、融合创新的新模式新路径,打造信用与大数据融合发展"河南样板"。连续两年荣获全国"信用交通省"称号。郑州入选全国社会信用体系建设示范城市。诚信建设"红黑榜"新闻发布会、十大信用典型案例评选、信用宣传周、信用知识"五进"等活动深入开展,全社会诚信意识和社会信用水平大幅提升。

(3)政务环境持续优化。持续深化"放管服效"改革,率先在全国推行"三十五证合一"改革和"多审合一、多证合一、多测合一",率先在全国建成企业全程电子化登记系统。开创"全省通办"新模式,率先在全国推行事项名称、设定依据、办理条件等32个要素省、市、县三级统一。不断深化扩权强县改革,积极开展践行县域治理"三起来"示范县(市)建设,先后2批26个县入选全省示范县(市)名单。打造"跨省通办"新品牌,实现100余项事项跨省通办。推出"豫事快办"新场景,申请零材料、审批零人工、存档零纸件的"智能秒批""刷脸办"等服务新模式实现应用。系统性重塑行政审批制度,省政务服务中心组建运行,政务服务事项"一门"进驻率达94%,495项高频事项实现"一件事一次办","标准地+承诺制"改革全面推开。

(二)河南省产业链存在的问题

虽然河南省产业发展具有坚实的基础,但是与先进地区相比还存在差距,主要表现在以下方面。

1. 产业化水平不高

河南制造业大而不强的问题始终未能解决,高技术产业和战略性新兴产业占比偏低,产业链群总体布局较散,多数产业集群整体实力较弱、单个体量较小,基础核心技术与创新设计能力薄弱。①产业结构不优。河南省产业结构倚重倚能特征明显,能源原材料工业占比仍在1/3以上,战略性新兴产业占规上工业的比重分别低于安徽、江苏、浙江等地13.1、10.4和8.7个百分点,导致大多数产业链供应链难以占据价值链的中高端。②位于产业链和价值链下游。当前河南省产业水平还不高,大多处于产业链和价值链下游,食品工业、新材料等产业都存在以初加工产品为主的问题。以食品产业为例,河南省食品工业初级加工和低档次产品多,精深加工产品少,在高端产品领域几乎是空白,产品竞争力较低。食品加工企业与优质原料基地连接不紧密,自建联建优质基地占比低,农产品加工比重低。

2. 创新能力不足

当前制约河南省产业链现代化的突出问题之一为创新水平不高,河南省规模以上制造业研发经费内部支出占主营业务收入比重仅为全国平均水平的一半,重要产业链中普遍存在关键技术和零部件依赖进口的情况。①企业创新活跃性不高。企业技术创新主体地位不够突出,具有创新需求和创新能力的头部企业和高新技术企业等数量偏少,对开发新产品、采用新技术、发现新市场缺乏积极性、主动性;多数企业自主创新意识不强,与高等院校、科研院所合作不够深入,高精尖技术创新团队数量不足,在自主研发方面基础薄弱。②科技创新基础能力较弱。存在重应用轻理论、重短期轻长期现象,忽视基础科研能力提升,基础型、原创型、高价值和核心专利相对匮乏,核心能力处于"跟跑"阶段。③关键核心技术受制于人。核心和关键技术对外依存度高,缺乏世界知名品牌和头部企业,例如,河南省盾构装备已形成全产业链条,但仍存在大排量液压泵、马达、大功率电机以及电气控制元件等盾构关键部件依赖进口的突出问题。

3. 发展动力不强

由于产业发展平台不优、区域合作水平不高、市场主体不强等问题,河南省面临产业发展动力不够强劲的问题。①产业平台不优。开发区协同和产业协同程度偏低,部分开发区产业同构化程度较高,尚未形成错位竞争、差异化发展格局,内卷事件、恶性竞争的现象时有发生。缺少产业链协作平台,产业链内相关企业间的业务集成协同不够理想,实现上下游高度一体化任重道远。龙头标杆企业多分布在传统产业,真正拥有核心技术和较强市场竞争力的科技型龙头企业较少,一些龙头标杆企业的辐射带动性不够强,对产业链内其他企业的发展帮助不够多。②跨区域产业链协作水平不高。由于产业链缺环、流通体系不畅、产业同质化竞争等因素影响,河南省产业链跨区域协作不够紧密,直接影响了产业链供应链的安全稳定。以生物医药产业链为例,华兰生物短期受原材料不足和采购成本上升,本地原料血浆供应不足,在同行业原料血浆采集量竞争中处于明显劣势,产能利用率不足 50%,经营受到影响,已由行业龙头滑落至行业第五位。③市场主体不强。河南市场主体多而不精、大而不强、全而不优的现象仍然存在,缺乏有带动力和影响力的领军企业,仅有两家"独角兽"企业,且两家"独角兽"企业没有吸引上下游企业集聚,形成产业生态。

四、河南产业链现代化实现路径

河南应坚持补短板、强弱项,抓紧推进产业链现代化,为高质量推进现代化河南建设奠定坚实基础。

(一)完善顶层设计

坚持顶层设计,强化高位推进,通过完善的工作机制,确保产业链现代化工作平稳推进。①加强组织领导。建议成立省委、省政府主要领导任组长的领导小组,同步设立专家咨询委员会,定期召开会议,研究重大工作安排和重要政策。②制定实施方案。研究制定新发展格局下推进河南重点产业链供应链现代化的实施方案,聚焦河南省产业链供应链存在的产业链协作不畅、关键环节短板突出、产业生态不完善、省市县联动不足等突出问题,明确主攻方向、推进路径、重点举措等,进一步统一思想、凝聚力量。③建立完善推进机制。建立重点产业链供应链服务推进机制,进一步强化落实"链长制",建立省领导挂帅联系产业链工作机制,组建部门协同、专家参与的服务团,开展难题破解、技术服务、政策咨询、要素保障等服务。

(二)提升创新能力

加大科研投入,提升创新水平,增强创新对产业链供应链体系的支撑作用。①推进关键核心技术与断链断供技术攻关。聚焦 12 个重点产业链方向,滚动编制关键核心技术攻关清单,采用"揭榜挂帅"等攻关新机制,迭代实施省重大科技攻关专项,推动形成一批高价值专利组合,实现关键共性技术与"卡脖子"技术群体性突破。②实施产业基础再造工程。梳理各产业链薄弱环节,滚动发布"四基"突破清单,整合部门、企业、科研院所、行业协会等各方力量,实施产业链协同创新和急用先行项目,推进技术研发、工程化攻关和市场应用全流程贯通。③促进首台套产品应用。制定关键领域核心技术产品推广应用清单,省市县联动组织推广首台套装备、新材料首批次示范应用,建立示范应用基地和联盟,构建自主创新产品"迭代"应用生态。

(三)提升产业链安全性

以提升产业链供应链安全性稳定性为导向,积极推动产业链供应链多元化。①开展备份能力建设。实施断链断供替代行动,推动龙头企业建立同准备份、降准备份机制,支持企业通过并购和战略合作有效整合产业链资源,提升产业链供应链的治理能力。②扩大开放合作。融入区域产业链供应链体系,建立中部地区产业链供应链安全协调机制,共建共享安全可控产业链。积极引进全球产业和创新资源,充分利用市场优势,引进与河南省优势产业形成互补的企业,支持企业与境外创新机构开展研发合作、建立海外研发中心、承接国际技术转移和促进自主技术海外推广。③实施产业链常态化风险监测评价。实施清单化管理,省市县联动,持续迭代更新产业链断链断供风险清单。强化供需对接,集成专业供求平台,为企业提供产业链供应链对接服务。建立风险识别管理机制,对接海关、税务等多渠道数据,加强风险甄别和处置。

(四)加快企业提质扩能

支持企业提升基础固链、技术补链、融合强链、优化塑链能力,进而提升产业链现代化水平。①打造"链主"企业。进一步明确产业链重点企业清单,支持相关龙头企业做大做强,推动在研发设计、技术创新、生产管理、品牌建设等方面取得突破,形成若干具有产业生态主导力的一流企业。②培育冠军企业。大力发展专精特新中小企业,鼓励中小企业参与关键共性技术研究开发,持续提升企业创新能力,在产业链各环节细分领域,培育若干具有全球竞争力的冠军企业。③促进产业链企业协同。支持龙头企业带动产业链企业运用工业互联网新技术、新模式"上云上平台",搭建线上线下相结合的大中小企业创新协同、产能共享、供应链互通的新型产业生态项目,促进全产业链、全价值链的信息交叉和智能协作。

(五)提升发展载体能级

增强载体发展能级,发挥产业平台汇聚资金、人才、技术等要素的作用,为产业链现代化提供坚实支撑。①优化产业功能布局。推进新一轮产业集聚区规划修编,立足构建特色鲜明、优势彰显、协作紧密的产业链体系,优化产业集聚区主导产业定位和空间布局。②积极构建新经济场景。建设一批新基建项目,开展5G+、AI+、数字工厂等新应用场景打造和试验示范。③推动链式集群发展。建设产业集群综合服务体,推行"产业园区+创新孵化器+产业基金+新型机构"一体化推进模式,促进产业链协同发展,推进产业集群发展。④平台优化产业链。加快产业平台建设,建立各行业共性技术平台,搭建好数字经济核心载体,为企业数字化转型提供重要支撑。

(六)布局产业链重大项目

充分发挥重大项目支撑带动作用,积极布局产业链重大项目。①开展产业链精准招商。强化招商引资"链长"责任制,出台省级产业链招商指导目录,搭建招商信息平台,瞄准行业龙头骨干企业及产业链、价值链上下游企业、关联配套企业,开展补链强链扩链招商,省市联动谋划引进若干引领带动未来发展的产业链标志性项目。②实施产业链重大项目推进机制。建立"月调度、季通报、半年观摩、年评估"的推进机制,完善项目落地建设全周期服务,实施一批牵一发动全身的重大建设项目、重大外资项目、重大科技合作项目。

(七)加强政策创新

研究制定支持河南省产业链供应链现代化的专项政策,围绕12个产业链供应链现代化发展针对性需求,出台精准支持政策。①强化财政资金支持。采取统筹省级现有支持产业发展和创新的各类资金,并适当新增的方式,集中力量对核心技术攻关、共性技术平台、重大产业集群(基地)等进行支持。②强化融资支持。以保总量、优结构、拓渠道、强机制为重点,优化产业链供应链金融保障。鼓励金融机构综合运用中长期贷款、融资租赁等方式,支持"链主"企业、冠军企业开展项目投资、并购重组。实施"国有平台+产业基金+企业"合作模式,引导社会资本投入,保障重大项目落地资金需求。③强化要素保障。制订支持政策清单,对于产业链供应链重点项目,在土地、环境容量、能耗指标方面给予优先保障。

参考文献

[1]张其仔.产业链供应链现代化新进展、新挑战、新路径[J].山东大学学报(哲学社会科学版),2022(1):131-140.

［2］盛朝迅.推进我国产业链现代化的思路与方略［J］.改革,2019(10):45-56.

［3］苗圩.提升产业链供应链现代化水平［J］.中国经济评论,2021(2):10-13.

［4］何黎明.产业链供应链安全稳定与现代化［J］.供应链管理,2021,2(1):7-12.

［5］中国社会科学院工业经济研究所课题组,张其仔.提升产业链供应链现代化水平路径研究［J］.中国工业经济,2021(2):80-97.

碳达峰碳中和目标下河南产业的调整与升级研究

弋伟伟　李登辉

摘要：

中共河南省委第十一次党代会把实施绿色低碳转型战略作为十大战略之一。作为全国重要的人口、农业、工业及能源消费大省，河南省必须坚持把绿色发展作为高质量发展的战略着力点，抢抓碳达峰、碳中和变革变局中经济版图重构机遇，在中部地区率先走出一条贯彻新发展理念、实现"换道领跑"的高质量发展之路。基于此，本文梳理了碳达峰、碳中和的概念内涵、研究背景、对经济的影响和全国工作部署，在阐述河南省当前产业结构发展、能源消费现状基础上，深入分析存在的短板和问题，利用相关数据构建计量模型，探究产业结构调整对能源消费的深远影响。通过实地调研和文献梳理，总结借鉴国内外先进地区产业结构调整升级的经验启示，归纳出全省碳中和碳达峰目标下的产业调整升级实现路径，并提出了对策和建议。

一、研究溯源

(一)碳达峰碳中和的概念

1. 碳达峰

碳达峰指全球、国家(地区)、城市、行业或企业等某个主体年度二氧化碳排放量达到历史最高值，然后经历平台期进入持续下降的过程，是二氧化碳排放量由增长转至下降的历史拐点，标志着碳排放与经济发展实现脱钩，达峰目标包括达峰年份和峰值。我国承诺 2030 年前，二氧化碳的排放不再增长，达到峰值之后逐步降低。

2.碳中和

碳中和指在一定时间内通过节能减排、产业结构、能源结构调整等方式减少二氧化碳排放量,通过大规模国土绿化、碳捕集利用及封存等手段抵消自身产生的二氧化碳排放量,实现二氧化碳"净零排放"。具体而言,碳中和是指企业、团体或个人测算在一定时间内直接或间接产生的温室气体排放总量,然后通过植物造树造林、节能减排等形式,抵消自身产生的二氧化碳排放量,实现二氧化碳"零排放"①。是人为排放的二氧化碳(化石燃料利用和土地利用),被人为努力(木材储蓄量、土壤有机碳、工程封存等)和自然过程(海洋吸收、侵蚀—沉积过程的碳埋藏、碱性土壤的固碳等)所吸收。本质上,碳达峰碳中和都是为减少碳排放量设定的目标。

3."双碳"之间的关系

碳达峰是碳中和的前置条件,只有实现碳达峰,才能实现碳中和。碳达峰的时间和峰值水平直接影响碳中和实现的时间和难度:达峰时间越早,实现碳中和的压力越小;峰值越高,实现碳中和所要求的技术进步和发展模式转变的速度就越快、难度就越大。碳达峰是手段,碳中和是最终目的。碳达峰时间与峰值水平应在碳中和愿景约束下确定。峰值水平越低,减排成本和减排难度就越低;从碳达峰到碳中和的时间越长,减排压力就会越小。

(二)碳达峰碳中和研究背景

据世界资源研究所数据显示,18世纪工业革命以来,人类活动特别是发达国家工业化进程加快,化石燃料燃烧和森林砍伐、土地利用变化等人类活动所排放的二氧化碳,导致大气中温室气体浓度大幅增加、温室效应增强,引起全球气候变暖,进而高温热浪、洪涝、干旱等极端天气气候事件发生的强度和频率呈非线性快速增长趋势,也对自然生态系统、人类管理和社会经济产生了广泛影响。人道组织DARA在2012年发布报告称,如果气候变化问题未得到有效解决,到2030年将有超过1亿人失去生命,且全球经济增长将下降3.2%。

1.国际合作

为应对气候变化风险,各国共同努力推动应对气候变化主要经历了5个阶段(表1)。

---

① 碳达峰碳中和是什么意思_为什么要碳达峰碳中和?:http://www.xuexili.com/hanyi/4792.html

表1　全球应对气候变化5个阶段

时间	会议名称	商讨方案	主要内容
1992年	联合国大会	《联合国气候变化框架公约》	人类历史上应对气候变化的第一个里程碑式的国际法律文本。该公约提出"共同但有区别的责任"原则,区别对待发达国家和发展中国家的义务,就发达国家实行强制减排和发展中国家采取自主减缓行动作出了安排
1997年	京都峰会	《京都议定书》	规定到2010年,所有发达国家二氧化碳等6种温室气体的排放量要比1990年减少5.2%,于2005年2月16日开始强制生效
2009年	哥本哈根会议	共同商讨《2012年至2020年的全球减排协议》后续方案	由192个国家代表。会议的焦点问题是"责任共担",维护了"共同但有区别的责任"原则,并就全球长期目标、资金和技术支持、透明度等问题达成广泛共识。但是,会议达成的《哥本哈根协议》并不具有法律约束力
2015年	巴黎气候会议	通过了《巴黎协定》	意味着全球应对气候变化进程步入新阶段,形成了2020年后的全球气候治理格局。该协定的长期目标是"将全球平均气温较前工业化时期上升幅度控制在2摄氏度以内,并努力将温度上升幅度限制在1.5摄氏度以内"
2021年	格拉斯气候会议	首次明确表示减少使用煤电的《格拉斯哥气候公约》	承诺为发展中国家提供更多资金以协助它们应对气候暖化和采取更积极的气候行动。此次会议同时减少达成了甲烷排放、停止森林砍伐等协议

资料来源:中华人民共和国生态环境部官网。

2.我国承诺及部署

早在2009年哥本哈根气候大会前夕,中国就已提出量化减排目标,承诺到2020年单位GDP二氧化碳排放量较2005年下降40%~45%。2018年中国单位GDP二氧化碳排放量较2005年下降42%,提前完成哥本哈根承诺(图1)。

2015年巴黎气候变化大会前夕,中国进一步更新有关碳排放的定量目标(后成为《巴黎协定》中国自主贡献目标,NDC),包括碳排放规模、碳排放强度、非化石能源占比、森林碳汇4个定量目标和1个定性目标。

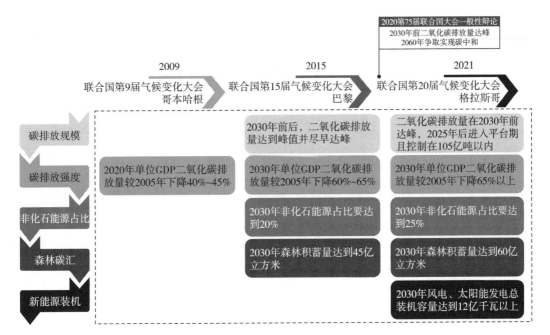

图 1 中国在国际社会上的历次碳排放承诺

资料来源:中国政府网。

2020 年 9 月,习近平总书记在第七十五届联合国大会一般性辩论上宣布:中国将采取更加有力的政策和措施,二氧化碳排放力争于 2030 年前达到峰值,努力争取 2060 年前实现碳中和。这是党中央、国务院统筹国内国际两个大局作出的重大战略决策。随后,习近平总书记又在联合国生物多样性峰会、第三届巴黎和平论坛、金砖国家领导人第十二次会晤、二十国集团领导人利雅得峰会"守护地球"主题边会等国际会议中多次表明了中国的目标和决心。

2020 年 12 月,习近平总书记在"气候雄心峰会"郑重宣布:到 2030 年,中国单位国内生产总值二氧化碳排放将比 2005 年下降 65% 以上,非化石能源占一次能源消费比重将达到 25% 左右,森林蓄积量将比 2005 年增加 60 亿立方米,风电、太阳能发电总装机容量将达到 12 亿千瓦以上。

党的十九届五中全会审议通过的《中共中央关于制定国民经济和社会发展第十四个五年规划和二○三五年远景目标的建议》提出,加快推动绿色低碳发展,降低碳排放强度,支持有条件的地方率先达到碳排放峰值,制定 2030 年前碳排放达峰行动方案,推进碳排放权市场化交易;2020 年中央经济工作会议将碳达峰、碳中和工作作为 2021 年八大重点任务之一,提出要加快调整优化产业结构、能源结构,推动煤炭消费尽早达峰,大力发展新能源,加快建设全国用能权、碳排放权交易市场,完善能源消费双控制度。继续打好污染防治攻坚战,实现减污降碳协同效应。开展大规模国土绿化行动,提升生态系统碳汇能力;2021年3月15日,中央财经委员会第九次会议指出,要把碳达峰、碳中和纳入生态文明建设整体布局,明确"十四五"时期要重点做好构建清洁低碳安全高效的能源体系、推动绿色低碳技术实现重大突破等7大方面工作。

(三)碳达峰碳中和目标对我国经济的影响

碳达峰目标与碳中和愿景,是我国承担大国责任、展现大国担当、构建人类命运共同体的具体表现,是加快推进绿色转型发展,构建现代化经济体系必然要求,是保障国家能源安全的重要举措。

(1)从实现的难度看,我国经济体量大,具有能源消费多、碳排放总量高的特征,在保障经济稳定增长以及人口自然增长的前提下实现双碳目标,我国面临实现目标时间短、能源结构转型难、工业行业转型慢、城镇化低碳水平不足等多重压力。

(2)从供给侧看,"双碳"目标核心是降低二氧化碳排放强度与总量。减少二氧化碳排放,需大力推动能源清洁化和高效化发展,以电力系统为核心,推动能源结构调整与转型升级,有助于促进新能源领域的替代性投资和能源转型拉动的连带性投资。

(3)从需求侧看,一方面,第二产业增长将受到一定约束,高碳资产有减值风险。我国短期内通过提升能效水平实现降低碳强度的空间较小,控制与减少碳排放会通过约束第二产业的增长速度拖累经济增长。而碳交易使得"绿色成本"显性化,后续随着纳入碳交易的行业扩大、碳价格的市场化,企业成本或会有所上升。双碳目标背景下高碳行业预期风险或会上升,并可能向金融行业进行传导。另一方面,倒逼技术革新。双碳目标正在倒逼行业深入研究低碳方式,包括低碳零碳技术、碳吸收、碳中和技术和新能源、电气化相关的技术领域,以推动实现产业转型。与此同时还要积极地探索二氧化碳的吸收、捕集、利用等碳技术与建立碳交易市场。

综上分析,"双碳"政策短期会给GDP增长带来一定冲击,长期看减碳政策带来的新增投资机会能够弥补高碳行业减产带来的增加值损失。

(四)国内行动与安排

1. 国家正在形成"1+N"的政策体系

自双碳目标提出后,国家相继出台一系列政策法规,正在构建碳达峰碳中和"1+N"政策体系。2021年发布《中共中央、国务院关于完整准确全面贯彻新发展理念做好碳达峰碳中和工作的意见》与《2030年前碳达峰行动方案》,前者明确了我国"双碳"工作的时间表、路线图,后者细化部署了"碳达峰十大行动",旨在做好顶层设计的基础上,充分发挥我国的制度优势,扎实推进关键领域的各项重点工作,确保推进碳达峰碳中和取得积极成效,二者共同形成政策体系中的"一"。随后,各部委陆续出台了多项相关政策文件,如《工业领域碳达峰实施方案》《财政支持做好碳达峰碳中和工作的意见》《加强碳达峰碳中和高等教育人才培养体系建设工作方案》《城乡建设领域碳达峰实施方案》《农业农村减排固碳实施方案》《贯彻落实碳达峰碳中和目标要求推动数据中心和5G等新型基础设施绿色高质量发展实施方案》《科技支撑碳达峰碳中和实施方案(2022—2030年)》《能源碳达峰碳中和标准化提升行动计划》等,成为"1+N"政策体系中"N"的重要组成部分,支撑实现我国2030和2060的碳达峰碳中和目标。

2. 全国各地工作部署

2016年国务院印发《"十三五"控制温室气体排放工作方案》,我国已在重点区域、部分重化工业率先落实碳排放达峰。目前已开展三批共87个低碳省市试点,共有82个试点省市研究提出达峰目标,其中提出在2020年和2025年前达峰的分别有18个和42个(表2)。

表2　我国部分试点地区提出的碳达峰计划

省份	区域	计划达峰年份	省份	区域	计划达峰年份
北京	全市	2020	黑龙江	大兴安岭	2024
天津	全市	2025	山东	济南	2025
上海	全市	2025	湖南	长沙	2025
吉林	全省	2025	江西	南昌	2025
海南	全省	2029	河北	石家庄	2025
四川	全省	2030	甘肃	兰州	2025
重庆	全市	2035	宁夏	银川	2025
广东	广州	2020	青海	西宁	2025
浙江	杭州	2020	辽宁	沈阳	2027
福建	厦门	2020	云南	昆明	2028
河南	济源	2020	内蒙古	呼伦贝尔	2028
湖北	武汉	2022	陕西	延安	2029
江苏	南京	2022	贵州	贵阳	2030
山西	晋城	2023	新疆	乌鲁木齐	2030

续表2

省份	区域	计划达峰年份	省份	区域	计划达峰年份
安徽	合肥	2024	广西	桂林	2030
西藏	拉萨	2024			

数据来源:根据公开资料整理。

2020年,党的十九届五中全会和中央经济工作会议对碳达峰和碳中和工作作出安排部署后,各地积极响应,把碳达峰和碳中和工作作为一项重点工作来抓。上海、广东、江苏、海南、青海等地分别在省级两会上提出,力争在全国率先实现碳排放达峰;上海市提出,将确保在2025年前实现碳排放达峰,比全国目标提前5年;广东省提出,要制定实施碳排放达峰行动方案,推动碳排放率先达峰;江苏省将在政府层面成立碳达峰专班,优化碳排放统计和考核指标体系,加大省级财政支持力度;天津市提出,要加快实施碳排放达峰行动,推动钢铁等重点行业率先达峰和煤炭消费尽早达峰;福建省提出,2021年将制定实施二氧化碳排放达峰行动方案,支持厦门、南平等地率先达峰;北京市提出,要在2021年突出碳排放强度和总量"双控",明确碳中和时间表、路线图;浙江省提出,2021年非化石能源占比提高到20.8%,煤电装机占比下降2个百分点;安徽省提出,2021年要严控高耗能产业规模和项目数量,完成电能替代60亿千瓦时,完成造林140万亩;山东省、贵州省提出,要推动排污权、碳排放权等市场化交易;吉林省提出,要加强重点行业和重要领域绿色化改造,全面构建绿色能源、绿色制造体系;陕西省、辽宁省等地提出,2021年将研究制定实施二氧化碳排放达峰行动方案。

二、碳达峰碳中和目标下河南产业结构发展现实基础

近年来,河南省紧抓"碳达峰""碳中和"发展契机,优化调整能源结构和产业结构,加快绿色低碳技术研发和推广,形成了"绿色循环可持续"的生产方式,为推动经济高质量发展、积极融入新发展格局奠定坚实的基础。本研究深入分析河南省能源消费和产业结构发展现状,通过构建梳理模型,探索河南省产业结构与能源消费的关系。

(一)河南省能源消费发展现状

深入分析产业结构对能源消费的影响是推动双碳目标实现的重要环节,本研究用一、二、三产业占比反映河南省产业结构,用能源消费情况来反映河南省能源消费情况,利用2000—2020年相关数据构建计量模型,探究产业结构调整对能源消费的深远影响。

1. 能源消费总量逐步趋稳

21 世纪以来,河南省能源消费总量划分为两个阶段。①快速增长期(2000—2011年)。伴随着经济高速发展,产业繁荣发展推动能源消费呈现快速上涨的趋势。该阶段河南省能源消费总量突破 10 000 万吨标准煤、20 000 万吨标准煤,2011 年,河南省能源消费总量为 20 462 万吨标准煤,是 2000 年的 2.58 倍,实现年均增长 1140.31 万吨标准煤。该阶段虽然能源消费助力经济发展取得了显著成绩,但也存在能源消费粗放式消费、能源消费结构不合理等问题(图 2)。②平稳增长期(2012 年—)。十八大以来,河南省委、省政府贯彻落实新发展理念,紧紧围绕"碳达峰""碳中和"目标,针对存在的问题,先后出台《河南省碳达峰实施方案》《河南省"十四五"现代能源体系和碳达峰碳中和规划》,推动能源消费减总量、优结构,河南能源消费虽有增长,但增速大幅放缓。2021 年,河南省能源消费总量为 23 501 万吨标准煤,比 2020 年仅增加了 749 万吨标准煤。双碳背景下,河南省能源消费总量总体趋稳,基本稳定在 2300 万吨标准煤(图 3)。

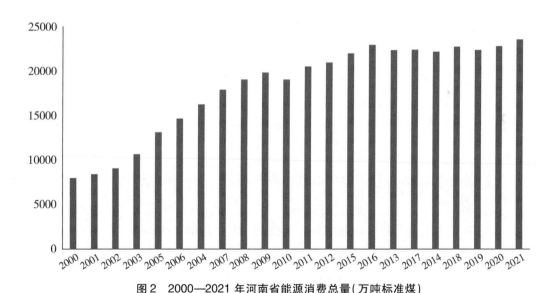

图 2 2000—2021 年河南省能源消费总量(万吨标准煤)

资料来源:《河南省统计年鉴》。

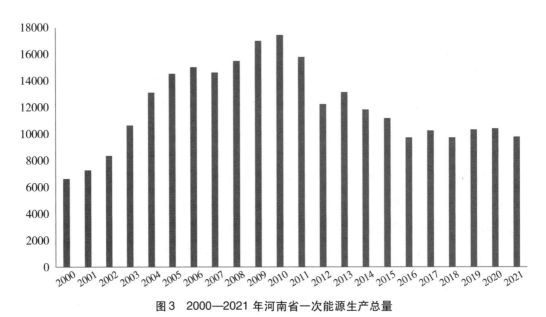

图3　2000—2021年河南省一次能源生产总量

资料来源:《河南省统计年鉴》。

2.能源消费结构持续优化

(1)煤炭消费占比下降幅度较大。煤炭是减少碳排放的关键抓手。2021年,河南省煤炭占能源消费总量的63.3%,比2000年(87.6%)下降了24个百分点,河南省在降低煤炭排放方面取得了显著成绩。

(2)石油、天然气消费占比稳步增加。石油、天然气是河南省仅次于煤炭的重要能源,党的十八大以来,石油、天然气消费占比有所增加,其中天然气消费占比增速较快。2021年,河南省石油、天然气占能源消费总量的15.7%、6.4%,与2012年相比增加了4.2、1.7个百分点。

(3)一次电力及其他能源快速增长。风能、核能、生物能是引领绿色、清洁能源发展方向的核心和关键。2021年,一次电力及其他能源占能源消费总量的14.6%,是2012年(3.8%)的3.8倍,河南清洁能源得到较快发展,为建设现代化河南提供强有力的保障。

(二)河南省产业发展现状

"双碳"背景下,河南省调整产业结构布局,积极挖掘发展增长点,实现产业结构优化升级。近年来,河南省聚焦"战略性新兴产业""未来产业",加快推动制造业高质量发展,通过构建具有河南特色的现代化产业体系,为塑造新优势、谋划新动力提供强有力的支撑。

1. 产业结构为"三二一"

河南省产业结构占比中,第三产业增加值、占比最高,其次是第二产业增加值、占比,最后是第一产业增加值、占比。根据 2022 年河南省国民经济和社会发展统计公报公布的数据,2022 年一次产业增加值为5817.78 亿元,二次产业增加值为 25 465.04 亿元,三次产业增加值为 30 062.23 亿元,产业结构比例为 9.5∶41.5∶49.0。

纵观产业结构的演变,数据显示,改革开放以来,三次产业结构由 1986 的"二一三",1992 年转变为"二三一",直到 2019 年,演变为"三二一"。根据工业化阶段划分的核心指标,进入工业化后期阶段的标准为人均 GDP 超过 6615 美元、城镇化率达到 60%、第二产业比重开始下降。根据统计数据分析,河南步入了从工业化中后期向工业化后期过渡阶段(表3)。

表3 河南省 2000 年以来三次产业结构数据表

年份	GDP (亿元)	一次产业增加值(亿元)	二次产业增加值(亿元)	三次产业增加值(亿元)	三次产业比例
2000	5053	1125	2282	1646	22.3∶45.2∶32.6
2005	10 243	1844	5202	3197	18∶50.8∶31.2
2010	22 655	3127	12 174	7354	14.1∶57.3∶28.6
2015	37 084	4016	17 948	15 121	10.8∶48.4∶40.8
2019	54 259.2	4635.40	23 605.79	26 018.01	8.5∶43.5∶48.0
2020	54 997	5354	22 875	26 768	9.9∶41.0∶49.2
2021	58 887.41	5620.82	24 331.65	28 934.93	9.5∶41.3∶49.1
2022	61 345.05	5817.78	25 465.04	30 062.23	9.5∶41.5∶49.0

数据来源:《河南省统计年鉴》。

2. 产业结构更加合理

泰尔指数[①](TL)、结构偏离度[②](η)是评价产业结构合理化的重要指标。泰尔指数越小则产业间协同程度越高、产业结构越合理,反之,如果泰尔指数(TL)越大则产业结构

---

① $TL = \sum_{i=1}^{3} \left(\frac{Y_i}{Y}\right) ln\left[\left(\frac{Y_i}{Y}\right) \bigg/ \left(\frac{L_i}{L}\right)\right]$ (Y:河南生产总值,L:河南就业人数,i:产业)

② $\eta = \sum_i \left| \left(\frac{Y_i}{Y}\right) \bigg/ \left(\frac{L_i}{L}\right) - 1 \right|, i = 1,2,3$ (Y:河南生产总值,L:河南就业人数,i:产业)

协同程度越低,产业结构越不合理。结构偏离度(η)越小则劳动生产效率越高、产业结构越完善,反之,则劳动生产效率越低,产业结构有待优化。河南省泰尔指数(TL)和结构偏离度(η)呈下降趋势,尤其是党的十八大以来,降幅更大,2020年,河南省泰尔指数(TL)和结构偏离度(η)依次为0.08、1.07,比2000年分别下降了0.3、1.92,河南产业结构更加合理(图4)。

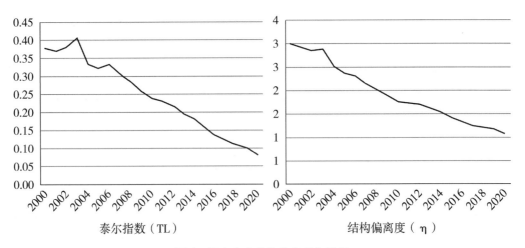

泰尔指数（TL）　　　　　　　　　结构偏离度（η）

图4　河南省产业结构合理化指标

资料来源:根据《河南省统计年鉴》数据计算得出。

3.产业结构更加高级

非农产业产值占比(TN)、第三产业产值和第二产业产值的比值(U)是测量产业结构高级化的重要指标。非农产业产值占比(TN)越高,则农业产值占比相对较小,第二产业和第三产业的产值对经济发展的助力作用越明显,产业结构相对更加高级,反之,农业产值占比较高,产业结构相对低级。第三产业产值和第二产业产值的比值(U)是衡量第三产业、第二产业两者之间的发展趋势的重要指标,越高说明第三产业发展相对较好,产业结构不断优化升级。2020年,河南省非农产业产值占比(TN)、第三产业产值和第二产业产值的比值(U)分别为0.9、1.2,远高于2011年(0.87、0.84),河南省非农产业得到较快发展,其中第三产业产值已超第二产业产值,产业结构更加高级化(图5)。

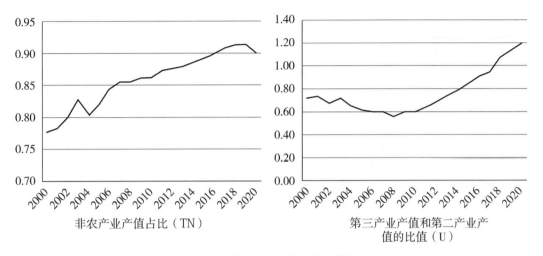

图5　河南省产业结构高级化指标

资料来源:根据《河南省统计年鉴》数据计算得出。

(三)当前存在的困难与问题

河南省仍处于工业化城镇化快速发展时期,经济总量大而不强,城镇化水平仍低于全国平均水平7个百分点,既需要通过保持较高增长速度满足人民群众对美好生活期盼,更需要通过加快绿色转型实现高质量发展、可持续发展。今后一个时期,河南省完成国家提出"2030年前碳达峰"目标形势严峻。

1.碳排放总量偏高、强度适中、人均较低

河南省二氧化碳排放总量位居全国前列,约占全国的5%,2020年碳排放量约4.87亿吨,居全国第6位,低于山东、江苏、河北、内蒙古、广东。煤炭、石油、天然气利用产生的碳排放量占比分别为81%、15%、4%,与全国基本相同。

2.绿色转型发展问题突出

(1)能源对外依存度高。2020年,河南省能源对外依存度达到53.8%,分能源品种看,21%的石油、9%的天然气和26%的电力需从省外调入,在上游能源供应短缺或线路故障时,电力缺口将主要依靠省内燃煤发电机组支撑,亟须摆脱化石能源供给模式。

(2)终端用能电气化水平偏低。目前,我国终端用能电气化水平为25%左右,城乡居民人均用电量为732.1千瓦时,与美欧日等发达国家和地区差距较大。河南省城乡居民人均用电量为633.4千瓦时,仅为全国平均水平的86.5%,特别是工业、交通等重点领域用能结构中,蒸汽、压缩空气、油气的供能占比仍较高。

（3）能源产出率偏低。与先进省份相比，河南省经济发展对能源消费的依赖程度仍然较高，能源利用效率不高，单位 GDP 能耗是上海的 1.32 倍、江苏的 1.44 倍、浙江的 1.26 倍，能效水平仍有较大的提升空间。

3.产业结构有待持续优化

（1）低能耗的第三产业占比仍然较低。全省产业结构虽然实现了从"二三一"向"三二一"的历史性转变，但低能耗的第三产业占比低于浙江、广东等先进省份多个百分点，特别是金融、信息服务、科技服务等现代服务业低于全国平均水平。

（2）工业产业结构不优。全省战略性新兴产业规模较小、传统高耗能产业比重偏高等问题依然突出，2020 年，战略性新兴产业增加值占规模以上工业比重 22.4%，分别低于江苏省、浙江省、广东省32.8、31.1、32 个百分点；能源原材料工业占规模以上工业增加值比重41.9%，比全国平均水平高 4 个百分点以上，比 2019 年上升了 2.8 个百分点。

（3）产业区域布局不合理。全省产业整体呈"北重南轻"的特征，区域产业优势互补、协同发展不足，京津冀大气污染传输通道城市和汾渭平原城市"两高一资"产业占比较高，面临资源、环境瓶颈约束；豫东、豫南地区以农产品加工、轻工业为主，受限于产业基础，承接产业转移阻力较大。

4.传统产业占比重

（1）制造业整体层级较低。全省制造业"大而不强""全而不优"，新兴产业整体规模相对较小，产业链条普遍不完整，整体处于产业链中低端环节，综合竞争能力相对较弱。各地市产业同质同构现象严重，产业链跨区域协作水平不高，链短、链断、链弱、链缺的发展瓶颈和短板较为明显。

（2）制造业内部结构偏重。河南作为能源原材料大省，煤炭开采和洗选、化学原料及化学制品制造、非金属矿物制品、有色金属冶炼及压延加工、电力、热力的生产和供应等高能耗产业仍在制造业中占据主导地位，以 2020 年数据为例，高耗能产业占规上工业增加值的比重为 38.3%。资源消耗型产业占比较大，直接导致较高的碳排放强度，既不符合绿色发展需求，也不能满足新发展阶段对制造业向中高端化发展的要求。同时煤炭、钢铁、水泥、有色金属、化工和电力等行业存在产能过剩问题，导致经济增长后劲不足，不利于实现河南省制造业高质量发展的目标。

（3）制造业与服务业、新技术融合程度较低。在新发展格局下发展，赋予制造业与服务业的融合、制造业与新一代信息技术的融合发展的新使命新要求。通过制造业与服务业、工业化和信息化的融合，形成制造业的新兴业态、模式和未来产业，实现从微笑曲线的底端向两端拓展态势。与沿海发达省市相比较，全省制造业与服务业、新技术的融合仍处于发展初步阶段,存在范围不广、程度不深、水平不高等现象。

5. 产业生态不优

金融服务科技创新体系不完善,服务创新的研发机构、风投机构、投资基金等发展较为滞后。财政金融支撑力度不够,省级财政每年投入产业类和科技创新的专项资金与其他省份比有一定差距。产学研金用体制尚未贯通,缺乏功能齐全的产学研用合作平台,科技成果转移转化能力不高,年度技术市场成交额较低。

总的来看,河南省经济体量大,能源结构和产业结构"偏重、高碳"特点突出,发展惯性大,路径依赖强,用能需求高,较为粗放的经济发展模式短期内还难以根本扭转,目前的能源消费和碳排放格局无法快速改变,特别是,随着河南省工业化和城镇化的快速发展,能源消费将"刚性"增长,未来一个时期能源消耗量及碳排放量仍会处于"双升"阶段,节能降耗减碳工作将面临巨大的压力与挑战,需要统筹考虑经济增长、能源安全、社会民生、成本投入等诸多因素,进行深层次的改革创新。

三、河南省产业结构对能源消费的影响分析

能源是支撑经济高质量发展、实现产业结构优化升级的关键引擎。随着"碳达峰""碳中和"深入推进,河南省统筹能源"数量"和"质量",在保障经济平稳可持续发展的前提下,降低能源消费总量,提升能源消费效率,以能源消费革命引领产业转型升级。

深入分析产业结构对能源消费的影响是推动双碳目标实现的重要环节,本研究用一、二、三产业占比反映河南省产业结构,用能源消费情况来反映河南省能源消费情况,利用2000—2020年相关数据构建计量模型,探究产业结构调整对能源消费的深远影响。

(一)产业结构不同发展趋势对能源消费的影响分析

1. 第一产业占比呈现下降趋势

河南省第一产业占比从2000年的22.3%下降到2020年的9.9%,与第二、第三产业相比,虽然降幅较大,但农业产量、产值得到进一步加强,"中原农谷"的作用更加凸显,牢牢扛稳"粮食安全"重任。

2. 第二产业占比总体呈现先增长后下降的发展趋势

2000—2008年,河南省第二产业占比从45.2%上涨到54.8%,第二产业高速发展,是经济高速发展的重要保障,但也带来了环境污染等问题。2009—2020年,河南省第二产业占比呈现下降趋势,2020年河南省第二产业占比为41%,与2009年相比下降12.9个百分点。

3.第三产业总体呈现增长的趋势

2000—2014年,虽然部分年份有所下降,但总体河南省第三产业占比稳定在30%以上,2015—2020年,河南省第三产业占比突破40%,截至2020年,河南省第三产业占比为49.2%(表4)。

表4　河南省三次产业产值占比及能源消费总量

年份	第一产业占比(%)	第二产业占比(%)	第三产业占比(%)	能源消费总量 (万吨标准煤)
2000	22.3	45.2	32.6	7919
2005	18.0	50.8	31.2	14 625
2010	13.8	53.7	32.5	18 964
2015	10.8	48.4	40.8	22 343
2020	9.9	41.0	49.2	22 752

资料来源:根据《河南省统计年鉴》数据计算得出。

通过计量分析,第一产业、第二产业、第三产业对能源消费都有一定的影响,其中,第一产业对能源消费的影响系数是10 578.08,第二产业对能源消费的影响系数是12 095.9,第三产业对能源消费的影响系数是11 829.58,第二产业对能源消费的影响最大,第三产业次之,第一产业影响最小(表5)。

表5　回归模型系数

	系数	标准误差	t 值	显著性
第一产业占比	10 578.08	5869.47	1.8	0.089
第二产业占比	12 095.9	5914.702	2.05	0.057
第三产业占比	11 829.58	5894.245	2.01	0.061
常数项	−1 160 350	590 034.6	−1.97	0.066

资料来源:根据《河南省统计年鉴数》据计算得出。

(二)碳达峰碳中和目标下产业结构调整升级的意义

"十四五"时期是我国全面建成小康社会、实现第一个百年奋斗目标之后,乘势而上开启全面建设社会主义现代化国家新征程、向第二个百年奋斗目标进军的第一个五年。

能源需求发生新变化,高质量发展要求更加突出;能源安全面临新挑战,新旧风险交织并存;绿色转型出现新形势,未来任务更加艰巨;创新发展进入新阶段,科技和体制创新重要性更加凸显。

1. 有助于推动产业发展方式从粗放向集约转变

低碳发展有助于倒逼产业进行技术化改造、绿色化改造,实现产业发展方式由高耗能、高污染向经济效益好、资源消耗低、环境污染少的集约模式转变。党的二十大报告提出"构建清洁低碳、安全高效的能源体系,加强生态环境保护",随着生态文明建设大力推进,主要污染物和二氧化碳减排目标的考核力度将逐步加大,未来能源发展将受到来自资源环境、减排等多方面约束。习近平总书记提出二氧化碳排放力争于 2030 年前达到峰值,努力争取 2060 年前实现碳中和。这些对能源发展提出更高要求。以煤为主的能源消费结构和相对粗放的能源生产利用方式需要得到改变和优化。

2. 有助于推动产业结构由传统向现代转变

传统产业尤其是重工业是碳排放的主要来源,实现碳达峰要求必须不断改造升级传统产业、调整优化三次产业结构及工业内部结构,产业重心必然向新能源、云计算、生物医药等战略性新兴产业转移,既有助于河南省加快构建现代化产业体系,促进经济发展方式的根本性转变,又能促进河南省城市高质量发展。如洛阳、平顶山作为国家产业转型升级示范区,明确提出要"建成资源型产业绿色发展先行区"。平顶山尼龙新材料产业作为全省着力打造的十大战略性新兴产业之一,入选国家首批战略性新兴产业集群名单,对能源供给质量和供给效率都提出了更高要求。发挥能源革命对经济转型的基础性、带动性、保障性作用,促进资源型城市高质量转型发展,保障国家战略性新兴产业发展,提升能源清洁高效利用水平和安全稳定供应能力。清洁低碳安全高效的新型综合能源基地的建设刻不容缓。

3. 有助于推动产业发展动力由要素驱动向创新驱动转变

低碳技术进步是产业绿色化发展的根本动力,实现碳达峰必须将加快绿色低碳技术的突破,从而带动经济发展尽快由要素驱动、投资规模驱动为主向创新驱动为主转变。国家实施创新驱动发展战略,大数据、云计算、物联网、移动互联网、5G 等新技术飞速发展,信息、新材料、新能源等技术不断渗透融合,"互联网+"智慧能源等新模式加快推广应用。创新驱动应在能源领域多点发力,推动转型升级示范区能源行业由传统利用方式向以智慧能源、分布式能源综合供应等为主的新形态转变,助推能源行业智能化水平持续提升,促进以储能产业、光伏材料为代表的能源装备行业建设。

四、相关省份产业结构调整的经验及启示

(一)相关发达国家减碳的典型做法

1.美国

第二次世界大战之后,美国建立了比较完整的工业体系,一方面对于高耗能行业,美国采取有保有压的政策,长期稳定在 20% 左右。另一方面,集中发展汽车、航空航天、生物技术、电子信息等高附加值、低消耗的高端制造业。在从工业时代向后工业时代跨越中,大力发展低消耗、低排放的服务业,服务业逐步在经济活动中占据了主导地位,高消耗、高排放的制造业占比持续下降。同时,20 世纪 90 年代以后,国际形势的变化为美国构建全球生产网络、发展全球统一市场创造了便利条件,美国开始从纺织业开始,逐步拓展到钢铁、机械制品、电子制品等行业的、面向全球范围长期持续的产业转移过程。此外,自 2005 年起,美国通过建立政府牵动、市场拉动和科技推动的市场环境,不断加大对新能源技术和效能提升技术的投资规模,发展高效电池、智能电网、CCS 技术。近年来又发起了以新能源为驱动力的新经济革命,新能源装备制造业、新能源汽车等新能源产业持续为美国经济增长贡献力量。美国注重用法律手段加强节能管理,形成了综合性、专门性能源法案相互补充的法律法规体系,如《能源安全法案》《联邦电力法》《原子能法》《清洁空气法》等。广泛采取经济激励政策。在税收、补贴和价格和贷款等方面推行经济激励政策,推动低碳经济发展。如鼓励消费者使用节能设备,为新的节能建筑减少税费等。

2.日本

20 世纪 60 年代之前,随着战后恢复,纺织业占据主导地位,碳排放增速较缓;20 世纪 60 年代之后,钢铁、汽车成为主导产业,纺织业规模削减并对外进行转移,产业结构的变化导致煤炭、石油等化石能源消费和碳排放快速增长;20 世纪 70 年代之后,随着能源危机的出现,出于能源安全、环境保护的需要,着力推动经济绿色转型,将低消耗、高附加值的机械制造业、电子信息产业作为经济发展的主导产业,通过产业转移、节能减排、钢铁行业实施合理化计划等措施来持续调整产业结构,推动化石能源消费、碳排放量转入峰值平台期。此外,1995 年以来,日本政府围绕容器、家电、建筑、食品、汽车及城市建设等多个领域颁布了十多部低碳经济法律和配套法律细则,进一步加深民众对新能源的认识,促进了新能源的开发与利用。多策并举推动产业结构低碳化。通过制定中长期目标来指引低碳经济发展方向,并出台重大政策促进低碳经济稳步发展。比如,推出促进新

能源开发利用的行政管理措施,制定了一系列奖励、补贴与优惠税收机制,推行产学研联合机制,保证了日本新能源领域技术领先地位。大力发展低碳循环农业。日本首先提出低碳循环农业经济,鼓励本国的农民进行环保低碳的循环农业,从税收、贷款等方面给予农民最大限度的支持,在政府和社会各方努力下,日本的低碳循环农业发展呈现出多样化趋势。

3.德国

强化财税补贴激励,通过财政补贴支持低碳经济,对私人投资新能源产业给予政府资金补贴,向重大可再生能源项目提供优惠贷款等。采取生态税等激励措施,税收收入用于降低社会保险费。鼓励企业实行现代化能源管理,联邦经济部与复兴信贷银行建立节能专项基金,为中小企业接受专业节能指导和采取节能措施提供资金支持,用于促进企业提高能源效率。注重低碳技术的研发利用,加大资助发展清洁煤技术、收集并存储碳分子技术等研究项目,积极推广热电联产技术,在小范围内解决供电和供暖问题,帮助用户降低对发电站的依赖。加快推广新能源汽车,以汽车行业转型带动整个德国发展方式的转变。麦肯锡预测,德国汽车制造商在全球电动汽车生产中所占的份额,将从2019年的18%增加到2024年的29%。

(二)经济发达省份典型经验

1.广东省

广东积极探索绿色低碳发展的多元化道路,在全国率先启动建设碳排放权交易试点。以配额有偿分配和免费分配相结合的方式,通过一二级市场联动,健全成熟的试点碳市场。印发《广东省发展绿色金融支持碳达峰行动的实施方案》,提及支持传统高耗能产业低碳转型,支持"两高"企业积极申报国家煤炭清洁高效利用专项再贷款和碳减排支持工具,获取更低成本资金实施降耗升级、绿色转型。自2013年12月启动以来,是总体规模排名全国第一的区域性碳市场。建立全方位多层次的低碳试点体系。开展从省、市、县(区)到社区、园区,从重点碳排放源的碳交易到涵盖城镇农村的碳普惠,从国际前沿的碳捕集封存利用技术到领先全国的近零碳排放区试点工程等全方位、多层次的低碳试点。发展装配式和绿色建筑。大力发展绿色建材、绿色建筑和装配式建筑,推动"数字住建"的建设,广州、深圳、佛山、珠海等多地建成高星级绿色建筑发展聚集区,绿色建筑数量与质量处于全国领先水平。形成以创新为主要引领的经济体系和发展模式。依托其经济基础、创新能力以及开放优势,在新一代信息技术产业、生物产业、高端装备与新材料、绿色低碳产业、数字创意领域具有国际领先水平,拥有较为完善的产业技术创新体系和投资政策体系。推广应用新能源汽车。全省城市公交电动化率为93.5%,广州、深圳、珠海、汕尾已实现公交车100%电动化。深圳通过政策激励、宣传引导等方式,为新能源汽车推广创造良好环境。佛山市构建起氢能源全产业发展集群,有效降低氢能源汽车制造成本。完善投融资政策体系。通过加大普惠性财税政策支持力度、优化财政资金引导投入方式、拓宽新兴产业直接融资渠道、加强金融产品和服务创新4个方面,创新投融资方式,多渠道增加新兴产业发展投入,实现对新兴产业创新过程的全覆盖。

2. 江苏省

大力发展低碳产业体系。积极发展先进制造业集群与战略性新兴产业,2022年全省高新技术产业产值占规上工业比重达48.5%。近期又出台了推动战略性新兴产业融合集群发展实施方案,推动加快构建产业链条完备、产业特色鲜明、领先优势突出的"51010"战略性新兴产业集群体系,明确到2025年,全省工业战略性新兴产业产值占规上工业比重超过42%。积极发展绿色建筑。推动既有建筑节能改造,推进商业和公共建筑低碳化运行管理。通过试点示范带动社会资本投入绿色建筑产业,实现绿色建筑数量和规模、节能建筑规模全国第一,可再生能源建筑面积在全国处于领先位置。倡导低碳生活方式。推进碳积分等机制创新,倡导绿色出行、低碳生活,提升废弃物资源化利用。落实交通运输二氧化碳控排目标,推广道路运输新能源和清洁能源车辆。

3. 浙江省

针对数字经济轻资产等特点,省市联动,出台了系列创新举措,全力打造全国数字经济第一城。新动能持续引领增长。2022年以新产业、新业态、新模式为主要特征的"三新"经济增加值占GDP的28.1%。数字经济核心产业制造业增加值3532亿元,占比16.1%,对规模以上工业增加值增长的贡献率为40.3%。高技术、战略性新兴、装备等产业制造业增加值对规模以上工业增长的贡献率分别为44.9%、73.1%和67.6%。有序推进低碳城镇化。率先出台《城镇生活垃圾分类标准》,率先实现生活垃圾"零增长""零填埋"目标。深化实施公交优先战略,清洁能源城市公交车占城市公交车总数达到70%,新增和更新的公交车中新能源公交车比重达到95%。加快能源低碳化转型发展。全面实施全国清洁能源示范省行动计划,持续推进电能替代,电能在终端能源消费中的比例持续增加,2020年底占比已达35%,居全国领先水平。强化资金支持。打好金融组合拳。完善从创新到孵化、再到产业化的支持新经济发展的各类金融工具,强化政府资金引导作用,设立5000万元天使梦想基金、1亿元天使引导基金、2亿元创业引导基金、8亿元风险池信贷规模、20亿元信息产业基金,通过政府性基金运作强化资质对接,有效撬动社会资本。

(三)主要经验启示

1. 构建完善的制度体系

在国家出台的减碳政策体系框架下,根据全省各地不同区域和产业发展情况,制定分阶段达峰路线图,明确各地达峰时限和重点任务,构建围绕战略规划、统计核算、评价考核在内的制度,形成全方位、多角度、系统化的碳达峰碳中和制度体系。

2. 加快能源结构调整

能源结构调整是发达国家实现碳达峰目标的有效路径之一。在确保能源安全前提下,加大科技研发投入,推进节能低碳技术研发推广应用,提高能源消费效率,降低能源消耗速率,逐步减少煤电等一次性能源发电比重,积极发展风电、光伏、生物质发电等可再生能源,加快构建适应高比例可再生能源发展的新型电力系统,推进规模化储能、氢能、碳捕集利用与封存等技术发展,建设清洁低碳、安全高效的能源体系。

3. 引导产业结构合理化、高级化

"双碳"目标的实现离不开产业结构的调整和发展方式的转变。发达国家和先进省份都高度重视科技创新、新兴产业的引导作用,要加快发展战略性新兴产业、高技术产业、现代服务业等,对高能耗、高排放、低水平项目实现清单管理,按国际先进水平提高准入标准,加快高耗能、重化工等产业去产能和重组整合步伐。要加快传统产业改造提升,针对钢铁、化工、有色、建材等产业基础好、产出效益高的传统行业,推广绿色低碳先进技术,全面推进节能、清洁生产改造升级和污染物深度治理,鼓励提高再生资源使用比例,有效实现产业低碳化发展,最终通过产业结构的调整实现"双碳"目标。

4. 发展新兴产业、加大科技创新可引导产业结构调整

发达国家高度重视科技创新、新兴产业的引导作用,突出比较优势差异,产业分工有所侧重。例如,美国注重发展电子信息、航空航天、生物技术等产业,日本强调汽车制造、电子信息、新材料产业的发展,德国将机械、化工等产业视为重点,法国积极发展航空、核能等产业。生产性服务业在产业结构调整、产业升级过程中发挥着关键作用。随着发达国家进行产业转移,发展中国家的研发、物流、金融、商务等生产服务业持续壮大,既降低了自身碳排放,又推动了自主产业的转型升级。

5. 健全完善创新生态系统

广东省、江苏省、浙江省等省份成功案例表明,制造业始终是创新活动实施的主体,主导着从科技创新到商业创新和产业化的全过程,必须坚持企业主体地位和市场化机制

不动摇,必须建立完善的市场化创新资本体系,实施灵活高效的激励措施,强化知识产权保护,构建以企业为主体、大中小企业协同、产学研深度合作的社会分工体系。河南省要发展新兴产业,必须强化企业创新主体地位,加强与大中小企业沟通建立完善的创新生态体系,有效推动新兴企业和集群培育发展。

五、河南省产业结构调整升级实现路径

碳达峰、碳中和是党中央作出的重大战略决策部署,也是河南省经济结构调整和高质量发展的内在要求。河南省作为发展中的经济大省,保持经济平稳较快增长,大幅提升综合实力,实现"十四五"和2035年远景目标,是事关全局、事关根本、事关成败的大事,积极稳妥推进河南省碳达峰、碳中和目标下产业结构升级工作。

(一)总体思路

未来10年,河南省仍将处于经济总量持续提升、能源消费刚性增长的阶段,为确保完成碳达峰目标,同时保障河南省经济高质量发展用能需求,必须以满足经济增长和人民群众更高生活质量需求为前提,紧密结合河南省实际,立足当前发展阶段,坚持优化存量和扩大增量并重,统筹好经济总量增长与能源消费刚性需求关系,逐步摆脱经济增长对能源特别是化石能源的依赖;统筹好碳排放总量科学增长和碳排放强度大幅下降关系,加快推动能源、产业、交通运输结构绿色转型;培育战略性新兴产业和改造提升传统产业并行,加快推动新旧动能转换,大力推进能源生产和消费革命,构建绿色低碳的生产生活方式,促进经济社会高质量发展。

(二)"双碳"目标下产业结构调整实现路径

1.立足省情实际,统筹好经济增长、能源保障和碳达峰的关系,合理设定目标和节奏

碳减排既是生态环境问题也是发展问题,推进碳达峰工作要算好"经济账"。如国家层面,2012—2019年以能源消费年均2.8%的增长支撑了GDP年均7%的增长,按此规律,河南省"十四五""十五五"期间要想保持GDP年均6%和5%左右的增长,基本实现2035年GDP翻番目标,能源消费年均增长应分别达到2.4%和2%左右,据此初步测算,2025年、2030年河南省能源消费总量分别约为2.6亿吨和2.87亿吨(该数据与能源局按国家要求倒推数据基本一致),结合能源消费结构可推算出相应的碳排放总量。一方面,加强与国内能源领域权威研究机构深入合作,摸清河南省能源消费和碳排放总量及细分

领域的底数,完善仿真模型,通过专业数量测算,预估符合河南省发展实际和现实需求,能实现经济增长和碳排放"双赢"的碳达峰目标。另一方面,在此基础上,加强与国家发改委衔接,充分阐明河南省实现碳达峰的困难和挑战,争取更有利于河南省的任务指标和特殊政策,为后续发展提供更多腾挪空间,避免因能源消费和碳排放约束过高造成经济指标大起大落。

2. 供需两端发力,扩大可再生能源供给,加快推动能源消费侧结构性改革

结合河南省实际,重点是"压煤炭、控油气、扩风光、引外电",严格控制煤电发电量,降低火电机组煤耗,持续优化煤电、天然气供给结构,加快推动风电规模化开发,建设一批集中式光伏电站,大力发展分布式光伏,全面推进"光伏+"模式,不断提升可再生能源利用比例,同时,谋划争取外电入豫新通道,提升输入规模和新能源电力供应量。电能替代即在能源消费环节以电代煤、以电代油、以电代气、以电代柴,加快形成以电为中心的能源消费体系。结合河南省情况,一方面,大幅削减煤炭直接消费,降低煤炭在一次能源消费中占比。积极推广先进用能技术和智能控制技术,提升钢铁、建筑、化工等重点行业用能效率。另一方面,大力深化各领域电能替代,构建以清洁电力为基础的产业体系和生产生活方式,摆脱煤、油、气依赖。如交通领域,大力发展电动和氢能汽车,提升电气化铁路比重,实现从油驱动向电(氢)驱动转变。

3. 紧抓低碳机遇,加快推动产业结构调整,积极谋划低碳技术产业布局

碳排放和产业发展息息相关,产业升级能够减少排放提升效能,控制碳排放又倒逼产业绿色低碳发展。实现碳达峰既要在"产业存量"上下工夫,更要在"产业增量"上找机遇,相关研究显示,到2030年实现碳达峰,每年新增投资需求约为3万亿元,对于扩投资、稳增长将发挥重大推动作用。存量方面,重在改造提升。①加大落后和过剩产能压减力度,严格控制"双高"项目建设。②加快传统产业节能改造,严格落实环保准入标准,推广绿色低碳先进技术。③加强工业、公共机构、新型基础设施等领域节能增效,提升能效资源利用效率。④推动新一代信息技术与各产业的深度融合,加快数字化、网络化、智能化转型,提升资源要素配置效率和生产效率。一方面,深入实施战略性新兴产业跨越发展工程,打造优势新兴产业链,培育若干千亿级新兴产业集群,加快形成引领全省产业升级的驱动引擎。另一方面,紧紧抓住"碳达峰碳中和"战略实施中带来的技术和产业变革机遇,聚焦低碳排放中的"堵点""难点"等细分领域,推动省市国有平台积极抢占投资新"赛道",超前布局未来将面临极大需求的低碳节能技术产业,推动发展与降碳"双赢"。如,电力脱碳方面的储能、分布式光伏产业链;终端电化方面的石墨电极、氢能-燃料电池、生物燃料、废钢处理、装配式建筑产业链;节能提效方面的功率半导体 IGBT 产业链;排放绿化方面的生物降解塑料、塑料回收、碳捕集利用与封存(CCUS)产业链等。

4.分类分步实施,根据区域、行业等的不同特点和发展阶段,稳妥推进区别性碳达峰方案

"碳达峰、碳中和"是一项长期工程和远景目标,不能一蹴而就,国家"十四五"规划也明确指出支持有条件的地方率先达峰,说明该项工作总体上有先有后、有快有慢,不是统一步调、同步完成。河南省的碳达峰工作也要充分考虑省情实际,不同区域、不同行业要因地制宜,制定不同的任务时间表,分阶段稳妥推进实施。从区域看,河南省产业整体呈"北重南轻"特征,豫北紧邻京津冀,对环境约束性指标要求更高,面临减排总量和强度的双重压力,可考虑先南后北、先都市圈后中心城市梯次达峰的策略,对转型困难的地区要制定更加全面、长期、可行性强的碳达峰方案。从行业看,工业、建筑、交通是主要用能部门。通过工业部门内部结构优化、工艺革新、产品升级、电力替代等,可以争取在2025年达到碳排放峰值;建筑部门随着建筑总量的增加和人民生活水平的提高,能耗总量将呈增加趋势,交通部门随着城市化进程发展,能耗也将呈现较快增长,两个行业部门可能在2030年前后达到碳排放峰值。从实施看,河南省不同区域经济发展、产业结构等差异较大,不能搞"一刀切",要汲取国内外经验教训,防止有的地方为早日"碳达峰",出台激进的不符合本地实际的碳减排措施,大幅度减少煤炭、油气等化石能源供应,导致出现因转型力度过大带来的能源短缺风险。同时,还要避免因新能源发电的波动性和不稳定性等技术性问题,对电力系统稳定运行造成影响。

5.加强政策引导,完善节能减碳市场化导向机制,调动各地方和部门积极性,形成政府与市场合力

"碳达峰、碳中和"是一项系统性工程,涵盖众多领域,涉及多个层面,需要秉持新发展理念,凝聚全社会智慧和力量,团结协作、共同行动。①强化政策引导。加快完善有利于绿色低碳发展的财税、价格、金融、土地、政府采购等政策,通过产业政策和技术标准引导能源结构调整,推动合同能源管理、环境污染第三方治理、环境托管、碳资产管理等服务模式创新发展。建立财政转移支付制度,对承担生态功能的区域给予财政支持。引导资金流向绿色发展领域,开发绿色金融产品等。②完善市场化机制。深化用能权有偿使用和交易试点建设,及时总结经验做法,逐步在全省推广实施。积极参与全国碳交易市场建设,建立健全碳排放监测、信息披露、核查机构管理、碳会计准则等体制机制,加快提升企业参与和适应碳交易的能力,充分利用市场化机制促进碳达峰碳中和目标实现。③建立协同推进机制,坚持全省一盘棋,研究制定碳达峰、碳中和阶段性目标和实施方案,细化分解工作任务,将责任压实到市、县,分工到部门、落实到企业,扎实有效推进各项工作。

6. 推动传统产业向高端化绿色化转型发展

河南省能源资源以煤为主,油气、水、风、太阳能等赋存相对匮之,在碳达峰、碳中和目标牵引下,必须通过推进能源传统产业转型升级、降低能耗强度、提高利用效率,大幅提高非化石能源消费比重,为全省碳达峰和高质量发展奠定坚实基础。提升能源绿色低碳发展水平,推进能源领域去煤化,加快绿色矿山建设,适度发展优势煤种先进产能,持续淘汰落后无效低效产能。促进骨干煤炭企业传统非煤产业转型升级,延伸煤基产业链,将燃料变成材料,建设一批碳基半导体、高性能纤维材料生产基地。实施煤电机组标杆引领行动,深化煤电行业节能降碳改造。控制化石能源消费总量,推进燃煤发电机组实施节能改造,提高热电效能。推动天然气管网向乡村延伸,实现城乡燃气管网全覆盖。巩固"电代煤""气代煤"供暖成效鼓励利用地热、生物质等可再生能源供暖。完善市城区及县城热力网系统,推动中心城区、产业集聚区实施集中供热。推进能源清洁低碳转型,推进风项目建设,打造平原风力发电带和山区风力发电带,加大地热资源开发力度,推进氢能综合利用和储能设施建设。推动园区综合能源改造,以国家级、省级开发区为重点,开展园区综合能源改造工程。

六、促进河南省产业结构调整与升级的对策建议

坚持以深化供给侧结构性改革为主线,将节能减排作为推动产业高质量发展的重要抓手,引导产业结构优化与能源结构调整和运输结构调整协同推进,加快构建绿色低碳、面向未来的现代化产业体系。

(一)坚决遏制高耗能、高排放、低水平项目盲目发展

全面推动能源革命,实施高耗能产业减量替代,持续推进供给侧结构性改革,加大落后和过剩产能压减力度,严格控制高耗能和产能过剩行业规模。以优先保障本省需要为原则,统筹经济效益和环境效益,钢铁、水泥熟料、平板玻璃、焦化、电解铝等新建、扩建项目严格实施产能减量置换。

1. 完善高耗能、高排放项目管理目录

建立存量、在建、拟建的"两高"项目清单台账,实行动态调整。对存量、在建"两高"项目节能审查、环境影响评价等开展评估检查,实施分类处置。

2. 提高能源利用效率

对标行业能效标杆,组织存量"两高"项目实施节能降碳改造,落实新建"两高"项目会商联审制度,加强对"两高"项目节能审查、环境影响评价审批程序和结果执行的监督

评估,严肃查处各类违法用能行为。

3. 优化完善能耗双控制度

加强能耗"双控"政策与碳达峰碳中和目标任务的衔接,合理确定能耗强度降低目标。有序实施重大项目能耗和煤炭指标单列,支持省委、省政府规划布局重大项目建设。推进用能权有偿使用和交易试点建设,以增量调控为主,鼓励企业节能量进入市场交易,推动能源要素合理配置。

4. 积极推进电气化水平

坚持电力供应侧、消费侧同时发力,加快提升电力在终端能源消费中的比重。加快建设以新能源为主体的智慧电力系统,推动多种能源系统互补互济,实现可再生能源汇集、传输、转换、运行等智能化控制。在交通运输、工农业生产、城乡居民用电等领域大力实施电能替代,提升电气化水平。

(二)加快优化产业结构

产业是能源消费和碳排放的最主要领域,加快推动产业结构绿色转型,是实现碳达峰碳中和的重中之重。

1. 推动农业向低碳方向转型

培育壮大碳汇产业,以保障我国粮食安全和重要农产品有效供给为前提,以全面推进河南省乡村振兴、加快农业农村现代化为引领,以农业农村绿色低碳发展为关键,以实施减排固碳重大行动为抓手,全面提升农业综合生产能力,全力确保河南省农业农村领域碳排放腾出空间、做出贡献。

(1)构建绿色生态种养体系。种植业节能减排,稳定粮食播种面积,提高单产水平,优化降低稻田甲烷排放。降低耕地氧化亚氮排放,推广优良品种和绿色高效栽培技术;加快构建现代养殖体系,保护基础产能,提升生猪等重要畜禽产品供给保障能力。推进品种改良,推广精准饲喂技术,降低反刍动物甲烷排放。减少畜禽粪污管理的甲烷和氧化亚氮排放,提升畜禽养殖废弃物处理综合利用水平;加快构建现代水产养殖体系,发展稻渔、稻虾综合种养、多营养层次立体综合养殖等生态健康养殖模式,有序发展黄河滩涂养殖,强化水产品供给能力。

(2)农田土壤固碳。加强高标准农田建设,推动保护性耕作、秸秆还田、有机肥施用、绿肥种植等措施,加大高效节水农业建设力度,提升农田土壤的有机质含量,增加固碳的能力。

(3)农机节能减排。畅通农业机械化发展各个环节,加快提升农业机械化产业链现代化水平。加快老旧农机报废更新力度,推广先进适用的低碳节能农机装备。推广新能源技术,优化农机装备结构,加快绿色、智能、复式、高效农机化技术装备普及应用。

(4)可再生能源替代。构建高质量发展的产业体系,提升农村可再生能源发展水平。大力发展农村生物质能、太阳能等绿色用能模式,增加农村地区清洁能源供应。加快农村取暖炊事、农业设施等方面可再生能源利用,抵扣农业农村生产生活化石能源排放。

2. 实施传统产业改造提升

坚持节能优先,严格新建项目节能环保准入标准,针对钢铁、化工、有色、建材等产业基础好、产出效益高的传统行业,推广绿色低碳先进技术,全面推进节能、清洁生产改造升级和污染物深度治理,鼓励提高再生资源使用比例。

3. 推进战略性新兴产业和未来产业跨越式发展

顺应产业发展方向,结合河南产业发展基础,坚持把战略性新兴产业培育作为支撑全省经济增长的关键,聚焦新型显示和智能终端、新一代信息技术、高端装备、新材料、生物医药、新能源及智能网联汽车、节能环保等十个重点领域,强化资源统筹和协同联动,积极培育战略性新兴产业,通过细分领域建链延链补链强链,着力构建 10 个千亿优势新兴产业链,培育 10 个千亿级产业集群。构建具有战略性、全局性和河南特色的新兴产业生态体系。以"现有产业未来化"和"未来技术产业化"为重点,围绕"优中培精、有中育新、无中生有"三大路径,加强跨周期战略谋划,加快开拓氢能与储能、量子信息、类脑智能、未来网络、生命健康、前沿新材料等产业发展新赛道,形成"研发+产业+应用"全链条推进格局,争创国家未来产业先导试验区。

4. 推进现代服务业绿色升级发展

聚焦战略性新兴产业转型升级和居民消费升级需要,大力发展科技服务、金融科技、创意服务、康养服务等新兴服务业,促进交通运输、传统商贸等产业降本增效和绿色升级,赋能生产制造全面转型,积极打造绿色产业链。加快交通物流绿色低碳化发展。在高速公路服务区、收费站、客货运场站等,合理布局分布式光伏发电设施,加快充电桩建设,加快新能源、清洁能源车辆在城乡公交、出租汽车、城市配送等领域的推广应用。探索发展多式联运,开展交通强国内陆型多式联运试点建设,探索多式联运"一单制"模式,力争重点行业大宗货物清洁运输比例达到 75% 以上。大力发展节能环保服务业。为低碳减排创造条件。推行重点行业单位产品能效水效"领跑者"制度,深入推广清洁生产审核、合同能源管理、用能权交易等市场化节能环保机制。探索园区环境污染第三方治理、生态环境导向的开发模式等,打造全链条节能环境服务体系。加强废弃物信息平台建设,推广"互联网+回收"新模式,建立再生金属、废旧铅蓄电池、动力电池等回收利用产业体系,建成国内重要的废旧资源再生利用基地。

5.加快推动产业组织形式变革

推动互联网、大数据、人工智能等同各产业深度融合,以信息化带动产业发展,同时以产业发展促进信息化,推动产业转型升级。打破行业壁垒,重构产业链条,整合资源要素,促进产业结构合理化,构筑低碳高效耦合发展的产业集群,提升资源要素配置效率和生产效率。

(三)推进交通运输结构优化

交通运输行业石油消费量约占全国石油消费总量的60%,加快构建高效低碳的交通运输体系,是实现碳达峰碳中和的必然要求。

1.大力发展多式联运

充分发挥不同运输方式的比较优势和组合效率,加快推进多式联运基础设施建设、跨企业的信息系统协同、装备技术的发展,提升物流的智能化水平。提高冷链、化工、工程大件、商品车等特种货运运输的集装箱化率,缓解公路拥堵,减少污染排放。"十四五"期间,多式联运货运量年均增长20%以上。

2.持续推进大宗货物运输"公转铁"

积极推动道路货运转型升级,提高铁路货运比例,到2025年,铁路货运量占比提升3个百分点,煤电、钢铁、建材等行业大宗货物清洁运输比例力争达到70%以上、重点区域力争达到90%以上。加快推进铁路专用线建设和使用,大型工矿企业和新建物流园区铁路专用线接入比例达到85%以上。

3.着力降低汽车能耗

大力推广应用新能源汽车,做好公共充电站、充电桩等配套基础设施建设,全面实施绿色物流推广和更新计划,有序推进换电重卡及电动工程机械设备业务规模扩大,到2025年,新能源汽车销售量达到汽车新车销售总量20%以上。进一步降低燃油车油耗,通过汽车轻量化、提高发动机热效率、优化汽车动力系统等途径降低汽车油耗水平。

4.积极引导绿色出行

持续提升平均道路网密度和道路面积率,积极布局与发展智慧交通,减少交通拥堵,稳步推进步行和自行车等慢行交通系统、无障碍设施建设,逐步降低乘用车尤其是私人领域汽车的年均行驶里程,公共交通机动化出行分担率达40%左右,中心城区绿色交通出行比重达到75%。

（四）加快构建绿色产业链供应链

实施绿色低碳产业链创新工程,推进绿色低碳产业及技术与工业、农业、服务业深度融合发展,实行绿色产业链、绿色供应链、重大工程项目全生命周期绿色管理。

1.提升产业链低碳化水平

明确重点行业达峰目标,实施行业碳排放标杆引领、标准约束、增量控制等机制,在产业结构调整目录中增加碳排放控制要求,研究制定高碳产业名录,同时推动产品碳标签和碳足迹标准体系建设,推进产业链和供应链低碳化。

2.推动市场主体绿色化发展

建设绿色工厂和绿色供应链,打造绿色工业园区,遴选发布一批工业产品绿色设计示范企业,建立健全"有进有出"的动态管理机制,率先引导行业龙头企业打造绿色供应链,带动设计商、供货商、生产者、物流商、经销商、消费者等主体行为转变,降低产品全生命周期的生态环境影响。加强正向激励,不断优化绿色采购、绿色税收、绿色信贷、绿色债券、绿色基金等方式,调动更多的企业参与打造绿色供应链。

3.加强绿色产业标准化建设

加快修订一批节能、节水、资源综合利用、绿色制造标准,完善绿色制造标准体系,督促标准研究项目加快工作进度,在钢铁、石化化工等重点用水行业开展对标达标活动。大力推动碳交易市场和碳汇计量监测体系标准化建设,逐步扩大行业和地区覆盖范围,建立完善统一的碳排放权指标分配、定价、交易服务制度。

（五）强化低碳环保技术创新与应用

把绿色低碳化作为实施创新驱动发展战略、构建新发展格局的重要基石,加快建成现代化的绿色低碳科技创新体系。

1.实施碳达峰和碳中和重大科技专项

提高数字化减碳能力,探索大数据、云计算、区块链等信息技术在碳排放源锁定、碳排放数据分析、碳排放监管等场景应用。建立低碳技术项目库,编制绿色低碳领域前沿性、颠覆性技术清单,强化低碳零碳、新能源利用、储能等一批前沿性、颠覆性技术的预测,着力研发风能、太阳能、生物质能等绿色能源开发利用关键技术,加快推进规模化储能、氢能、碳捕集利用与封存等技术发展。

2.推进绿色科技创新工程

提高数字化减碳能力,探索大数据、云计算、区块链等信息技术在碳排放源锁定、碳排放数据分析、碳排放监管等场景应用。加快推广近零能耗建筑、电动汽车、热泵供暖、工业余热供暖等节能低碳新技术,推行可再生能源建筑一体化、共享交通、产城融合等节能低碳新模式。

3. 加强绿色科技应用推广

加快开展规模化储能、氢能炼钢、燃料电池等深度减碳关键技术攻关。及时发布绿色技术推广目录,深入推进绿色技术交易中心建设,积极利用首台(套)重大技术装备政策支持绿色技术应用。鼓励企业、高校、科研机构等建立绿色技术创新项目孵化器、创新创业基地。深入开展试点工作,加快探索推广技术经济性强、环境友好的回收利用市场化模式,推动数字化信息化技术在节能、清洁能源领域的创新融合,在重点行业推广一批绿色环保工艺、技术和装备,采用"产、学、研"相结合的模式推进技术创新成果转化示范应用。

4. 发挥资本引导作用

完善绿色生产和消费的法律制度和政策导向,充分发挥科技成果转化引导基金作用,引导创业投资等各类社会资本向绿色科技领域注入,大力发展绿色金融,推进市场导向的绿色技术创新,支持绿色技术创新成果转化应用。

(六)创新完善产业绿色低碳发展政策体系

立足河南实际,对标生态文明建设体系,参考国内外先进做法,把握产业发展趋势,构建产业发展与资源环境负荷脱钩,有利于绿色低碳发展的政策体系。

1. 强化法律法规支撑

推动完善促进绿色设计、强化清洁生产、提高资源利用效率、发展循环经济、严格污染治理、推动与产业绿色发展相关的法规制度修改完善。强化执法监督,加大违法行为查处和问责力度,加强行政执法机关与监察机关、司法机关的工作衔接配合。

2. 加大财税扶持力度

利用财政资金和预算内投资支持环境基础设施补短板强弱项、绿色环保产业发展、能源高效利用、资源循环利用等。继续落实节能节水环保、资源综合利用以及合同能源管理等方面的所得税、增值税等优惠政策。

3. 完善绿色标准、绿色认证体系和统计监测制度

开展绿色标准体系顶层设计和系统规划,形成全面系统的绿色标准体系。加快标准化支撑机构建设。加快绿色产品认证制度建设,培育一批专业绿色认证机构。加强节能

环保、清洁生产、清洁能源等领域统计监测,健全相关制度,强化统计信息共享。实行最严厉的负面清单制和坏评制,严禁污染环境、破坏资源的产业项目准入。

参考文献

[1]习近平.高举中国特色社会主义伟大旗帜 为全面建设社会主义现代化国家而团结奋斗:在中国共产党第二十次全国代表大会上的报告[M].北京:人民出版社,2022.

[2]新华社.习近平主持召开中央财经委员会第九次会议讲话[EB/OL].2021-03-15.

[3]全球能源互联网发展合作组织.中国2060年前碳中和研究报告[R].北京:全球能源互联网发展合作组织,2021.

[4]河南省人民政府.关于印发河南省"十四五"现代能源体系和碳达峰碳中和规划的通知[R].河南省人民政府公报,2021.

[5]河南省人民政府.河南省人民政府关于印发河南省"十四五"战略性新兴产业和未来产业发展规划的通知[R].河南省人民政府公报,2021.

[6]河南省人民政府.关于印发河南省"十四五"制造业高质量发展规划和现代服务业发展规划的通知[R].河南省人民政府公报,2021.

[7]河南省人民政府.关于印发河南省"十四五"节能减排综合工作方案的通知[R].河南省人民政府公报,2022.

[8]河南省统计局网站.河南统计年鉴2022[M].北京:中国统计出版社,2022.

[9]中国工程院.中国碳达峰碳中和战略及路径[R].北京:中国工程院,2022-03-31.

[10]张蕊,李安林,李根.我国产业结构升级与经济增长关系研究:基于地区和时间异质性的半参数平滑系数模型[J].经济问题,2019(5):19-27.

[11]韩瑞双,郭辉.碳中和背景下河南省产业结构调整研究[J].投资与创业,2021,32(23):62-64

[12]陈诗一.能源消耗、二氧化碳排放与中国工业的可持续发展[J].经济研究,2009,44(4):41-55.

[13]郭士伊,刘文强,赵卫东.调整产业结构降低碳排放强度的国际比较及经验启示[J].中国工程科学,2021,23(6):22-32.

[14]舒印彪,张丽英,张运洲,等.我国电力碳达峰、碳中和路径研究[J].中国工程科学,2021,23(6).22-32.

[15]严太华,李梦雅.资源型城市产业结构调整对经济增长的影响[J].经济问题,2019(12):75-80.

［16］李翔,邓峰.中国产业结构优化对经济增长的实证分析［J］.工业技术经济,2017
（2）:7.

［17］王子晖.看习近平这几次重要讲话,弄懂"大循环""双循环"［EB/OL］.新华网,
2020-09-05.

［18］任翼.中国产业结构变迁对经济增长和波动的影响［J］.纳税,2021,15（33）:
135-137.

［19］王世炎.河南经济蓝皮书:2020年河南经济形势分析与预测［M］.北京:社会科学文
献出版社,2020.

第四篇
强化产业发展新支撑

河南深入实施新型城镇化战略重点任务研究

乔金燕　李　旭

摘要：

新型城镇化是以人为本、城乡融合、产城互动、绿色低碳、智慧安全、包容多元为基本特征的城镇化。党的二十大报告提出要深入实施新型城镇化战略，以城市群、都市圈为依托构建大中小城市协调发展格局，推进以县城为重要载体的城镇化建设。本研究梳理我国城镇化发展历程及其特点，研判走以人为核心的新型城镇化的必然性及其内涵特征，通过剖析河南省推进新型城镇化取得的成效、存在的问题及其趋势特征，结合外省（市）推动新型城镇化的典型案例、经验，提出推进河南省新型城镇化战略的重点任务。

城镇化是现代化的必由之路和重要标志，是挖掘内需潜力、增添发展新动能的重要支撑，是优化省域国土空间开发保护格局、推动区域协调发展的有力抓手，是促进城乡融合发展、实现共同富裕的根本路径。2014年，习近平总书记视察河南时提出"打好新型城镇化牌"重大要求，指出河南在推进新型城镇化上有很大潜力，要坚持以人为核心推进新型城镇化，加快构建以中原城市群为主体、大中小城市和小城镇协调发展的现代城镇体系。党的二十大对实施新型城镇化战略作出重大部署，提出要推进以人为核心的新型城镇化，加快农业转移人口市民化。河南省第十一次党代会作出锚定"两个确保"、实施"十大战略"战略部署，扎实推进以人为核心的新型城镇化是"十大战略"之一。当前河南城镇化处于快速发展阶段，但也面临城镇化率低于全国平均水平、中心城市辐射带动能力不强、资源环境约束趋紧、农业转移人口市民化质量不高等突出问题。在新发展格局下，在建设现代化河南的新征程中，必须坚持以人为核心，深入开展新型城镇化战略的现状和短板研究，充分借鉴国内发达地区先进经验，明确重点任务，为现代化河南建设提供坚实支撑。

一、以人为核心的新型城镇化的内涵特征

(一)我国城镇化发展历程及其特点

1. 发展历程

我国城镇化发展大致可以分为两个时期六个阶段:改革开放之前,1949—1957年城镇化起步发展、1958—1965年城镇化曲折发展、1966—1978年城镇化停滞发展;改革开放以来,1979—1994年城镇化恢复发展、1995—2011年城镇化高速发展;党的十八大以来,我国进入以人为核心的新型城镇化发展阶段。1996年全国城镇化水平达到30%以上(30.48%),之后全国城镇化率保持高速发展,2011年全国城镇化率达到51.27%,首次超过50%,标志着我国进入城市社会,到2022年全国城镇化水平达到63.89%。1996—2010年全国城镇化率年均增长1.39个百分点,2011—2022年年均增长1.22个百分点。

2. 主要特点

从世界主要国家城镇化发展来看,呈现人口不断向城市集聚、城市人口占总人口比重的提高,农村经济向城市经济转化、城市经济占主导,城市文明、现代文明不断扩散并辐射到农村,城镇数目的增多、城市规模的不断扩大等普遍规律,我国城镇化除了具有这些普遍规律外,还具有自身的特殊性:①大国城镇化。纵观世界历史,14亿人口同时加快推进城镇化,在人类历史上还没有先例,加上我国是复杂程度很高、地貌类型多样以及多民族的国家,因此城镇化面临更多更复杂的矛盾。②"半城镇化"。从统计上看,我国有60%的人口生活在城市,相当一部分人处于半城市化状态,也就是在城市工作甚至在城市生活,但是没有完全享受到一个市民应有的公共服务和权利,成为城市与乡村之间来回流动的两栖群体,这样既带来社会的不公平,也抑制人的全面发展。③"三农"问题复杂的城镇化。"三农"就是农业、农村和农民,城镇化过程中,由于城乡二元结构体制,一方面是城市的繁荣,另一方面导致乡村的相对凋落。④政府主导下的城镇化。我国城镇化的一个鲜明特点是,各地政府掌握许多资源,对城市化的影响以及它的主导力量非常强大。国家方针和区域政策深刻影响城镇化发展,对城镇化的方向、重点和速度具有重要调控作用。这样的优点是具有较高的发展效率,但各级城镇发展受行政权力支配的严重制约,市场的资源配置作用没有得到充分体现。

（二）我国走以人为核心的新型城镇化的必然性

1. 传统城镇化的弊病

改革开放以来，我国城镇化水平的快速提高，到 2011 年我国城镇化水平超过 50%，标志着我国首次进入城市社会，在我国快速推进城镇化过程中，也暴露出诸多问题。

（1）经济结构失衡。工业化、城镇化、农业现代化不协调，不少城市产业结构不合理，产业转型升级慢，接续动能不足，还有许多资源型城市和老工业基地亟待改造提升。

（2）"大城市病"出现。城镇空间分布和规模结构不合理，与资源环境承载能力不匹配，大城市过度扩张，中小城市与小城镇发展较慢，许多大城市交通拥挤、资源紧缺、城市居民生活质量下降等问题在阻碍着城市的进步。

（3）资源环境难以支撑。土地资源浪费过多，"土地城镇化"快于"人口城镇化"，建设用地粗放低效。比如，土地成本快速上升，房地产价格高企；空气污染，从 2011 年我国城镇化率达到 50% 以后，全国范围内出现了大规模雾霾天气。

（4）"半城市化"导致的社会问题。目前我国户籍人口城镇化率只有 44.38%，与常住人口城镇化率相差 16.22 个百分点，这意味着 8.48 亿城镇常住人口中有 2.27 亿农业转移人口并没有城镇户籍，他们在就业、医疗、教育、住房保障以及失业和养老等社会保障方面并不能真正享受城镇户籍人口的待遇，由此产生数以千万计的流动儿童、留守儿童、留守妇女和留守老人以及每年高达 30 亿人次的春运等社会问题。

（5）"三农问题"突出。城乡人口、资本等生产要素长期呈现由农村向城镇的单向流动，农民大量离开原耕种土地，目前主要劳动力都是 60 岁左右的农民，弃耕抛荒问题越来越严重，使得粮食安全问题存在隐患。

2. 新型城镇化的实践

为破解传统城镇化发展模式难以持续，生态环境的压力、社会矛盾的累积以及资源消耗过多等问题，必须找到适合我国国情的新型城镇化道路，为经济社会发展提供新的动能，为现代化建设提供重要支撑。党的十八大以来，习近平总书记多次强调实施以人为核心、以提高质量为导向的新型城镇化战略；党中央、国务院围绕推动新型城镇化作出一系列重大决策部署，形成了推动新型城镇化的政策体系，我国探索出了一条新型城镇化发展道路（表 1）。

表 1　党的十八大以来我国推动新型城镇化的大事件

时间	重大政策或事件	主要内容
2013 年 12 月	中央召开城镇化工作会议	提出农业转移人口市民化是城镇化的首要任务
2014 年 3 月	《国家新型城镇化规划(2014—2020 年)》	对新型城镇化建设作了顶层设计
2014 年 7 月	国务院印发《关于进一步推进户籍制度改革的意见》	提出实现 1 亿左右农业转移人口在城镇落户目标
2015 年 12 月	中央召开城市工作会议	为城市规划建设搭建顶层设计
2019 年 9 月	中共中央　国务院印发《关于建立健全城乡融合发展体制机制和政策体系的意见》	明确推进城乡融合发展顶层设计
2022 年 1 月	《国家新型城镇化规划(2021—2035 年)》	面向 2035 年明确新一轮新型城镇化顶层设计
2022 年 5 月	中办、国办《关于推进以县城为重要载体的城镇化建设的意见》	在全国范围内基本建成各具特色、富有活力、宜居宜业的现代化县城
2022 年 10 月	党的二十大报告	推进以人为核心的新型城镇化,加快农业转移人口市民化。以城市群、都市圈为依托构建大中小城市协调发展格局,推进以县城为重要载体的城镇化建设

资料来源:根据公开信息整理。

(三)以人为核心新型城镇化的内涵

处在"两个一百年"历史交汇期,开启全面建设社会主义现代化国家新征程,社会主要矛盾、面临历史任务、区域发展格局等都发生深刻转变,必须牢牢把握人的现代化核心要义,坚持从社会全面进步和人的全面发展出发,推动新型城镇化最终走向全面现代化的城镇化,其核心内涵体现在 6 个"新":

(1)新理念——"以人为本"。坚持新发展理念,在新型城镇化中处处体现以人为核心,从思想观念、素质能力、行为方式、社会关系等方面,积极推进人从传统向现代的转型,在提升和完善人的现代化素质中更具体有效地促进人的全面发展。

(2)新关系——"城乡融合"。在加快实现城乡一体化发展的基础上,力求推动城市基础设施、公共服务、产业链条、现代文明等向乡村延伸、扩散,实现城乡基本公共服务的均等化,进而实现城市与乡村深度融合。

(3)新格局——"产城互动"。依托城镇集聚并高效配置人口、土地、科技等传统资源要素以及人才、信息、数据等新兴要素,推动产业高质量发展,形成产业拉动就业、就业支撑产业的大中小城市和产业协调发展的空间格局。

（4）新路径——"绿色低碳"。把生态文明理念和原则全面融入城镇化全过程，致力于推进绿色发展、循环发展、低碳发展，形成节约资源和保护环境的空间格局、产业结构、生产方式、生活方式。

（5）新要求——"智慧安全"。以科技进步为支撑，以增强城市韧性为导向，用科技赋能城镇化发展，提高城乡发展的智慧化水平，完善生命安全保障体系，形成智慧、安全、健康、韧性的城乡发展格局。

（6）新目的——"包容多元"。坚持共同富裕目标导向，统筹推动新型城镇化和乡村振兴，促进农业转移人口真正融入城镇，实现从农民到市民的全方位转变，能够全方位、多元化、无差别地共享城镇化发展的成果。

二、河南省推进新型城镇化取得成效与存在问题

党的十八大以来，河南省深入贯彻中央决策部署，深入实施新型城镇化战略，城镇化进程不断加快、城镇化质量大幅提升，城乡面貌持续改善，城乡融合发展取得重要进展。

（一）取得成效

1. 城镇化稳步提高、处于快速发展阶段

2022 年全省常住人口 9872 万人，人口总量居全国第 3 位，占全国人口的 7%；2010—2022 年全省常住总人口增长 520 万人，以年均 0.5% 的增速实现较快增长，增量排名全国第三中部省份第一。2022 年全省城镇常住人口 5633 万人，城镇化率达到 57.07%。2000—2010 年城镇常住人口城镇化率提升 15.35 个百分点，年均增速为 1.54 个百分点；2010—2022 年城镇常住人口城镇化率提升 18.55 个百分点，年均增速 1.56 个百分点，仍处于快速发展阶段。

2. 协调发展的城镇化新格局初步形成

中原城市群属于国家重点建设的城市群之一，整体规模和实力不断壮大。2021 年中原城市群总人口达 1.64 亿人，占全国总人口的 11.7%，生产总值 8.13 万亿元，占全国GDP 总量的 8%。

（1）郑州都市圈作为中原城市的核心，空间集聚能力持续增强。2020 年，郑州都市圈（"1+4"）以全省 9.6% 的国土面积，集聚了全省近 21% 的人口和超过 30% 的经济总量，辐射带动能力不断提高；2021 年，郑州都市圈由原来的"1+4"拓展为"1+8"，新纳入洛阳、平顶山、漯河、济源 4 个城市。"扩容"后的郑州都市圈面积从过去的 1.59 万平方千

米增加到5.88万平方千米,人口增加到4670万、占全省的47.3%,GDP达到3.28万亿、占全省的55.7%。

(2)郑州国家中心城市带动作用效果明显,在人口集聚和经济发展方面具有显著优势。2022年郑州以占全省12.72%的人口、创造了22.12%的GDP。从常住人口看,2000年、2010年和2020年郑州市常住人口分别为665.7万人、862.7万人和1260.1万人;2000—2010年增加197万人,2010—2020年增加397.4万人,分别增长29.59%和46.06%;占全省常住人口的比重分别为9.18%和12.68%,所占比重在逐渐提高。从城镇化水平看,2000年、2010年和2020年郑州市城镇化率分别为55.05%、63.49%和78.4%,2000—2010年提升8.44个百分点,2010—2021年提升14.91个百分点;郑州市城镇化率分别高出全省31.88、24.97和22.97个百分点,均居全省第一位,城镇化的龙头作用明显。

(3)广大县级城市(县城)逐渐成为河南省新型城镇化的主要承载单元和农村劳动力转移落户的主阵地。县级城市(县城)吸纳城镇人口比重上升较为明显,2010—2021年县级城市(县城)新增城镇常住人口年均增长率接近5.1%,高于市辖区的3.5%城镇人口年均增速。从城镇化率增长速度比较看,县级市、县城2010—2021年城镇化年均增长率均明显高于市辖区。2021年,县级市、县的城镇化率分别为56.85%、42.92%,仍处于城镇化加速发展阶段,作为就地城镇化的载体作用凸显(表2)。

表2　省辖市区与县级市、县城城镇化率情况

行政名称	2010			2021		
	常住人口（万人）	城镇化率（%）	城镇人口（万人）	常住人口（万人）	城镇化率（%）	城镇人口（万人）
市辖区(除郑州)	2126.49	58.28%	1239.37	2476.95	71.19%	1763.34
县级市(含济源)	1627.71	38.61%	628.48	1673.33	56.85%	951.29
县	5223.35	26.54%	1386.44	5020.78	42.92%	2154.92

数据来源:根据《河南统计年鉴》和《中国城市统计年鉴》等数据整理。

3. 综合交通体系对城镇体系的支撑作用显著提高

郑州航空港、"米"字形高铁、三纵四横铁路干线网和京港澳、连霍等四通八达的高速公路网,形成支撑中原城市群、郑州都市圈与周边地区连接的基本骨架,大幅提升了对中部地区的辐射带动能力,全省已经形成以郑州为中心,以京广线、陇海线为主轴的"十字形"城镇密集带。通过对郑州都市圈为中心的河南省公铁网络关联度分析,省域交通网

络辐射能力达到了较高水平,省域北部、省域中部城市群的内部交通网络关联度较高。以郑州都市圈为中心,铁路出行 0.5~1 小时可达到都市圈周边城市,2 小时可覆盖全省;公路出行 2 小时覆盖整个郑州都市圈。

4. 产业支撑能力不断增强

全省共规划开发区 184 个,区内工业增加值、利润、投资等占全省工业的比重均超过 60%,打造优势集群,培育现代化产业体系,对全省城镇化起到显著的支撑作用。已初步形成装备制造、现代食品 2 个万亿级,电子信息、汽车及零部件、生物医药、新型材料、现代化工 5 个 3000 亿级和现代轻纺、智能家居、软件及信息技术服务等 12 个千亿级产业集群。加强小微企业双创基地、创新创业特色载体和中小企业合作区建设,全省中小企业数量达 55 万多家,从业人员 1310 多万人。郑洛新国家自创区引领作用不断增强,高新技术企业新增 4971 家,科技进步贡献率达到 60%。创新投入不断加强,2022 年研究与试验发展(R&D)经费投入强度 2.15%。

5. 城镇功能品质显著提升

百城建设提质工程深入推进,供水、排水、燃气等市政公用设施体系更加完善,污水处理率、生活垃圾无害化处理率均超过全国平均水平。信息基础设施建设全国领先,实现县城以上城区 5G 全覆盖,郑州国家级互联网骨干直联点总带宽达到 1360G、居全国第 3 位。城市可持续发展能力稳步提升,万元生产总值用水量、万元工业增加值用水量连年下降,市政再生水利用量占污水处理量的比例高于全国平均水平,天然气、一次电力及其他能源消费比重不断上升,空气、水质、土壤等生态质量持续改善。城市文化软实力不断增强,全省文化及相关产业增加值占生产总值的比重超过 4%,实现历史性突破,截至 2022 年底,全省有 23 个城市入选全国文明城市。中原文化影响力越来越强,"老家河南"品牌持续叫响(表3)。

表3　截至 2022 年底河南省全国文明城市名单

类别	新入选市(县)	复查确认保留荣誉称号
数量	12 个市(县)入选第六届全国文明城市	前五届全国文明城市名单中 11 个市(县)
名单	地级市共 5 个,分别是焦作市、漯河市、南阳市、信阳市、商丘市;县级市和县共 7 个,分别是林州市、新安县、平舆县、柘城县、汝州市、兰考县、新县	省会郑州市,许昌市、濮阳市、驻马店市、洛阳市、新乡市 5 个地级市,以及巩义市、永城市、长垣市、济源市、西峡县 5 个县级市和县

注:据中央文明办第六届全国文明城市入选城市名单,此次共有 133 个城市入选第六届全国文明城市,151 个城市复查确认保留全国文明城市荣誉称号。

6.城乡融合发展进程不断加速

乡村振兴战略深入实施,2022年全省农村居民人均可支配收入18 697元,比2013年增长82.6%。城乡居民收入比从2013年的2.42缩小到2021年的2.12、2022年的2.06。城乡基本公共服务制度加快接轨,乡村学校建设条件和管理机制持续改善,统一的城乡居民基本养老保险、基本医疗保险制度基本建立。农村"三块地"改革扎实开展,基本完成农村承包地确权登记颁证和农村集体资产清产核资工作。许昌获批成为国家城乡融合发展试验区,在建立农村集体经营性建设用地入市等方面形成一批典型经验;巩义等5个县(市)获批开展国家新一轮宅基地制度改革试点。户籍制度改革深入推进,取消郑州中心城区以外其他所有城市和地区的落户限制,持续放宽郑州中心城区落户条件,全省基本实现"零门槛"落户;全面实施居住证制度,建立与居住证挂钩的基本公共服务提供机制。将农民工随迁子女义务教育纳入公共教育体系,就业、卫生等公共服务不再区分户籍归属地。

(二)存在问题

在推进新型城镇化建设过程中,还有部分中长期问题没有得到根本解决,一些新情况新趋势开始逐步显现,主要体现在以下方面。

1.河南省城镇化率仍低于全国平均水平

从全国范围看,河南省城镇化率一直低于全国平均水平,虽然差距逐步缩小,但追赶全国平均仍需要较长时间。2010年河南省常住人口城镇化率低于全国11.16个百分点,2020年低于全国8.46个百分点,2022年低于全国8.14个百分点,在全国31个省(区、市)中排名第25位,在中部六省排在倒数第1位。从各省辖市看,各地发展不均衡问题突出。全省17个省辖市和济源示范区中,有7个城镇化率高于全省平均水平,其中郑州市城镇化率最高,为79.10%;低于全省平均水平的省辖市有11个,周口市最低,为43.62%。省辖市城镇化率最高的郑州市和最低的周口市相差35.48个百分点。

2.中心城市能级不够、辐射带动能力不强

从规模看,2021年河南省城镇规模体系结构形成特大城市1个(郑州),Ⅰ型大城市1个(洛阳,偃师、孟津划区后),Ⅱ型大城市2个(南阳、开封),中等城市10个(商丘、平顶山、焦作、新乡、安阳、濮阳、漯河、信阳、驻马店、许昌),Ⅰ型小城市16个,Ⅱ型小城市9个;行政建制镇1181个(表4)。

表 4　河南省城市的类型情况

城市类型	城市	数量
超大城市(城区常住人口超过1000万人)	无	0
特大城市(城区常住人口500万到1000万人)	郑州(670万人)	1
Ⅰ型大城市(城区常住人口300万到500万人)	洛阳(339万人)	1
Ⅱ型大城市(城区常住人口100万到300万人)	南阳(160万人)、开封(103万人)	2
中等城市(城区常住人口50万到100万人)	商丘(96万人)、平顶山(91万人)、焦作(81万人)、新乡(79万人)、安阳(77万人)、信阳(63万人)、漯河(62万人)、濮阳(62万人)、许昌(58万人)、驻马店(52万人)	10
Ⅰ型小城市(城区常住人口20万到50万人)	鹤壁(49万人)、三门峡(49万人)、永城(48万人)、周口(45万人)、禹州(43万人)、汝州(41万人)、邓州(39万人)、巩义(37万人)、长垣(32万人)、济源(31万人)、项城(31万人)、新郑(27万人)、辉县(23万人)、林州(22万人)、新密(21万人)、荥阳(20万人)	16
Ⅱ型小城市(城区常住人口20万人以下)	长葛(19万人)、登封(19万人)、偃师(19万人)、灵宝(19万人)、义马(17万人)、卫辉(16万人)、孟州(15万人)、沁阳(14万人)、舞钢(12万人)	9
行政建制镇	—	1181

数据来源:《中国城市建设统计年鉴2022》,洛阳区划调整后城区常住人口预计达到339万。

从国家中心城市看,郑州国家中心城市的规模体量仍然偏小。国家中心城市中,2020年郑州GDP为1.2万亿,在九大国家中心城市中仅高于西安(1.02万亿),是成都(1.77万亿)的67.8%,武汉(1.56万亿)的76.9%;2021年郑州GDP为1.27万亿,在九大国家中心城市中仅高于西安(1.07万亿),是成都(1.99万亿)的64%,武汉(1.77万亿)的72%;2022年郑州GDP为1.29万亿,在九大国家中心城市中仅高于西安(1.15万亿),是成都(2.08万亿)的62%,武汉(1.89万亿)的68%;经济首位度不高,科技创新能力不强,强优市场主体不多,区域服务带动能力不强,国际化程度不高。

从副中心城市看,2022 年洛阳市生产总值达到 5675.2 亿元、占全省的比重为 9.25%,南阳市生产总值达到 4555.4 亿元,占全省的比重为 7.43%;而同为省域副中心城市的襄阳市生产总值 5827.81 亿元,占全省的比重为 10.8%,安徽芜湖市生产总值占全省的比重为 10%。作为副中心城市的人口吸引力尚不显著,仅与邻近城市产生较强的人口流动,而东南、东北方向的辐射带动作用较弱。比如,南阳市作为千万人口的大市,2022 年中心城区常住人口仅有 160 万人,占全市总人口的 16.1%;襄阳中心城区常住人口与南阳持平,但占全市总人口的比重达到 30.3%。

3. 多数城市综合承载能力仍然不强

由于经济发展不充分、城市基础设施和公共服务设施建设历史欠账多、标准低,除个别指标外,市政设施指标多数处于全国第 19～25 位,地下管网建设滞后、标准不高,污水垃圾处理能力不足,卡脖路、断头路等不同程度存在,城市规划区范围内仍有 1800 多个城中村,环境差,管理乱,安全隐患多,影响城市功能、品质及发展空间。城市管理精细化智能化程度不高,特色风貌不鲜明,历史文化资源保护传承力度不够,城市风险隐患进入凸显期。县城教育、医疗、养老等优质公共服务供给不足,一定程度制约了农村转移人口就近就地城镇化。

4. 资源环境约束日益凸显

(1)从土地资源看,土地承载负荷高和利用率低共存。以全国 1.74% 的土地承载了全国 7.8% 的人口,以全国 6% 的耕地生产了全国 10% 的粮食,人均耕地面积相当于全国平均水平的 87%;全省地均 GDP 为 12 万元/亩(全国 15 万元/亩);开发区土地利用效率整体不高,工业用地亩均税收 7.76 万元,最低仅为 1100 元;全省 19 家国家级开发区工业用地亩均税收 27.76 万元,是全国平均水平的 61%、广东省的 27%;用地结构不合理,工业用地仅占 17%,处于国家 15%～30% 标准的下限;农村人均建设用地 317.75 平方米,远高于 150 平方米的标准。

(2)从水资源看,水资源短缺制约城镇空间发展。多年平均水资源总量仅占全国总量的 1.4%,人均水资源量、耕地亩均水资源量分别占全国人均和亩均水资源量的 1/5 和 1/4,属于资源性缺水地区。

(3)从环境容量看,河南省产业结构偏重、能源结构调整不到位、运输结构不合理,传统产业占 GDP 的比重达到 46.2%,对河南省发展形成了很大的压力。

5. 以城带乡作用尚未充分发挥

河南省城镇化率跃过 50% 大关后,城乡关系正在发生深刻变化,但乡村底子薄弱、发展滞后,城乡居民收入差距较大,2022年河南省农村居民人均可支配收入18 697元,仅为城镇的48.5%。特别是农村空间布局和资源配置需要优化,农村基础设施和公共服务历史欠账较多,城乡基础设施一体化水平还不够高,基本公共服务均等化水平存在较大差距。截至2022年底,全省行政村数量4.55万个、自然村18.3万多个,农村常住人口4430万人,行政村平均规模不足1000人、自然村平均规模200多人。由于村庄点多面广规模小,面临着基础设施和公共服务设施标准不高、利用效率低、运行管理难度大等问题。城乡土地资源配置不平衡,随着城镇化的推进,城镇用地增加,但农村建设用地没有随着农村人口减少而相应减少,这种不平衡在相当长一个时期内将会保持双重叠加阶段。

6.体制机制改革和城市治理仍需持续深化

在体制机制改革方面,城乡二元户籍制度壁垒尚未彻底破除,还有相当大的增长潜力和空间。截至2022年底,全省户籍人口城镇化率仅38.43%,低于常住人口城镇化率18.54个百分点。农业转移人口受教育水平整体偏低,就业能力弱。年龄偏大的农民工转移就业难度大。在城乡建设投入方面,当前城市建设资金仍以地方政府自有财政资金和发行政府债券融资为主,对基金和保险投资等市场化手段运用较少,难以满足发展需要。同时,城乡金融资源配置普遍存在失衡,城乡资金价格不平等,农村贷款难、贷款贵等现象长期存在,农业经营性主体贷款可获得性较差,投融资环境还不够理想。在城市治理方面,随着城市规模的快速扩张和城镇人口的急剧增长,"城市病"逐步凸显。智慧城市建设处于起步阶段,在城市建设中不同程度存在重地上、轻地下,重速度、轻质量,重眼前、轻长远等现象,特别是2021年7月河南省遭遇特大暴雨洪涝灾害,暴露出城市基础设施建设管理、综合应急救援等方面存在一定短板漏洞。

(三)趋势特征

整体来看,河南省城镇化建设取得了重大成就,且仍处于重要战略机遇期。面向2035年,实现"两个确保"目标,必须遵循规律、顺势而为、拓宽视野、超前布局,坚定不移、积极稳妥地推进实施以人为核心的新型城镇化战略。综合判断,河南省城镇化将呈现出五大趋势。

1.城镇化进程仍处于重要战略机遇期

从河南省发展情况看,2005年河南省城镇化率达到30.65%、首次超过30%,进入城镇化加速发展阶段的时间比全国晚近9年;2022年河南省城镇化率是57.07%,距离70%还有近13个点的差距,按照每年1个点增速,未来5~10年河南省城镇化仍将处于较快发展阶段。因此,河南省城镇化动力依然较强,预计到2035年全省城镇人口增量将超过2100万人,约占全国城镇人口增加总量的1/10。随着国家重大区域战略的纵深实施,河南省叠加了构建新发展格局战略机遇、新时代推动中部地区高质量发展政策机遇、黄河流域生态保护和高质量发展历史机遇的三重机遇"红利",必将迎来蓬勃发展新局面。

2.城镇化发展进入动力转换期

新发展格局下扩大和释放内需将是国内大循环形成的关键所在,中心城市、都市圈作为链接国内国际双循环的关键空间单元,将成为新发展格局的战略支点和主战场。当前河南省正积极打造一流创新生态、产业生态,高质量推进新型城镇化,吸引高端人才落户河南、进入城市,将对河南省建设国家创新高地起到重大助推作用,也有利于国家创新资源要素的优化布局。

3.城镇化格局进入重塑优化期

人口和经济要素向优势地区集聚成为普遍发展趋势,中心城市和都市圈承载的人口和经济比重仍将不断提升,资源要素将进一步向中心城市和县城两端集聚。随着河南省加快推动中心城市"起高峰"、县域经济"成高原",两端集聚的趋势将进一步延续,中心城市辐射带动效应将进一步发挥,就近城镇化趋势更加明显,县城将成为就近城镇化的重要载体。

4.城市发展模式进入转型期

随着城镇化的持续推进和城市规模的不断壮大,超大特大城市面临风险数量逐渐增多、复杂性日益增强,城市安全韧性发展的重要性将更加凸显,建设韧性低碳集约城市成为广泛共识。未来城市建设将更加注重宜居韧性、精细智能、绿色低碳,亟须进一步统筹安全与发展,提升全覆盖、全过程、全天候城市治理能力,让人民生活更有品质、更有尊严、更加幸福。

5.城乡关系进入加速融合期

随着乡村振兴战略的深入实施,城乡人才、资本等发展要素自由流动的条件将更加成熟,城乡产业协同发展和农村一、二、三产业融合发展趋势将更加明显,紧凑一体的城乡空间网络将加快形成,城乡"两栖人口"将成为常态化现象,亟须进一步打开"城门"、放开"乡门",建立健全城乡融合发展体制机制和政策体系,加快城乡要素合理配置,为共同富裕打下坚实基础。

三、外省(市)推动新型城镇化的典型经验

"十三五"以来,各地在提升农业转移人口市民化质量、优化城镇化空间布局、推进新

型城市建设、健全城市治理体系、促进城乡融合发展等方面,加快试点建设,取得了良好效果。

(一)打通农业转移人口市民化制度性通道,提高新型城镇化质量

各地坚持把提高农业转移人口市民化质量作为稳定转移人口、畅通城乡循环、有效破解城乡二元结构的关键之举,是新型城镇化迫切需要解决的首要问题。在深化户籍制度改革、促进转移人口有序落户方面,重庆市实施区域差异化的落户政策,将具有高级工程师以上职称或相应职业技能等级人才纳入落户范围,并允许其配偶、未成年子女、父母随迁落户。深圳市完善积分入户政策,优化积分指标,将稳定就业、稳定住所(含租赁)、诚信守法纳入考核指标。成都市引导积分落户向郊区新城转移,创新积分申报方式,采用"随到随积"模式,常态化受理群众申报、公布积分结果、办理入户手续。在推动公共服务均等化、解决转移人口教育和住房方面,安徽芜湖市扩大缴存范围,符合条件的农业转移人口均可申请缴存住房公积金;实行灵活缴存方式,农业转移人口可本人或通过务工单位缴住房公积金;配套提供组合贷款,实行财政贴息,缴存人申请购房贷款可享受购房所在区县政府的财政贴息;按照一定比例建立贷款风险准备金,协助做好逾期贷款催收等工作,严格控制风险。在强化就业技能培训、促进转移人口融入城市方面,北京市延庆区构建起"政府发单、群众点单、机构接单、企业收单"全培训链,保障了冬奥会和世园会用工需求;建立健全培训就业工作机制,在发挥本地培训机构优势的基础上,面向国内外公开招募100多家合作培训机构,建立培训就业一体化工作机制;实施重点领域精准培训,围绕服务保障冬奥会、世园会及劳动力就业实际需求,制作培训工种菜单供自主选择,将延庆镇、康庄镇、张山营镇等作为重点区域,联合有关企业开展精准"订单式"培训;率先探索制定无人机驾驶员等83个新职业(工种)的培训标准和补贴标准,促进劳动力在新兴行业内就业增收。

(二)推动都市圈同城化发展,优化新型城镇发展格局

各大都市圈立足城市和区域自然禀赋、发展阶段、产业结构,顺应空间供给的多元化趋势,满足空间差异化需求,进一步拓展和提升空间布局结构协同化的范围、水平、深度,推进都市圈空间布局结构协同化发展。南京都市圈作为我国最早启动建设的跨省都市圈,南京都市圈聚焦规划引领重实施,江苏省、安徽省人民政府联合印发规划,专门建立规划省际协调机制,制定2021年度工作要点,推动规划目标任务年度化、清单化、项目化。聚焦重点领域求突破,积极推进交通基础设施互联互通先行,持续深化产业和科技创新分工协作,提高公共服务共建共享水平,聚焦毗邻区域做示范,以点带面推动省际毗

邻区域协同发展先行突破,南京市江宁区与马鞍山市博望区共建"两省一街警务室",探索跨界社会治理新模式。杭州都市圈完善顶层设计,建立杭州都市圈合作发展协调会,加快建设轨道上的都市圈,商合杭高铁全线通车,湖杭铁路全面开工,深化科创产业协同,打造数字都市圈,共建都市圈城市大脑集群,数字经济龙头企业在都市圈投资布局、赋能各地数字化建设,编制完成新一轮《杭州都市圈生态环境共保规划》,持续推进生态环境共保共治。高标准打造世界文化遗产群落,提升文旅融合发展水平。杭州市优质公共服务资源向都市圈加快覆盖,跨区域公共服务一体化进入"快车道",不断提升民生福祉。把毗邻区域作为都市圈同城化的突破口,编制实施杭绍、杭嘉一体化合作先行区建设方案,积极谋划杭湖一体化合作。

(三)提升县城综合承载力,夯实新型城镇化基础支撑

坚持把县城作为新型城镇化的重要载体,加强基础设施和公共服务领域补短板强弱项,增强产业和人口集聚能力。福建省长汀县以文明县城、园林城市、森林城市创建为契机,强化科学化治理、精细化管理、智能化监管,加快建设县城环境卫生设施,助力县城新型城镇化建设。坚持"筑巢引凤",建立部门联审机制并开通"绿色通道"、简化审批手续,吸引世锦水务、中航环卫、雪品科技等一批有实力的环卫企业入驻。充分考虑国家历史文化名城保护的实际,通过"结合群众意愿、结合名城保护、结合城市发展"的"三结合"模式,有效规避了现代环境卫生设施对传统建筑风貌的改变,也满足了人民改善生活环境的需要,将经过"穿衣戴帽"的环卫设施打造成长汀古城历史街区的亮丽"风景"。江西省鹰潭市明确"网络先行、平台支撑、应用牵引、产业为本"的推进路径,先后制定智慧新城顶层规划、专项试点示范三年行动方案、智慧科创城发展规划,指导智慧化建设工作,布局发展数字经济。借助举办国际移动物联网博览会等契机,携手中国信通院、北航等国内一流科研机构合建44个创新平台,基本形成集研发、检测、认证、成果转化于一体的物联网服务平台体系,完善产业配套设施。

(四)提高城市现代化水平,打造新型城镇化新引擎

建设以宜居智慧低碳为特征的现代化城市是适应城镇化发展新阶段新形势、完善城镇化战略的重大决策部署的重要举措,有利于增强投资增长后劲,为现代化建设打造重要引擎。在建设舒适便利的宜居城市方面,南京市加大对老城区的老厂区和老写字楼进行更新改造,激发老城区商业活力,吸引科创人才、培育新兴产业。明确主导产业方向,紧紧围绕高等院校和科研院所优势专业及关联产业、龙头企业,形成集聚突破效应。通过资金奖补和校地共建等服务,有重点地引导高等院校和科研院所主动融入。在建设服

务高效便捷的智慧城市方面,重庆市璧山区围绕公共服务和生活性服务业缺乏线上平台运营,服务效率不高,居民生活便利性不足等问题,引导260余个居住社区入驻"城市生活网"综合服务平台,提供议事选举、物业测评、财务公开等线上功能,为人才提供项目申报、子女教育、配偶就业等服务。在绿色低碳城市建设方面,江西省抚州市支持居民绿色低碳生活,依托"我的抚州"智慧服务 App,推出碳公共服务平台——绿宝,后台数据直接计入"碳账户";利用"绿宝"记录注册居民的每一次低碳生活行为数据,给予"碳币"奖励,可用于折抵居民消费;联合上百家商户组建"碳联盟"、推出"绿宝礼包",对几十种绿色农产品实行"绿宝价"。

(五)健全城乡现代化治理体系,为新型城镇化提供坚强保障

随着城镇化不断推进,城市成为中国式现代化的主战场,必然要求提升城镇化质量,推进更高水平的城市治理。浙江省宁波市建立市县协同、部门联动的政务服务事项办理工作机制,实现乡镇(街道)便民服务中心网点布设全覆盖、"宁波办事"综合自助服务终端机全覆盖,并向行政村及人流密集场所延伸,实现一网通办;充分利用银行和邮政机构等网点多、覆盖面广的优势,推动各类政务服务事项入驻,实现营业执照办理、汽车号牌登记等就近办理;与长江沿线有关省份签订协议,实现户籍迁移等事项"跨省通办";针对老年人面临的"数据鸿沟"、偏远山区办事难等问题,推出"移动 E 窗"上门代办帮办服务,发展"政务流动车",为军烈属、孤寡老人及伤残人士等提供免费上门服务。北京市密云区大力提升公共服务能力,聚焦服务全民健身,统筹10余所中小学校体育场馆资源,实现在寒暑假、节假日和课余时间向社会开放。引入北京大学第一医院等外部医疗资源,与密云区医院深度共建,大幅增强医疗卫生服务能力。

(六)构建城乡融合发展机制,增强新型城镇化要素保障

城乡融合是在城乡生产力水平不断发展进步过程中,城乡关系朝着功能互补、互促互助、共同繁荣的发展趋势演变的动态过程,是在承认城乡功能结构差异的情况下,畅通城乡要素双向自由流动的融合发展格局。在乡村产业发展方面,德清县莫干山镇制定德清县民宿管理办法,引导乡村民宿经济规范化质量化发展,借鉴先进经营理念,打造裸心谷等标杆项目,错位发展农家乐和度假村等多种业态,成立莫干山民宿学院,搭建民宿行业交流合作平台。2020 年,在金融服务方面,兰考县围绕乡村金融基层网点及信贷人员不足,农户小额信贷服务成本高、效率低,部分农户信用意识淡薄、信用记录空白,金融机构不敢贷等问题,构建"基层党建+普惠金融"服务平台,依托450多个行政村党群服务中心,建设普惠金融服务站,500名协管员开展工作,延伸乡村金融服务半径;发挥村党组织

和村委会、协管员熟悉村民情况的优势,进行贷款把关、项目走访和还款提醒,形成"贷中贷后有管理、信贷风险有预警";成立不良贷款联合追偿小组,建立追偿机制。在农村建设用地方面,重庆市针对"城市建设用地非常短缺,但农村却闲置废弃大量集体建设土地"等问题,制定"地票"管理办法,明确土地交易方式、转让方式和使用范围;规范复垦项目管理,优化复垦流程,严格复垦条件,加强与"占优补优"等工作衔接,坡度大于25度的不纳入复垦,复垦地块必须与周边耕地相连,耕地少占多补、守住耕地红线;建立"地票"交易信息管理系统,对地票申请、交易、价款缴纳、价款拨付环节,实行全流程信息化管理,保障流程公开规范。在城乡人才流动方面,成都市郫都区建立人才加入乡村制度,围绕乡村旅游、卫生教育、文化艺术等急需紧缺类人才,精准发布人才需求清单;深化农村宅基地和农村集体产权制度改革,通过出租、入股等多种形式,吸引人才发展蔬菜种植和乡村旅游等产业;探索建立人才加入乡村制度,制定新村民引入程序,明确新村民享受同等公共服务等权利,制定申请、初审、表决、公示、颁证等新村民引进程序;鼓励入乡人才参与村级事务管理。

四、扎实推进河南省新型城镇化战略的重点任务

"十四五"至2035年是河南省新型城镇化实现更高质量发展的关键时期,省第十一次党代会把实施以人为核心的新型城镇化战略作为"十大战略"之一,要立足发展基础、顺应发展趋势,积极稳妥推进新型城镇化,使人民群众享有更加安全、更高品质的城市生活。

(一)构建以中心城市(都市圈)为支撑、县城为重要载体的新型城镇化格局,解决"人往哪去"问题

发挥郑州国家中心城市龙头作用,做大做强洛阳、南阳副中心,强化县城承载能力,推进区域协调联动发展,为省内农业转移人口和省外人口向城镇集中提供载体支撑。

1.推动郑州国家中心城市晋位升级

支持郑州强化枢纽开放、科技创新、教育文化、金融服务等功能,壮大经济规模,提升发展质量,打造国家创新高地、国家先进制造业高地、国家开放高地、国家人才高地,力争主要指标走在国家中心城市前列。

(1)提升经济首位度。聚焦世界科技前沿,加快推动转型升级,统筹新兴战略产业培育和传统产业改造提升,全面实施"数字+""品牌+""标准+"战略,加快构建现代化产业体系,打造国际重要的产业链供应链中心,提高郑州经济综合实力,持续提升在全省乃至

全国经济大局中的地位。

（2）建设国家创新和人才高地。按照经济、社会和科技发展的内在要求，整体谋划、有序推进"教育、科技、人才"一体化全周期发展；集聚整合中高端创新要素资源，引进国内外优秀科研结构，加快人才培育。

（3）打造国际枢纽经济引领区。发挥交通枢纽和"四路协同"发展优势，进一步加强与国内外铁路、公路、港口、机场、通信、口岸等高能级开放平台的互联互通合作，强化郑州对外合作园区、海外郑州综合服务平台、国际营销推广平台等开放平台和载体建设，加快构筑具有强大承载力、竞争力、辐射力的枢纽经济区。

（4）持续提升"国际范"。坚持国际化规划引领，推动城市设计精品化、人文化，加快推进主城区有机更新、生态修复、内涵提升，建设一批生态优美、宜居宜业的高品质公共活动空间、国际社区、城市客厅。坚持标准化、精细化、品质化、智慧化城市管理理念，营造国际化语言环境，提高国际交流能力。

2. 培育壮大洛阳和南阳副中心城市

推进洛阳中原城市群副中心城市提级扩能，锚定万亿级经济总量目标，厚植洛阳先进制造、生态屏障、人文交往等优势，坚持创新产业双驱动、改革开放两手抓、文旅文创成支柱，打造具有国际竞争力的装备制造产业集群，加快建设国际文化旅游名城、国际人文交往中心和现代生态宜居城市，尽快打造成为全省高质量发展新的增长极。更好发挥南阳的豫西南桥头堡和门户作用，拉大城市框架、完善城市功能、提升城市品质，加快副中心城市建设步伐。坚持制造业高质量发展主攻方向，统筹推进传统产业提质发展、新兴产业培育壮大和未来产业前瞻布局；厚植南阳生态、文化和中医药优势，壮大现代中医药、文旅、康养等特色产业集群，建设国家中医药综合改革试验区。

3. 增强县城综合承载力和人口吸引力

坚持把县域治理"三起来"作为根本遵循，大力推进县域经济高质量发展，激发县域发展活力，推动县域经济"成高原"。坚持宜水则水、宜山则山，宜粮则粮、宜农则农，宜工则工、宜商则商，根据县域特色，形成与中心城区梯度发展、优势互补的产业体系，增强生态、文化、旅游和产业配套综合功能，做大做强县城。顺应县域人口流动发展趋势和就地就近城镇化发展态势，适应农民到县城就业安家需求，补齐县城突出短板弱项，提升县城公共设施和服务能力，加快推进以县城为重要载体的城镇化建设，促进人口集聚、产业集中和功能集成。

4. 高质量建设郑州都市圈

都市圈作为介于城市和城市群之间的重要载体，是促进资源要素跨行政边界流动的重要空间维度,既能强化城市群的"核心"作用,也能放大中心城市的辐射带动作用,优化城市群的区域空间结构。以服务全国为导向,以郑州国家中心城市为内核,统筹处理好都市圈与郑州国家中心城市、都市圈与郑汴许和郑新等板块、都市圈内9个城市之间的关系,把郑州都市圈作为深度融入国内国际双循环经济体系的关键节点和先手棋,打造具有全国影响力的现代化都市圈。

(二)强化城镇产业支撑,解决"留得下"问题

城市是产业的载体,产业是城市的支柱,通过产业提供就业岗位,是农业转移人口和新市民留在城市的重要保障。必须坚持以产兴城、以城促产,大力开展创新创业,推进产城融合发展。

1.优化城市产业布局

根据各地资源禀赋和发展基础,培育发展产业集群,推动产业链、供应链、创新链、要素链、制度链"五链"耦合,加快构建支撑城镇化发展的现代化产业体系。建设先进制造业强省和现代服务业强省,推动现代金融、物流、文化旅游、家政、物业等生产性、生活性服务业发展,积极发展劳动密集型企业,做强做优建筑业。推行市场化专业化精细化招商,招大商、大招商,培育发展龙头骨干企业。大力发展商务经济、总部经济、平台经济、会展经济、楼宇经济、消费经济、数字经济,创造更多就业岗位,吸引高校毕业生、退役转业军人、新生代农民工等就业。

2.加强以开发区为主的载体建设

高质量建设"一县一省级开发区",推动各县开发区着眼国内国际市场大循环、现代产业分工大体系,大力发展特色产业集群,推动要素加快集聚、资源优化配置、上下游企业联动,实现产业转型、创新生态、人才服务、生态价值等多重功能的高度耦合,全面推行"管委会+公司"模式,深化"三化三制"改革,支持开发区布局建设各类创新平台,完善创业创新孵化和成果转移转化机制,实现规模以上制造业企业研发机构全覆盖。

3.促进城乡产业协同发展

发展生态农业、精品农业和科技农业,因地制宜发展沟域经济、林下经济和乡土特色产业。推动农业与休闲旅游、文化体验、健康养老等深度融合,发展休闲农业、乡村旅游、创意农业、特色民宿等新产业新业态,形成特色乡村文旅品牌。支持城乡结对、村企挂钩,鼓励发展订单农业、观光农业、农业生产性服务业。

(三)着力提高农业转移人口市民化质量,破解"融进去"的制度性障碍

深化户籍制度改革,推动社会公共服务均等化,加大对劳动力技能培训,推进农业转

移人口尽快融入城镇,享受高质量公共服务。

1. 有效打通市民化制度性通道

全面放开放宽城市落户限制,尤其是降低郑州中心城区落户门槛,吸纳高层次、高水平的技能人才,提高市民素养。健全人口管理制度,推进常住地登记户口改革,简化户口迁移流程,实现省内人口自由流动和迁徙。围绕"土地承包权""宅基地使用权""集体收益分配权"等方面,制定配套政策,完善市场化退出机制,加快土地、资金、技术、人才等要素流动。

2. 提高农业转移人口劳动技能素质

以"人人持证、技能河南"为契机,充分发挥政府、企业、学校的力量,加大对人才技能培训力度,提升农业转移人口在城镇"留下来""好起来"的能力。以市场需求为导向,丰富培训内容,加大本科职业教育,完善职普教育并行的培育体系,推动不同层次职业教育纵深发展。健全技能人才激励机制,加大技能人才的培训力度,打造能工巧匠和大国工匠。

3. 健全农业转移人口市民化配套政策

加大财政资金对农业转移人口市民化的支持,增加对基础设施、公共服务的投入,积极推进城镇建设用地与农业转移人口落户的挂钩机制,以国土空间规划、国民经济和社会发展规划为统领,科学测算、合理安排城镇新增建设用地指标,确保农业转移人口落户流程便捷、高效。

(四)打造宜居韧性现代化新型城市,解决"住得好"问题

城镇化率超过50%,标志着城市建设的重心不再是大规模增量建设,而是存量提质改造和增量结构调整并重,是从"有"到"优"的蜕变。现代化新型城市突出"以人为中心"的发展理念,优化发展方式,贯穿安全理念,合理布局生产、生活、生态空间,突出现代化水平的同时,保留"城市记忆",将历史文化和科技创新有效衔接。

1. 建设便捷舒适的宜居城市

城市交通方面,加快市内外交通与地铁有效衔接,优化站点布局,提高公共交通的通达性和便捷性。住房方面,建立健全住房市场体系和住房保障体系,坚持"房子是用来住的不是用来炒的"的理念,积极探索多主体供给、多渠道保障、租赁并购等方式,满足新市民和住房困难群众的基本住房需求。公共服务方面,加快养老、育幼、文体等基础设施改造,打造15分钟生活圈,满足人民美好生活的追求。城市更新方面,持续推动"三区一村"改造工作,加快电梯等基础设施"进小区",提高人们的幸福感、获得感。

2.建设安全可靠的韧性城市

坚持"绿色引领、生态为民"的发展理念,围绕"排水快""排水安全"的发展思路,重塑城市排水防涝工程,加快国土绿化和森林河南建设,增强城市供水供电供气供暖、交通物流、信息通信等能力,提升城市"硬件"韧性。加快公共卫生事件的监测、预警、应对响应机制,统筹"防灾减灾"和"灾难救助",提升突发事件的应对能力,将"人民至上"的原则贯穿城市治理全过程,不断增强城市"软件"韧性。

3.建设创新赋能的智慧城市

坚持创新引领,将"智慧"理念观融入城市发展过程。稳步推进创新驱动战略,加快以嵩山实验室、神农实验室等为载体的创新平台建设,积极推进郑州大学、河南大学等"双一流"建设,打造国家级、省级双创示范基地、创新创业综合体,提升科研成果转换率。加快 5G 网络、物联网等新一代信息技术应用,推进虚拟和现实有效衔接,以城市"智慧大脑"为中枢,实施"智慧医疗""智慧教育""智慧交通""智慧社区"行动,提升城市治理的精准度、有效性。

4.建设魅力彰显的人文城市

发挥河南文化大省优势,挖掘文化潜力,厚植文化底蕴。加快文化载体建设,创新发展公共文化空间,以"文化活动"为媒介,以"文化街区""艺术走廊""城市书房""文化驿站"为载体,将"传统文化"和"现代科技"有效衔接,赓续人文基因。加快博物馆群建设,挖掘城市优秀文化,支持传统工艺、老字号、工业遗产发展,唱响"老家河南""华夏古都"等特色文化品牌。

(五)推进城市治理能力现代化,解决"优服务"问题

充分发挥政府、市场的力量,积极引导社会各界力量,以"全生命周期"理念为引领,加快经济治理、社会治理和城市治理,共谱城市现代化治理新篇章。

1.加强城市空间治理

突出"城市建设有依据有遵循"的发展导向,以规划为引领,优化空间布局,做到"产业落在项目上、项目落在土地上"。统筹总体规划和专项规划,加快发展目标协同推进,提升城市空间治理能力和水平。坚持系统思维、内涵发展和弹性适应,以新城区开发、老城区改造为抓手,突出产业发展和居住功能,挖掘地上、地下开发潜力,统筹市区、城郊和周边乡村,合理布局生产、生活和生态空间,打造宜人、宜居、宜业、宜养的城市空间。

2.提升城市社会治理水平

秉承"人民至上"的发展理念,把握城市社会治理的内在规律,聚焦重点、难点,提升

精细化、精准化、精致化水平,满足人民对美好生活的向往。建立健全党委领导、政府负责、社会协同的治理模式。以基层社会为载体,加快公共服务综合信息平台建设,聚众人之力,集众人之智,打造数据引领、人机协同的智能化治理模式。持续建立完善矛盾纠纷定期排查机制,创新一站式多元化解决方式,确保矛盾纠纷"处理得好""处理得快"。积极推进"零上访、零事故、零案件"平安单位(村、社区)创建活动,充分发挥民间智慧,有效防范化解社会矛盾。

3. 深化体制机制改革

聚焦"一老一小一青年",围绕养老、医疗、教育、就业等领域,畅通体制机制,以增强生育福利缓解人口老龄化压力,以降低养育成本缓解人口少子化问题,以婚俗新风尚缓解人口少婚化趋势,创新人口服务管理模式,构建覆盖全生命周期的人口服务制度。探索城市经营规律,聚焦制约城市发展的难点深入改革。从挖掘经济增长潜力,提升产业竞争力等方面提升"赚钱"的能力,从政府投融资、防范风险等方面提升"管钱"的能力。

(六)统筹新型城镇化和农业强省建设,加快构建新型城乡关系

坚持以工补农、以城带乡,以缩小城乡收入差距为抓手,从医疗、卫生、教育等方面统筹"公平"和"效率",构建"工农互促、城乡融合"的新型城乡关系。

1. 加快农业强省建设

河南是农业大省,农业作为一个产业既是河南的长板,又是现代化河南建设的最大短板。遵循国际农业强国建设的普遍规律,放在国际视野、历史演进的坐标系中考察,立足本来、吸收外来,面向未来国家的战略布局和本省的优势与特色,培育全国领先、国际一流的重点产业,与时俱进地创新完善农业支持保护政策,加快建设农产品供给保障能力强、农业科技创新能力强、经营体系强、乡村产业竞争力强、农民收入高、农村现代化水平高的农业强省。

2. 推动农村现代化

统筹推进城乡公共基础设施,以县域为单元,围绕供水、除污等领域加快基础设施建设,积极推进市政公共设施向城郊村和中心城镇延伸。坚持政府、市场共同发力,尤其是引导社会资本参与,支持农户投入。提升城乡基础公共服务普惠化率和共享率,加快农村资源整合,充分发挥"集团化办学""县域医共体"等优势,推动城乡教育、医疗、卫生一体化、均等化。顺应农村人口老龄化的发展趋势,创新发展农村养老模式,稳步推进普惠型养老服务和互助式养老,构建以家为主,以社区为依托、机构为补充的医养有机衔接的养老服务体系。

3. 扎实推动城乡共同富裕

以城乡融合发展为契机,拓展农户就业渠道,提升农户收入水平,缩小城乡收入差距是推进城乡共同富裕的重要路径。增加农户就业机会,建立健全农民就业对接服务机制,畅通劳务输出通道,有效缓解摩擦性失业给农户收入带来的冲击。加大对农民工的培训力度,在提升收入的同时,为新型城镇化建设贡献一定力量。依托农民合作社、家庭农场,增加农民经营性收入、工资性收入的比重。紧抓"乡村振兴"发展机遇,培育集体经济发展新业态,积极推进"农村+"行动,围绕"资产租赁、企业股份、农业开发"等方面,加强与城镇合作,拓展农业生产链。稳步推进精准扶贫,将"产业发展"和"扶贫脱贫"有效衔接,提升扶贫的效率和持续性。

(七)合理配置发展要素,破解"人地钱"要素约束问题

畅通城乡要素流动的制度性障碍,促进城乡要素双向自由流动和公共资源合理配置,着力解决新型城镇化过程中的土地、资金和人才不足的矛盾。

1. 加强用地保障

坚持适度超前、整体优化,构建系统完备、高效实用、智能绿色、安全可靠的现代化基础设施体系,科学合理利用好国土空间资源,在确保国家粮食安全的前提下,多策并举,努力保障城镇化的用地需求。节约集约利用好新增建设用地,提高城镇化建设用地产出效率;盘活城镇存量土地,重点盘活利用批而未供、供而未用的闲置土地,加快城中村和棚户区改造。深化推进"三块地"改革,建立公平合理的入市增值收益分配机制,尊重群众意愿,把握好时序,积极有序推进村庄整合,盘活多余乡村建设用地。稳妥推进农村集体经营性建设用地入市,探索建立农村集体经营性建设用地使用权转让、出租、抵押二级市场。

2. 强化资金保障

完善支持乡村发展投融资机制,鼓励有条件的市、县设立城乡融合发展专项资金,发行专项债券。科学谋划实施项目,积极争取国家政策性资金支持。采取特许经营、PPP模式、价格补贴、政府购买服务等方式,调动政府资金、社会资金、产业资本、市场化基金多元投入。加快政府融资平台整合和市场化转型升级步伐,服务、支持融资平台做大做强。实施绿色金融战略,培育高效绿色金融服务体系,增强绿色金融产品供给,支持城市绿色低碳发展。

3. 引导城市人才入乡发展

坚持人才为本,完善科技特派员制度,推动"三师入乡",鼓励科研人员入乡兼职兼薪

和离岗创业,为乡村建设行动提供人才支撑。实施城市科教文卫人员定期服务乡村行动,加大职称、工资和待遇等向乡村倾斜。支持技能,管理人员返乡创业,提供场地、税收、落户、社会保障等政策支持。

参考文献

[1]徐宣国,尹春凤.种业振兴背景下粮食安全与种业创新协调发展研究.农林经济管理学报,2023,22(1):1-10.

[2]杨怡,谭鑫.新型城镇化进程中的绿色发展[J].社会主义论坛,2023(2):15-16.

[3]朱鹏华,刘学侠.以人为核心的新型城镇化:2035年发展目标与实践方略[J].改革,2023(2):47-61.

[4]李国平,孙瑀.以人为核心的新型城镇化建设探究[J].改革,2022(12):36-43.

[5]纪明,曾曦昊.新型城镇化与生态文明建设协调发展的时空演化预测及驱动机制研究[J].生态经济,2022,38(9):212-220.

[6]李占风,李瑭润.数字普惠金融与新型城镇化发展分析[J].金融发展,2022(1):40-53.

[7]吴宇哲,任宇航.以县城为重要载体的新型城镇化建设探讨:基于集聚指数的分析框架[J].郑州大学学报(哲学社会科学版),2021,54(6):65-71.

[8]韩云,陈迪宇,王政,等.改革开放40年城镇化的历程、经验与展望[J].宏观经济管理,2019(2):29-34.

郑州都市圈公共服务一体化发展研究

尹　勇　翁　珺

摘要：

党的二十大报告指出，深入实施区域协调发展战略，以城市群、都市圈为依托，构建大中小城市协调发展格局，促进中部地区加快崛起。都市圈是城镇化空间格局的重要形态，是经济社会高质量发展的核心引擎，在培育城市竞争新优势、推动新型城镇化发展、构建新发展格局中起到重要作用。公共服务一体化是都市圈建设的重点和难点，郑州都市圈具备公共服务一体化的基础条件，但与发达地区以及中西部部分省会都市圈相比，郑州都市圈公共服务一体化建设还存在一定的差距。国内先进地区在推动都市圈建设过程中，将增加公共服务多元供给、注重资源优化配置、推进设施共建共享、创新化解行政壁垒等作为一体化实施重点。通过立足郑州都市圈实际和借鉴先进都市圈一体化经验，本研究提出郑州都市圈公共服务一体化首在扩大供给，重在优化布局，贵在机制创新，成在共建共享，通过构建多层级多样化公共服务中心体系、特色服务基地、协同发展先行区优化公共服务资源配置；通过聚焦教育、医疗、文化旅游、养老托育、就业五大领域先行先试，力求率先突破公共服务均等化、普惠化、同城化难点；通过公共服务标准、政策、信息和技术衔接推动公共服务制度创新，逐步实现郑州都市圈人民群众共同富裕，引领带动全省公共服务发展合作水平迈上新台阶。

一、研究背景

都市圈是我国经济社会高质量发展的主要空间载体，当前我国城市群已经进入都市圈竞相发展的新阶段，高水平规划建设郑州都市圈是河南省委、省政府顺应区域经济发展规律、适应构建新发展格局需要对区域布局作出的重大重塑性调整。郑州都市圈是河南省经济社会高质量发展的核心引擎,近年来郑州都市圈产业共链、交通共网、生态共治的态势日益明显,但公共服务跨区域合作、共建共享尚处于起步阶段,明显滞后于都市圈一体化总体进程。从全国范围看,公共服务一体化一直是都市圈建设重点和难点,长三角、珠三角、成渝乃至中部一些省份公共服务一体化建设起步早,起点高,在规划上有创新,在实践上有突破,为郑州都市圈公共服务一体化建设提供了诸多可复制的经验。本研究立足郑州都市圈特色和发展实际,在比较和借鉴先进地区成功经验的基础上,探索郑州都市圈公共服务一体化发展路径,提出郑州都市圈公共服务均等化、普惠化、同城化、便捷化主要任务,期望对构建郑州都市圈发展新格局、推动都市圈群众共同富裕、引领带动全省公共服务转型升级有所助益。

二、郑州都市圈公共服务一体化发展现状

目前全国各级各类都市圈超过 30 个,其中大部分是以省会城市为龙头、以周边 3~6 个省辖市中心城区为支撑、覆盖范围在 100 平方千米之内的都市圈。郑州都市圈核心城市郑州市是国家重点建设的中心城市、新一线城市、GDP 过万亿的省会城市,具备引领带动都市圈公共服务一体化发展的基础条件,但与发达地区乃至中西部部分省会都市圈相比,郑州都市圈公共服务一体化建设存在较大差距,与郑州市国家中心城市地位不相匹配。

(一)郑州都市圈公共服务一体化发展基础扎实

党的十八大以来,郑州都市圈综合经济实力不断提升,公共财政投入持续增加,公共服务设施不断完善,公共服务供给能力极大增强,跨区域公共服务市场初步出现,一体化发展基础坚实,前景广阔。

1. 经济发展主阵地

扩容前的"1+4"郑州都市圈空间面积约为 1.59 万平方千米,常住人口 1920 万,GDP 总量约 1.75 万亿元,以占全省不到 1/10 的国土面积,承载了约 1/5 的人口,创造了约 1/3 的经济总量。扩容后的"1+8"郑州都市圈体量变大,总面积达到 5.88 万平方千米,约占全省总面积的 35.2%,总人口约 4670 万,约占全省总人口的 47%,实现 GDP 产值 3.28 万亿元,约占全省总量的 59.63%,对全省经济社会发展的辐射带动能力进一步增强。"圈"内区域交通一体成型,产业链条联系紧密,生态环境协同治理,人流、物流、信息流、资金流和技术流破壁互融,竞相涌动。雄厚的经济实力为扩大郑州都市圈公共服务供给、推进公共服务一体化发展奠定了坚实的物质基础。

2.公共资源富集地

扩容后的"1+8"郑州都市圈2022年末共有各级各类学校2.1万多所,占全省学校总数的43.3%,拥有114所高等教育学校、2所"双一流"建设高校,高校数量占全省的73%(表1)。共拥有医疗卫生机构33 415个,占全省总数的42.5%;医疗卫生机构床位数35万多张,占全省的49.9%。共建有公共图书馆82个,占全省总数的48.5%,文化馆96个,占全省的46.4%,各类博物馆243个,占全省的67.3%。共拥有全国重点文物保护单位286处,占全省总量的68%,省级文物保护单位803处,占全省的52.8%,入选国家级非物质文化遗产名录54个,占全省的43.2%,AAAA级以上旅游景区123家,占全省的56.4%(表2)。"圈"内高度集中的教育医疗资源和高品质的文化旅游资源,为郑州都市圈公共服务一体化发展提供了良好条件。

表1 郑州都市圈教育资源情况

地区	高等学校	普通高中	中等职业学校	普通初中	普通小学	特殊教育	技工学校	学前教育	各级各类学校总和
郑州市	68	137	103	422	981	13	19	2026	3769
开封市	6	54	33	227	811	9	8	1265	2413
洛阳市	8	86	39	323	768	14	9	1391	2638
平顶山	7	53	18	234	1059	9	8	1595	2983
新乡市	11	78	24	338	1235	8	6	1911	3611
焦作市	6	33	23	181	507	8	4	841	1603
许昌市	4	42	24	196	780	6	2	1165	2219
漯河市	3	21	22	106	363	6	3	582	1106
济源市	1	7	3	31	76	1	2	184	305
全省	156	1050	535	4658	16 925	151	97	23 922	47 494

资料来源:《河南统计年鉴2023》。

表2 郑州都市圈文化旅游资源情况

地区	公共图书馆	文化馆	博物馆	全国重点文物保护单位	省级文物保护单位	4A级以上旅游景区	国家级非物质文化遗产名录
郑州市	17	14	44	83	147	24	6
开封市	5	12	28	27	68	12	9

续表2

地区	公共图书馆	文化馆	博物馆	全国重点文物保护单位	省级文物保护单位	4A级以上旅游景区	国家级非物质文化遗产名录
洛阳市	18	17	102	51	146	33	9
平顶山	10	13	13	31	95	15	8
新乡市	11	12	13	22	71	11	5
焦作市	8	13	11	28	139	9	13
许昌市	7	8	18	27	67	9	3
漯河市	5	6	13	8	43	5	1
济源市	1	1	1	9	27	5	0
全省	169	207	361	420	1521	218	125

资料来源:2021年河南省及各市国民经济和社会发展统计公报。

3. 转移人口承接地

2017—2022年间,河南省常住人口城镇化率由50.20%提升到57.07%,其中郑州都市圈常住人口城镇化率由58.36%提高到64.86%,城镇常住人口增长359万,成为全省农业转移人口的主要承接地(表3)。根据《郑州市国土空间总体规划(2021—2035年)》显示,预计到2035年郑州常住人口规模控制为1800万人,并预留20%的服务人口弹性,随着郑州都市圈扩容发展,人口吸引和集聚效应方面将更加明显。目前郑州市与开封市、航空港区与许昌长葛、郑州主城区与荥阳、上街区之间几乎连绵成片,新开发区域吸纳大量转移人口,学校、医院、养老、文化、体育等公共服务设施加快建设,公共服务一体化建设提上日程。

表3 郑州都市圈人口变化情况

地区	2022年			2017年		
	常住人口(万人)	城镇常住人口(万人)	城镇化率(%)	常住人口(万人)	城镇常住人口(万人)	城镇化率(%)
郑州市	1283	1019	79.40	1164	862	72.2
开封市	469	251	53.53	477	226	47.4
洛阳市	708	471	66.48	692	401	56.0
平顶山市	496	273	55.08	489	245	52.4
新乡市	617	364	59.01	620	328	52.0

续表3

地区	2022 年			2017 年		
	常住人口（万人）	城镇常住人口（万人）	城镇化率（%）	常住人口（万人）	城镇常住人口（万人）	城镇化率（%）
焦作市	352	227	64.35	350	204	58.0
许昌市	438	242	55.18	430	214	51.1
漯河市	237	134	56.50	238	120	50.9
济源市	73	50	68.47	72	45	61.1
合计	4673	3031	64.86	4532	2645	58.36
全省	9872	5633	57.07	9559	4795	50.2

资料来源：《河南统计年鉴2023》《河南统计年鉴2018》。

（二）郑州都市圈公共服务一体化建设相对滞后

以广州都市圈、南京都市圈、成都都市圈、武汉都市圈、长沙都市圈、西安都市圈为例，六大都市圈的核心城市均与郑州市同属国家中心城市或新一线城市、GDP过万亿省会城市，与之相比较，郑州都市圈公共服务建设存在明显差距。主要表现在以下方面。

1.起步晚

广东省早在2009年即出台基本公共服务一体化规划，广州都市圈作为珠三角区域一体化龙头，公共服务一体化建设在"十一五"时期既已起步。南京都市圈所在的长三角、成都都市圈所在的成渝地区，均在"十三五"时期出台公共服务协同发展规划，南京都市圈和成都都市圈作为珠三角、成渝一体化发展的主要引擎，公共服务一体化建设走在区域前列。武汉、西安、长沙也在"十二五"时期提出建"圈"规划，并出台包括公共服务一体化在内的行动计划。目前南京都市圈、成都都市圈一体化建设规划已获国家批准，武汉等其他几个都市圈一体化建设也获得国家重点支持，公共服务一体化建设先发优势明显。目前，郑州都市圈公共服务一体化专项规划尚未出台，严重滞后于同类都市圈。

2.起跑慢

"十三五"时期，国内掀起新一轮都市圈规划建设高潮。福州都市圈、合肥都市圈、昆明都市圈、南宁都市圈建设速度加快，公共服务建设大有后来居上之势。福州都市圈一体化规划已获国家批准，公共服务方面提出建设"有福同享"机制。合肥都市圈在促进教育资源共享、深化医疗资源联动、促进文化旅游互动、加强公共数据资源互通出台详细行动计划。昆明都市圈提出"十四五"期间公共服务达到东部平均水平，数字化公共治理初见成效。河南省于 2018 年出台的《郑州大都市区空间规划》和随后制定的郑焦、郑新、郑许一体化发展规划,虽然包含公共服务一体化等相关内容,但多偏重于产业、生态和交通一体化建设,公共服务资源优化、设施共建、服务共享多停留在纸面上,统一的公共服务平台和政策对接机制尚未建立,公共服务跨区域、行业均衡发展缺乏实质性推动。

3.起点低

区域 GDP 总量、人均 GDP、人均地方财政一般公共预算收入以及高品质公共服务资源数量决定着区域公共服务供给质量和一体化发展水平。郑州都市圈由于自身体量较大,GDP 总量仅次于广州都市圈,但优质公共服务资源较为匮乏,以教育、医疗和旅游为例,从七个都市圈相关指标对比来看,2021 年,郑州都市圈"双一流"高校和三甲医院数量分别位于第 7 和第 6 位,基本垫底,尤其是优质高等教育资源差距更大,与其他都市圈不在同一个层次。全国文物保护单位数量虽然居第 1 位,但旅游综合收入排名靠后,反映了文化旅游资源经济转化能力严重不足。经济发展水平和优质公共资源相对短缺,严重影响了郑州都市圈公共服务一体化质量和速度(表4)。

表4 七大都市圈部分高品质公共服务资源数量对比

都市圈名称	双一流高校(个)	三甲医院(个)	国家文保单位(个)	旅游收入(亿元)
郑州都市圈	2	36	286	3418
广州都市圈	5	65	70	6919
南京都市圈	12	37	89	3989
成都都市圈	8	45	62	5000
武汉都市圈	7	52	51	4071
西安都市圈	8	37	92	3800
长株潭都市圈	5	32	40	3206

资料来源:各地统计年鉴 2022、2021 年国民经济和社会发展统计公报。

三、国内都市圈公共服务一体化经验启示

国内先进地区在推动都市圈建设过程中,将增加公共服务多元供给、注重资源优化配置、推进设施共建共享、创新理顺机制体制等作为一体化重点,积累了不少成功经验,形成了一些可以复制的模式,为郑州都市圈公共服务一体化提供了有价值的借鉴。

（一）扩大供给,提升公共服务一体化发展能级

公共服务资源总量不足、质量不优、供给不充分,始终是国内都市圈推进公共服务一体化面临的首要问题。各地一般秉承先做大蛋糕再分配蛋糕的基本思路,将扩大公共服务供给放在优先位置,通过不断提升公共服务发展能级夯实一体化发展基础。①补齐基本公共服务发展短板。政府主导加大基本民生财政投入,为全体人民生存和发展提供兜底保障。②推进普惠性公共服务多元供给。政府出台鼓励支持政策,引导社会资本投入,加快服务供给扩容提质。③积极发展高品质生活服务。地方政府通过规范市场,提升产品可持续供给能力,满足人民群众多样化、个性化、高品质服务需求。郑州都市圈受经济发展和财力保障水平等因素影响,义务教育、医疗卫生、养老服务设施在一定程度上呈现结构性短缺,优质公共服务总体不足和分布不均衡状况并存,应坚持在扩大供给的基础上推进公共服务一体化,在一体化的进程中扩大公共服务供给。

（二）多点支撑,优化公共服务一体化发展布局

公共服务资源在空间上呈现圈层化递减,教育、文化、医疗、养老、生活服务等公共服务资源向城市核集聚,内外圈层落差显著,这种现象在国内各都市圈中不同程度存在。长三角、珠三角、成渝等地主要通过疏解龙头城市功能、多点建设专业化服务中心、加快公共服务区域协作等举措破解公共服务资源圈层分割,推动优质服务资源下沉和跨区域、行业、人群均衡发展。①以外圈层特色城市和龙头城市新区为主体,建设专业化、品质化公共服务示范基地,以优质公共服务打造特色磁极,吸纳集聚人流、物流、资金流,形成多点开花格局。②依托各类特色服务示范基地,打造同城发展示范区,推动公共服务标准统一、设施共建、资格互认。③以新城区、县城和中心镇为主体建设不同层次公共服务中心,通过强化教育、医疗、养老服务集团化、连锁化发展,主动引入和集聚优质公共服务资源,推动均衡发展。④以河流、道路为主轴打造各类公共服务协作区,通过优化沿河、沿路、沿边公共服务资源配置,实现公共服务跨区域协同发展,同步提升。⑤以城市社区、农村行政村为单元优化市政基础、公共设施、生活配套等空间分布,推动优质公共服务下沉和延伸,打通公共服务"最后一公里"。郑州都市圈核心城市郑州市的基础教育、高端医疗资源相对集中,虹吸效应明显,县城、乡镇尤其是广大农村地区的公共服务资源相对短缺,亟须借鉴先进地区成功经验,通过建设多个特色公共服务中心、基地吸纳集聚产业和人口,通过产业重构和人口流动反过来推动特色公共服务中心、基地发展壮大,形成多点、多线、多面支撑态势,推进实现公共服务全域提升、均衡发展、便利可及。

(三)先行先试,突破公共服务一体化重点难点

整体上看,国内都市圈在公共服务一体化整体设计上,基本按照"一盘棋"思路,各行业各领域一体谋划、统筹推进。但在具体实践中,受经济发展水平、财政支撑能力制约,一般从人民群众最急难愁盼的领域入手,选择有工作基础、共识度高、最为紧迫的领域作为重点,集中力量率先突破,然后总结推广经验,推进全行业全领域一体化发展。①优先将教育、医疗、养老托育、社会保障等领域纳入 ·体化重点,解决人民群众最现实最紧迫的基本民生问题。②积极将有合作基础、共识度高的文化旅游服务纳入一体化范围,解决人民多样化、高品质生活服务需求。③结合本地实际发展需要,有选择性地将社会治理、公共交通等作为一体化对象,解决人民群众比较关切的现实问题。整体来看,在行业领域上,教育、医疗、养老、托育、就业、文化、旅游等,是各都市圈推进公共服务一体化的重点;在地域上,新城区、城乡接合部是各地公共服务一体化的重点区域,郑州都市圈内新开发区域异地工作、居住、就医、就学的外来人口较多,教育、医疗、养老、就业公共服务的需求量增大,应考虑优先发展。同时,以黄河文化、功夫文化为代表的传统文化禀赋高端,应加快转化为高品质休闲产品。对目前尚不具备条件的领域和区域,应侧重加强协调联通、逐步逐项突破、开展共建共享探索,最终实现公共服务领域的全覆盖。

(四)搭建平台,畅通公共服务一体化发展渠道

建设都市圈统一信息平台,在异地信息交换、资格认证、结算统筹对接等方面创新公共服务领域智慧应用,是近年来各地推动都市圈公共服务一体化管理、精细化治理的新模式、新举措。①建立覆盖就业创业、社会保险、卫生健康、医疗保障、财政补贴、金融服务、交通出行、旅游观光、文化体验等居民服务"一卡通"平台,实现都市圈居民跨城市、跨行业一卡通行。②搭建公共服务数据互通共享平台,重点加强"数字政府"建设,推进教育、卫生、就业、社会保障等重点领域数据信息交换共享,推动加快实现社会民生保障事项的"一地受理、一次办理"。③建立"互联网+公共服务"发展平台,促进公共服务数字化、网络化、智能化、多元化、协同化发展。郑州都市圈各市"十四五"规划均提出建设基于人工智能和5G物联"城市大脑"计划,公共服务领域要利用这一机遇建立统一的集服务、管理、监督三位一体服务平台,通过技术推广应用实现公共服务区域协同、行业连通和全民共享,争取换道超车,推进公共服务一体化走在全国前列。

(五)创新机制,化解公共服务一体化行政壁垒

行政壁垒是制约公共服务一体化发展的焦点、堵点、痛点。各地一般通过推进政策

接轨、加强制度创新化解公共服务行政分割。①创新政策制定协同发展机制,在教育、医疗、养老、文化旅游等重点公共服务领域强化政策制定统一性、规则一致性和执行协同性,实现公共服务便利统一和水平提高。②建立公共服务设施共商共建机制,促进公共服务重大项目统筹规划、协商建设和共同使用。③统筹公共服务人才保障机制,推进人力资源特别是高层次人才在都市圈内自由流动和优化配置。④健全成本共担利益共享机制,探索实施基本公共服务领域横向财政转移支付制度。⑤推动形成多元参与机制,鼓励社会资本参与都市圈建设与运营,建设有效管用的定价机制、招投标机制、购买流程和购买服务评估机制。郑州都市圈建设起步晚,制度建设既要顺应群众需求和发展需要加大一体化力度,又要充分考虑发展阶段、地方实际和财力的可持续性。一般从成本小、效益高的制度改革入手,先易后难,分层实施,逐步搭建"钱随人走""地随人走"的有效机制,消除区域、城乡和群体之间的制度障碍。

四、统筹规划都市圈公共服务一体化布局

聚焦郑州都市圈核心城市、次级中心城市、县城、重点镇和特色镇,构建多层次公共服务中心体系,打造特色化公共服务基地,培育专业化服务特色镇和社区生活服务圈,构建示范性公共服务协同发展先行区,引领带动郑州都市圈公共服务一体化发展。

(一)构建多层次公共服务中心

(1)壮大都市圈公共服务龙头。壮大郑州市服务能级,塑造高端服务品牌,提升辐射带动能力,建设区域性教育中心、中部医疗健康中心,打造文化产业发展高地,建成与国家中心城市地位相匹配的区域性公共服务核心和龙头。

(2)建设都市圈公共服务次中心。提升洛阳、开封、新乡、焦作、许昌、平顶山、漯河、济源八市中心城区公共服务设施综合服务能力,积极分担郑州都市圈部分公共服务核心职能,辐射带动周边区域公共服务水平整体提升。

(3)打造县级公共服务中心。完善医疗、教育、养老、文化、体育等公共服务设施,建设多个服务水平先进、优势突出的公共服务中心,实现扩大公共服务有效供给目标。

(4)培育镇级公共服务中心。支持综合经济实力较强、人口规模较大的城镇加快公共服务制度改革,推动公共服务从按行政等级配置向按常住人口规模配置转变。

(二)打造特色化公共服务基地

(1)建设特色文化基地。挖掘深厚文化资源,建设洛阳、开封国际文化旅游目的地,

加强焦作太极文化、许昌三国文化、登封少林功夫文化、新郑华人根亲文化等交往功能，打造若干特色文化服务基地，培育文化服务一体化发展核心带动力量。

（2）建设特色教育基地。以培养高端科研人才为重点，建设郑东新区、郑州国家高新技术产业开发区、开封市、新乡市等高等教育基地；以培养劳动技能和操作性人才为目标，建设新郑龙湖、郑州市金水区、开封市城乡一体化示范区等职业教育基地，培育教育服务协同发展的引导力量。

（3）建设特色体育基地。重点打造登封市、焦作市特色体育（功夫）基地，塑造特色体育品牌，不断增强体育对外交流合作能力，持续扩大城市知名度和影响力。

（4）建设特色健康养生基地。依托荥阳健康服务园区、新乡市生态城、焦作市怀药种植科普基地等，创新医疗服务供给模式，满足市场差异化、个性化服务需求，培育高品质康养服务中心。

（5）建设特色养老基地。满足老年人多层次、多样化健康养老服务需求，推进生态环境好、中草药资源丰富的县（市）培育开发康养产业，因地制宜建设养老服务基地，培育都市圈养老服务连锁发展集聚区。

（三）培育专业化服务特色镇和社区生活服务圈

一方面，培育专业化公共服务特色镇。加快培育一批特色镇，塑造差异化品牌，融入区域公共服务发展网络，打造具有一定影响力的特色功能节点。推动专业化服务特色镇与特色服务基地联袂发展，加速郑州都市圈公共服务一体化进程。另一方面，打造城乡社区生活和休闲运动圈。按照"15分钟服务圈"建设要求，加快优质公共服务下沉和延伸，提升社区公共服务便利可及性，将公共服务落实到"最后一公里"。

（四）建设公共服务协同发展先行区

（1）建设郑开公共服务同城发展示范区。聚焦破解郑开公共服务同城化制度性政策性问题，加快推进一批改革事项、出台一批重大政策、实施一批标志性工程。重点加快教育卫生资源共建共享，开展中小学校跨区域合作，高等教育学分互认，推进医保同城。创新文旅合作机制，依托运河、黄河文化建设，优化文化旅游资源协同布局。率先实现数据信息同城，推动社会保障卡多场景协同应用，建成郑州都市圈公共服务一体化高质量发展引领区。

（2）建立郑洛、洛济、郑开、郑新、郑许、郑焦、漯平等公共服务一体化示范区。推动教育、医疗、文化、健康、体育、养老多方面融合发展，实现公共项目服务协作共建、服务资格互准互认、服务设施便利共享，共建紧密协作、高效有序的公共服务一体化核心区域。

(3)构建特色公共服务协同发展示范区。以都市圈各市县行政区交界区域、城乡接合部为重点,综合考虑地理区位、交通优势和服务水平差异,按照优势互补、分工协作、共建共享发展原则,建设范围不一、形式多样的跨区域公共服务协同发展区。

五、聚焦公共服务五大重点领域率先突破

聚焦现代教育、医疗卫生、文化旅游体育、养老托育、就业创业五大领域,按照扩大供给、协同发展、便利共享三个层次,率先推进跨区域跨人群一体化发展,让老百姓获得感成色更足、幸福感更可持续、安全感更有保障,满足人民群众对美好生活向往的需求。

(一)推进教育融合创新发展

适应郑州都市圈人口快速集聚的趋势,加强教育资源合理规划和统筹布局,提高教育公共服务能力和水平,加大教育领域合作力度,促进教育高质量发展,努力打造现代教育融合创新发展示范区。

1.扩大优质教育资源供给

(1)推动基础教育扩容提质。充分考虑城镇化发展、老城区改造和人口流动,扩大学前教育资源总量。按照城镇化总体规划和常住人口规模优化义务教育学校布局,加强学区协同管理,加快推行中小学教师县管校聘管理改革和校长职级制改革,深化义务教育阶段集团化办学改革,扩大优质教育资源覆盖面。适应"新高考"改革要求,推进高中阶段教育教、学、考、招有效衔接,推进高中阶段学校多样化发展。

(2)建设职业教育发展高地。紧紧围绕郑州都市圈经济社会发展和产业转型升级,支持郑州市深入推进国家产教融合试点城市建设,培育省级产教融合试点城市。深化校企合作协同育人改革,培育一批产教融合型企业,建设一批具有辐射引领作用的高水平专业化产教融合实训基地。推动职业教育集团化、联盟式发展,建设一批示范性职业教育集团、产教融合专业联盟和应用技术协同创新中心。增强职业技术教育适应性,促进职业教育改革走在全省前列。

(3)全面提升高等教育服务经济社会发展能力。统筹郑州都市圈要素资源,大力吸引国内外高水平大学办学、合作设立研究院(所)。支持郑州大学、河南大学"双一流"建设,加快向研究型大学迈进,提升特色骨干大学和特色骨干学科(群)建设水平。积极培育现代产业学院,强化"产学研用"体系化设计。稳步发展研究生教育,以重大战略、关键领域和社会重大需求为重点,增设一批硕士、博士专业学位类别。率先推进书院制、学分制、导师制等试点,为高校全面深化育人模式改革积累经验。

2. 推动区域教育协同发展

（1）促进教育跨区域协作发展。共建"双一流"高校，支持郑州大学、河南大学协同创新，建立骨干教师交流互聘与挂职机制，促进重大基础研究项目协同攻关。探索产学研一体化新模式，合作开展现代学徒制培养，探索"双师型"教师联合培养和交叉流动，共建高水平产教融合实训基地，建设开放共享的校企合作信息服务平台。共建创新生态系统，聚焦"卡脖子"技术，组建由高校牵头，科研院所、龙头企业深度参与跨行业、跨学科的若干创新联合体，推动郑州都市圈成为科技创新的策源地。

（2）加强教育跨区域合作帮扶。深入推进校际交流合作，鼓励采取教育集团、学校联盟、结对帮扶、委托管理、开办分校区等方式，探索建立郑州都市圈优质中小学校跨区域合作机制。协作提升教师能力素质，探索建立郑州都市圈师资库，培养高水平中小学教师。

（3）创新教育协同发展机制。研究发布郑州都市圈教育现代化指标体系，协同开展监测评估，引导各级各类学校高质量发展。建立郑州都市圈中小学统一学籍管理系统，有序推进随迁子女跨区域转学便捷化和入学待遇同城化。

3. 推进教育资源便利共享

一方面，推动基础教育资源共享。推动郑州都市圈现有基础教育优质数字资源全部面向区域内教师和学生免费开放，协同打造线上教育精品课程与教育数据资源库。加强中小学社会实践基地、示范性综合实践基地、校外活动中心等教育资源的统筹使用，推动博物馆、美术馆、图书馆等公共文化设施向中小学生免费开放。另一方面，探索高等教育资源共享。探索高校学生校际流动与培养互认机制，积极推进郑州都市圈内高校图书借阅、科学仪器协作共用等方面资源共享，提升发展"互联网+教育"，建设一批面向社会共享开放的优质网络课程。

（二）建设医疗健康服务共同体

树立大卫生、大健康理念，坚持"五医联动"，扩大优质医疗卫生服务供给，打造优质高效、密切协作的医疗健康服务共同体，为人民群众提供全方位全周期健康服务。

1. 扩大优质医疗健康服务供给

一方面，打造高质量医疗服务体系。统筹郑州都市圈医疗资源，加强市级"四所医院"①和县级"三所医院"②建设,建设中医药特色医院,构建集预防、保健、治疗、康复和科研于一体的中医药传承创新体系,建成儿童、心血管国家区域医疗中心,争取中医(肿瘤)、神经疾病等国家区域医疗中心落地。加快技术创新应用,在医学科研成果临床转化、攻克疑难复杂疾病、中西医结合诊疗、人才培养模式等领域发挥龙头作用,带动全省医疗服务高质量发展。另一方面,健全优质高效公共卫生服务体系。以提高郑州都市圈公共卫生风险防范和应急处置能力为重点,加快完善公共卫生应急机制,打造分级、分层、分流的重大疫情救治体系。完善疾病预防控制体系,加快郑州都市圈省市县级疾控中心标准化改造,健全多渠道疫情监测和快速反应体系,加强疾控人才队伍建设。夯实基层医疗卫生机构,建立上下联动、防治结合的分工协作机制,推动公共卫生医疗服务高效协同。

2. 推进区域医疗卫生服务协同发展

(1)强化公共卫生联防联控。构建卫生应急和联防联控综合信息平台、疾控机构与医疗机构数据交换平台,实现区域公共卫生数据共享互换。强化医疗资源调配、应急物资共济、用血应急保障、健康通行互认等机制,加强重大疫情信息互通和会商,联合开展重大传染病跨区域追踪溯源。加强120急救网络体系对接,实现急救信息共享和急救网络联通,健全联合救援、患者转运快速通道。

(2)构建医疗卫生联动协作体系。持续深化城市医联体和紧密型县域医共体建设,支持高水平医疗机构通过建设分支机构、"一院多区"等方式,向资源薄弱的县(市、区)延伸。支持医学研究机构、高校院所加强协作,共建医疗健康研究平台、临床实践平台和成果转化平台,联合开展重大健康科技项目攻关。建立医院协同发展战略联盟,推进药品和医用耗材集中带量采购。

(3)促进卫生人才互动。鼓励郑州都市圈内三级医院管理经验丰富的业务骨干到县级医院担任院长、副院长,支持高水平医院骨干医师到县级医院执业,支持知名医学专家和青年学者联合执业,促进区域医疗卫生专家资源共享。发挥三级甲等医院在住院医师规范化培训、全科医生培养等方面的引领作用,加强高层次医疗卫生人才联合培养和有序流动。

3. 推进区域医疗卫生服务便利共享

一方面,统筹衔接区域医保政策。推进郑州都市圈医保一站式直接结算,探索跨市

---

① 四所医院:每个省辖市重点建好1所公立综合医院、1所公立中医院、1所公立妇幼保健院、1所公立儿童医院。

② 三所医院:每个县(市)重点建好1所公立综合医院、1所公立中医院、1所公立妇幼保健院。

医保结算免备案,逐步实现都市圈内基本医疗保险定点医疗机构与定点零售药店互认,增加就医联网结算定点医疗机构数量。试点都市圈"医保通",开展基本医疗保险异地门诊即时结算合作,医保待遇与参保地保持一致。加强区域内医疗保障部门线上线下协同监管。另一方面,推动健康数字化发展。加快全民健康信息平台建设,打通郑州都市圈医疗数据信息端口,推进圈内医疗卫生大数据开放共享。加强信息互联互通,实现病历跨地区、跨机构互通共享和医学检验、影像等检查结果互认。推进郑州都市圈健康医疗人数据应用,依托高水平医疗机构发展互联网医院,人力发展远程医疗协作,逐步满足群众就近享有高水平医疗服务的需求。

(三)推动文化旅游体育合作发展

构建社会效益和经济效益相统一的文化旅游供给机制,不断提升文化旅游和体育健身服务效能,实现郑州都市圈文化旅游和体育事业跨区域、跨行业协同发展,提升便利共享水平。

1.提升文化旅游体育服务供给品质

(1)优化公共文化服务网络布局。创建城市"美好公共文化空间",广泛建设城市书房、文化驿站、24小时自助图书馆等新型文化空间。积极推进城市公共文化"嵌入式"服务,在城镇社区、商圈、公园、文旅综合体、创意园区等打造融艺术展览、文化沙龙、阅读服务、互联网服务于一体的新型文化业态。加快县级图书馆、文化馆总分馆制建设,鼓励公共文化机构设立基层分支机构,推进优质文化资源向乡镇和社区下沉。

(2)丰富公共文化服务供给内容。创新黄河文化、大运河文化、古都文化、根亲文化、功夫文化表现形式,繁荣文艺、书法、美术、戏曲创作,深入开展非遗文化展示展演活动,推进传统文化现代解读,打造一批具有中原韵味、时代特征的文创产品,培育一批具有河南特色、国际竞争力的文化品牌,推进郑州都市圈优秀传统文化基因创造性转化、创新性发展。

(3)创新文化产业业态模式。发挥郑州都市圈历史文化底蕴深厚优势,加快推进文化IP工程建设,实现优秀文化基因可视化呈现、场景化体现。推进文化产业示范园区建设,提升改造城市历史文化街区,鼓励利用老旧厂房、工业遗址等建设文化创意空间和城市文化旅游综合体。加强黄河元素时尚化实用化开发,探索设立黄河文化设计研发中心。积极发展数字文化产业,大力开发直播经济、短视频经济、数字传媒等新业态。

(4)促进文化旅游融合发展。坚持"以文促旅、以旅彰文",推进文化旅游"+研学""+交通""+农业""+康养""+体育",依托各市文化旅游景区和特色街区,支持创作中小型、主体性、特色类、定制类旅游演艺节目,鼓励建设集文创商店、特色书店、小剧场、文化娱乐场所、体验型主题街区等多种业态于一体的文旅消费集聚区,彰显郑州都市圈城市文化旅游个性。

(5)构建全民健身服务体系。落实全民健身国家战略,完善各市县"两场三馆"①,持续推进社会足球场地和体育健身步道建设,新建、改扩建体育公园,建设户外运动、健身休闲等配套公共设施,着力打造"15 分钟健身圈",推动体医深度融合。积极承办高水平体育赛事,做强中国焦作国际太极拳大赛、中国郑州国际少林武术节等一批精品赛事项目。

2. 促进文化旅游体育协同发展

(1)协同建设国家文化公园集中展示区。落实国家文化战略,协同建设黄河、大运河、长城国家文化公园,联合开展考古研究和文化遗产保护利用。整合郑州都市圈沿黄优势文化、生态、交通资源,建设黄河国家文化公园中华历史文明地标区、文化旅游消费创新发展区、新时代黄河故事综合体验区。加快推进郑开走廊古汴河疏浚工程、郑州古荥、巩义大运河文化片区建设工程,打造大运河文化开放合作先导区、中原文明核心展示区。以新密市为重点,打造长城国家文化公园文旅融合创新区。

(2)联合打造黄河文化旅游生态走廊。聚焦郑州都市圈黄河国际文化旅游带建设,以巩义河洛汇流处、荥阳桃花峪、焦作嘉应观、郑州花园口、开封悬河大堤、开封东坝头等地标性景观建筑为重要支点,统筹沿线生态、农业、民居资源,强化生态廊道、漫游绿道、观光旅游云轨、水上游览线路和公交服务体系建设,打造可听、可感、可视、可触的具有国际影响力的黄河文化旅游和生态休闲带。

(3)合力办好文化旅游活动。围绕人类早期文明交流互鉴,积极争取并合力办好世界大河文明论坛;围绕根亲文化办好黄帝故里拜祖大典;围绕"中华母亲河"国家形象推广,联合举办好国际旅游城市市长论坛、嵩山论坛和开封黄河国际论坛;围绕中原古都文化,郑州、开封、洛阳三市共同开展"三座城、三百里、三千年"系列文化旅游宣传推广活动。

(4)建立文化体育联动机制。推动大型体育赛事联合举办、文艺汇演交流合作,共同申办、举办国内国际高规格赛事。进一步推进全民健身运动会、民间民俗传统体育大赛、郑焦炎黄自行车公开赛、郑港国际徒步大会、乒乓球大众公开赛、太极拳健身大赛等群众性品牌赛事活动。建立郑州都市圈体育产业联盟,以体育赛事、场馆运营、体育培训、体育传媒、体育会展、运动健身、运动医疗、体育旅游等为重点加强区域间合作。

---

① 两场三馆:体育场、室外体育活动广场以及体育馆、游泳馆和全民健身综合馆。

3. 推进文化旅游体育资源共享

一方面,推进文化旅游服务便利共享。推进公共文化旅游服务设施省市共建、市市共建、市县共建。联合推出黄河文化旅游地和客源地,加强客源市场互动、游客互送。推动建立"乐游中原"网络服务平台,共建共享旅游信息库。深化郑州都市圈旅游协同发展机制,开展城际旅游惠民月活动,研究发行郑州都市圈旅游"一卡通",探索制定旅游景点联动优惠政策。推进郑州都市圈图书馆、博物馆等文化资源互借互用,加快各类文化机构馆藏资源数字化共享。另一方面,构建竞技体育交流共享机制。积极推进郑州都市圈国家级、省级训练基地以及省市县各级训练场馆相互优先开放,开展服务训练与实战的赛事合作,提升区域竞技体育实力和水平。加快建立教练员、运动员、裁判员和保障人员等体育人才资源的交流共享机制,互荐和互送优秀教练员、运动员等代培代训,互推和引进高水平教练员、裁判员和相关科研人员。

(四)协同发展养老托育服务

关注"一老一小"群体,构建居家社区机构相协调、医养康养相结合的养老服务体系,健全婴幼儿照护服务体系,加强关键领域关键环节合作共建,力争在全省养老托育服务改革发展中走在前列、作出示范。

1. 扩大优质养老托育服务供给

(1)多渠道增加养老服务设施。围绕老年人生活照料、康复护理、精神慰藉等基本需求,大力发展集中管理运营的社区嵌入式、分布式、小型化的养老服务设施和带护理型全托床位的社区养老服务设施,构建"15分钟养老服务圈",推动养老服务设施全覆盖。着力弥补农村养老服务短板,大力发展农村区域性综合养老服务机构,积极倡导发展农村互助养老,统筹慈善、社工组织、志愿者等资源,探索"村委会+慈善+社工组织+居家养老服务"的运行模式。加强政策引导和财政投入,积极发展多种形式的医养结合机构,提高护理型床位占比。实施普惠养老城企联动专项行动,支持机关企事业单位所属培训疗养机构转型发展普惠养老。支持境内外资本在郑州都市圈投资举办养老机构,落实同等优惠政策。统筹考虑合理规划医养结合机构发展用地需要,优先保障非营利性医养结合机构用地。

(2)提升养老服务质量。守牢养老服务底线,增加公办养老机构护理型床位,确保基本养老服务应保尽保。在满足特困人员集中供养需求的前提下,农村特困供养服务机构逐步为农村低保、低收入家庭的老年人提供低偿或无偿集中托养服务。完善居家、社区、机构相衔接的专业化长期照护服务体系,创新养老服务业态,丰富养老服务内涵,探索长期护理保险制度、综合照护服务模式、提供喘息服务、家庭照护床位和"时间银行"试点等,不断满足老年人高品质养老服务需求。

(3)大力发展普惠托育服务。完善社区托育服务,通过新建、改扩建一批嵌入式、分布式、连锁化、专业化的社区托育服务设施,提供全日托、半日托、计时托、临时托等多样化普惠托育服务。将婴幼儿照护服务纳入城市老旧小区设施改造和农村社区综合服务设施建设内容,新建居住区建设与常住人口规模相适应的托育服务设施,在就业人群密集区域增加托育服务设施,推动有条件的用人单位在工作场所为职工提供托育服务。

2. 推动养老托育服务协同发展

(1)统一养老服务制度标准。出台郑州都市圈普惠养老标准,建立统一的区域养老服务机构设施服务标准、照护需求评估标准和养老服务评价标准,推进养老评估员、养老护理员从业资格互认互通。推进政府购买养老服务,建立郑州都市圈养老服务优质供应商库。加强护理人员的协作培训,建立郑州都市圈互认的养老机构院长从业资质认定机制。开展养老服务补贴异地结算试点,实现老人卡互认互用。

(2)协同发展健康养老产业。统筹规划郑州都市圈健康养老产业布局,推动健康养老产业园区化发展,开发适老生活用品、康复辅助器具及智慧健康产品,形成产业链长、覆盖领域广、经济社会效益显著的养老产业集群。加强跨区域对接联动,推动面向老年人的健康管理、预防干预、养生保健、健身休闲、文化娱乐、旅居养老等业态深度融合,打造中原康养基地。

(3)协同推进婴幼儿托育服务。联合推广婴幼儿早期发展项目,共同开展婴幼儿早期发展指导、新生儿访视、膳食营养、生长发育、预防接种、安全防护、疾病防控等卫生保健工作。推动郑州都市圈托育服务的标准化和规范化建设,共同探索托育机构设置、机构管理、课程教材开发、保育服务等一体化标准。支持知名婴幼儿照护机构在郑州都市圈内布局服务网点,共同培育高水平、连锁化龙头企业,积极打造婴幼儿照护服务优质品牌。

3. 推进养老托育服务便利共享

一方面,加快养老服务智慧共享平台建设。统筹郑州都市圈养老服务资源,打造智慧健康养老服务应用平台。应用养老大数据,精准对接居家和社会养老服务需求与供给,推出"线上+线下"养老服务地图。共同开展智慧健康养老示范应用,推广易于老年人接受和操作的"互联网+养老服务",缩小老年人"数字鸿沟"。举办"老年开放大学""网上老年大学",搭建郑州都市圈老年教育资源共享平台。另一方面,推进新一代信息技术在托育服务领域深度应用。构建关键共性技术的互联网、移动网络平台及直播教室,发展互联网直播互动式家庭育儿服务,开发婴幼儿照护父母慕课等,打造郑州都市圈托育服务应用平台,推进智慧托育资源共享。

(五)合力营造良好就业创业环境

强化就业优先导向,深入实施积极就业政策,坚持稳存量、扩容量、提质量,探索建立就业服务共享协作机制,合力营造良好就业创业环境,推动实现更加充分更高质量就业。

1. 扩大区域就业服务供给

一方面,稳定和增加就业岗位。稳定就业岗位存量,建立常态化援企稳岗帮扶机制,统筹用好就业补助资金和失业保险基金。拓展就业岗位增量,顺应"双循环"发展新格局,挖掘地摊经济、夜间经济、家政服务、文化旅游等内需拉动就业,扩大基础设施投资、重大民生领域投资推动就业,稳定外贸外资,发展外向型经济撬动就业,推动新业态新模式与创新创业联动带动就业,完善促进多渠道灵活就业和发展新就业形态的支持政策。另一方面,统筹抓好重点群体就业。研究出台吸引留住高校毕业生建设郑州都市圈若干政策措施,深入实施高校毕业生就业创业促进行动,加强不断线就业服务,鼓励到城乡基层就业创业。加强农民就业帮扶和职业技能培训,促进农村富余劳动力有序进城就业,支持返乡留乡人员实现就地就近就业创业,进一步发挥联农带农效应。健全就业困难群体援助制度,稳妥做好去产能职工安置,加强公益性岗位开发和托底安置。

2. 推动就业服务协同发展

一方面,协同优化就业创业服务。郑州都市圈内制定相对统一的人才流动、培养、创业等政策,构建公平竞争的人才发展环境。探索劳动者工资支付异地救济制度。协作实施有针对性的项目和计划,建立拓展跨地域、跨领域劳务协作。推进职业技术培训资源共享,联合开展大规模职业技能培训,建立远程就业培训公共平台和人力资源培训信息预报制度,加强紧缺急需技能人才培养。成立公共创业服务联盟,完善创业扶持政策,开展郑州都市圈创新创业大赛,打造公共创业服务品牌。另一方面,推进社会保险衔接互认。探索建立涵盖各类社会保障信息的统一平台,建立社会保险参保信息共享机制。联合建立劳动能力鉴定、工伤认定等互认制度,协同办理投诉或有争议案件。完善适应灵活就业人员的社保政策措施,探索推动在郑州都市圈就业地参加社会保险工作。建立失业保险促进再就业的长效机制。

3. 实现就业服务便利共享

整合完善公共就业创业服务信息系统,建立互联互通的人力资源市场信息网络和人力资源信息预测预警机制。实行统一的就业失业登记制度,建立科学的就业景气指标体系、企业用工景气指标体系及发布制度。整合郑州都市圈内职业技能评价资源,统一工作标准和考核规范,率先提供新型职业能力鉴定服务。加强劳动保障监察协作执法,强化劳动人事争议协同处理,建立拖欠工资"黑名单"共享和联动惩戒机制。建立统一的以社会保障卡为凭证的公共就业服务待遇流转制度。

六、强化都市圈公共服务一体化制度创新

将加强公共服务标准、政策和信息衔接作为推进郑州都市圈公共服务一体化的重点和关键,努力突破"圈"内公共服务行政壁垒,加快政府职能转变,促进公共服务要素跨地域无障碍流通,确保郑州都市圈公共服务一体化顺利推进。

(一)创新政策制定协同发展机制

建立郑州都市圈政府间协商机制,强化政策制定统一性、规则一致性和执行协同性。各地政府通过协商达成一致意见并形成协同方案,依据协同方案各级政府制定完善相关政策措施。共商共建共享郑州都市圈公共服务设施,推进区域性公共服务重大项目统筹规划,扩大优质服务资源辐射范围。推进郑州都市圈公共服务机构通过跨区域联盟、协商协作机制等方式建立全方位交流合作关系,实现公共服务机构资源共享、功能联通,形成互相开放、有效衔接的区域公共服务网络。

(二)推动人力资源有序流动机制

有序引导人口落户,推动户籍准入年限同城化累计互认,率先在郑州都市圈试行以经常居住地登记户口制度。探索身份不变、关系不转、能出能进、双向选择的人才流动柔性机制,鼓励通过项目共享、租赁共享、候鸟共享等方式,提升高层次人才交流和使用效率。打破户籍、身份、人事关系等限制,建立互认共享的人才评价和培养体系,探索建立统一的人才职业资格认证标准。充分发挥郑州市人才高地的溢出效应,实现各类高端人才与周边区域的流动共享。探索设立郑州都市圈人力资源合作发展基金,用于区域人才合作共建项目和科研成果异地转化。

(三)健全成本共担利益共享机制

探索实施基本公共服务领域横向财政转移支付制度,根据服务人口规模、服务供给情况等因素,建立合理的利益补偿机制。支持郑州都市圈协商明确补偿标准,共同搭建补偿结算平台,推动形成"利益共享、成本共担"互利共赢合作局面。深化土地要素市场

化配置综合改革,保障区域性重大公共服务设施建设用地需求。进一步完善政府购买社会力量提供公共服务的定价、招投标、购买流程和购买服务评估机制。

(四)完善共享技术推广应用机制

探索公共服务领域智慧应用,基于人工智能和5G物联,支持郑州都市圈各地围绕公共服务重点领域建设"城市大脑"。探索建立郑州都市圈公共服务信息平台,汇聚公共服务基础数据信息,强化公共服务重点领域数据信息交换共享,并逐步实现数据信息实时共享。推动郑州都市圈率先建立"全豫通办"业务支撑体系,促进社会民生保障事项"一地受理、一次办理"。实现郑州都市圈政务事务"掌上办理",促进就业创业、社会保险、医疗保障、财政补贴、交通出行、旅游观光、文化体验等居民服务一卡通办。

(五)建立公共服务应急防控机制

健全郑州都市圈重大突发公共事件联防联控机制,完善总体及相关专项应急预案制定。加强跨地区跨部门业务协同、信息共享和应急演练,推进防灾减灾救灾一体化同城化,强化区域应急力量布局,实现应急信息互通和应急救灾物资统筹储备。推进郑州都市圈公共服务质量联合监管,研究公共服务领域分类监管机制和互认制度。制定跨区域旅游重大事件和旅游安全事件的应急预案,建立旅游安全提示、旅游景区大客流预警等信息联合发布机制。

参考文献

[1]习近平.推动形成优势互补高质量发展的区域经济布局[J].求是,2019(24):4-9.

[2]习近平.把握新发展阶段,贯彻新发展理念,构建新发展格局[J].求是,2021(9):4-18.

[3]尹稚.关于培育发展现代化都市圈的认识与思考[J].区域经济评论,2019(5):103-106.

[4]陆铭."十四五"都市圈发展要点[J].上海国资,2021(3):9.

[5]魏守华,钱非非.南京都市圈经济一体化发展与优化对策研究[J].新金融,2021(9):24-29.

[6]王建国.中西部地区都市圈发展阶段的研判与推进[J].区域经济评论,2021(4):116-126.

[7]肖金成.关于新发展阶段都市圈理论与规划的思考[J].人民论坛·学术前沿,2021

(4):4-9,75.

[8]傅娟,耿德伟,杨道玲.中国五大都市圈同城化的发展审视及对策研究[J].区域经济评论,2020(6):101-110.

[9]朱直君,彭耕,熊琳,等.成都都市圈空间协同策略探讨[J].规划师,2020(19):79-83.

[10]马铭浩.我国都市圈旅游发展研究:以成都都市圈为例[J].中小企业管理与科技(上旬刊),2020(9):44-45,81.

[11]杨丞娟,杨文慧,孙沙沙.武汉都市圈府际协同治理:历程、障碍及对策[J].长江论坛,2021(1):38-43.

[12]朱李鸣,廉军伟,张娜,等.不断创新都市区协同发展机制至关重要——长株潭城市群、武汉城市圈协同发展机制建设的启示[J].浙江经济,2016(14):34-36.

[13]河南省国民经济和社会发展第十四个五年规划和二〇三五年远景目标纲要[N].河南日报,2021-04-15(18).

[14]国家发展改革委印发《关于推动生活性服务业补短板上水平提高人民生活品质的若干意见》[J].招标采购管理,2021(11):12.

[15]翁珺,王新.关于郑州都市圈公共教育服务一体化的建议[J].决策探索,2021(11):9-10.

[16]樊纲.城市群应率先实现公共服务一体化与均等化[J].中国经贸导刊,2020(24):20.

[17]于迎,唐亚林.长三角区域公共服务一体化的实践探索与创新模式建构[J].改革,2018(12):92-102.

[18]中共中央、国务院印发长江三角洲区域一体化发展规划纲要[N].人民日报,2019-12-02(1).

河南深度融入"一带一路"和 RCEP 研究

张亚凡

▌摘要：

　　党的二十大报告指出,推进高水平对外开放,稳步扩大规则、规制、管理、标准等制度型开放。随着"一带一路"倡议深入推进和《区域全面经济伙伴关系协定》(RCEP)落地生效,我国进入"一带一路"和 RCEP 融合推进时期。首先,本研究梳理"一带一路"与 RCEP 的内在关系、"一带一路"高质量发展以及 RCEP 落地生效对河南高水平开放的影响,深入分析了河南全面融入"一带一路"建设与 RCEP 的现状与问题。其次,运用时间序列预测模型和贸易引力模型,对河南与"一带一路"、RCEP 国家的贸易和投资进行预测分析,结果表明,河南省对"一带一路"国家直接投资能够有效促进贸易发展,沿线国家平均关税能够显著促进河南省进口贸易。最后,提出河南高质量融入"一带一路"与 RCEP 的路径:推动"四条丝路"协同优化开放格局,提升产品附加值推动贸易升级,大力发展数字贸易赋能外贸新业态发展,结合"引进来"和"走出去"着力扩大有效投资,高效对接 RCEP 高水平贸易规则推动制度型开放,加强区域融合提升产业链供应链韧性。最后从政府、企业和行业组织及相关服务机构三个层面提出相关对策建议。

　　开放是发展的必由之路,唯有开放才能迎来更多机遇,唯有更高水平对外开放才能应对国际经济新挑战,构建新发展格局。近年来,贸易保护主义、单边主义、蓄意破坏 WTO 贸易规则等逆全球化思潮不断涌现,导致全球供应链断裂和产业链加快重组,给国际经贸合作带来严峻挑战,单纯依靠传统的对外经贸发展方式已经不能满足我国构建全面对外开放新格局的需要。"一带一路"倡议深入推进和《区域全面经济伙伴关系协定》(RCEP)落地生效,对全球经济贸易和投资产生深远影响。党的十八大以来,河南主动融入"一带一路","四条丝路"建设加快推进,自贸区建设成效明显,2022 年全省外贸进出口总值达到 8524.1 亿元,进出口规模位居全国第九,排位均再创历史新高,但也要看到开放不足、制度不优、国际竞争力不强仍是河南最大的问题。因此,河南省要紧抓"一带一路"高质量发展和 RCEP 效应带来的重大机遇,加强对标对表,深入推动制度型开放,构建更高水平的开放型经济,才能在新一轮竞争中抢占先机,获得竞争优势。

一、新发展格局下"一带一路"和 RCEP 对河南高水平开放的影响

党的二十大报告指出,推进高水平对外开放,稳步扩大规则、规制、管理、标准等制度型开放,加快建设贸易强国,推动共建"一带一路"高质量发展,维护多元稳定的国际经济格局和经贸关系。我国已成为 140 多个国家和地区的主要贸易伙伴,连续 5 年稳居全球货物贸易第一大国,吸引外资和对外投资居世界前列,东盟国家成为我国最大贸易伙伴,我国进入"一带一路"和 RCEP 融合推进时期。

(一)"一带一路"与 RCEP 的内在关系

"一带一路"倡议是中国国家主席习近平在 2013 年 9 月提出的,借助中国古代陆上丝绸之路和海上丝绸之路的文化符号,高举和平发展的旗帜,积极发展与沿线国家的经济合作伙伴关系的"丝绸之路经济带"和"21 世纪海上丝绸之路"。《区域全面经济伙伴关系协定》是 2012 年由东盟发起,历时 8 年,由包括东盟十国和中国、日本、韩国、澳大利亚、新西兰共 15 个成员国制定的协定。2022 年 1 月 1 日,RCEP 在 10 个已核准的成员国正式生效。2022 年 2 月 1 日起对韩国生效;2022 年 3 月 18 日起对马来西亚生效。"一带一路"与 RCEP 均致力于区域经济的相互联通,二者在东亚范围内形成了部分重叠,所属国家、涵盖领域以及区域贸易规则相互补充、相互影响、相互促进。

1."一带一路"倡议为 RCEP 的签署和扩容奠定了坚实基础

在当今充满不确定性的世界中,多边贸易体制陷入僵局,"一带一路"倡议则是迷雾中的一缕曙光。我国以自身高质量发展推动"一带一路"共建国家和地区共同发展,创新建设开放型世界经济,以"五通"建设为重点,在政策协调、基础设施、经贸合作、金融发展和文化交流等方面取得了卓越成就,造福了沿线国家、地区和人民。目前除了日本和澳大利亚以外,其他 RCEP 成员国均已加入共建"一带一路",基本上是"21 世纪海上丝绸之路"的重要节点国家。共建"一带一路"加深了 RCEP 成员国之间的经贸合作关系,强化了共同发展理念,为 RCEP 的成功签署与落实奠定了良好基础。此外,我国已连续多年保持了东盟的最大贸易伙伴地位,我国与东盟有充足的动力和潜力进一步深化多边贸易

投资机制,向周边国家和地区释放经贸合作红利,从而吸引和助力更多的"一带一路"共建国家参与 RCEP 区域合作,不断提升亚太地区区域一体化水平。

2. RCEP 实践为"一带一路"高质量发展树立国际协调典范

RCEP 在区域经贸规则领域实现了重要突破,是区域内经贸规则的"整合器",涵盖了货物、服务、投资等全面的市场准入承诺,并且对服务贸易的开放度超过了成员国间原有的双边自贸协定的开放水平。虽然 RCEP 主要围绕经贸合作展开,不如"一带一路"的"五通"建设内容广泛,但是填补了共建"一带一路"中区域经贸合作机制"硬约束"的缺失。当前,"一带一路"倡议的规则和制度"软联通"尚未跟上基础设施建设"硬联通"的步伐,对各国经贸规则的约束力较弱,而具有强约束力的 RCEP 的签订与落实为"一带一路"共建国家和地区之间的国际规则协调树立了典范,有力支持和维护了"一带一路"沿线多边经贸体制。此外,作为以发展中国家为主体的自由贸易协定,RCEP 在制定高标准国际经贸规则的同时兼顾了发展中国家的利益,具有较强的包容性和灵活性,因而 RCEP 经贸合作规则体系对覆盖众多发展中国家的"一带一路"区域规则体系建设具有重要的借鉴意义。RCEP 成员国的经济发展水平不一,社会制度、历史文化和宗教信仰各异,但均按照同一协定开展贸易和投资,充分展现了 RCEP 的包容性与开放性,与和平合作、开放包容、互学互鉴、互利共赢的丝路精神相一致。RCEP 可谓是"一带一路"合作平台的缩影,其逐步释放的政策红利、日渐增多的经贸往来、日趋加强的设施联通以及日益提升的区域供应链稳定性,为成员国共建"一带一路"创造了更多的可能性,也为国际社会提供了共建"一带一路"的成功示范。作为全球规模最大的自贸区,RCEP 将成为吸引更多国家参与共建"一带一路"的积极力量。

(二)"一带一路"高质量发展引领河南更高水平开放型经济

党的二十大报告指出:"依托我国超大规模市场优势,以国内大循环吸引全球资源要素,增强国内国际两个市场两种资源联动效应,提升贸易投资合作质量和水平。稳步扩大规则、规制、管理、标准等制度型开放。推动货物贸易优化升级,创新服务贸易发展机制,发展数字贸易,加快建设贸易强国。推动共建'一带一路'高质量发展。"这些重要论断为河南省深度全面融入"一带一路",建设贸易强省提供了根本遵循,也提出了明确要求。

1. 有利于发挥"四条丝路"优势,打造国内国际双循环的战略链接点

河南处于"丝绸之路经济带"西向、南向和连接海上丝绸之路的交会点,在历史上就是构成丝绸之路经济走廊的重要区域,郑州、洛阳成功列入了国家丝绸之路经济带规划

的重要节点城市,是"一带一路"建设的战略支撑点和桥头堡,具有得天独厚的优越区位,区域合作的区域优势突出。近年来,河南着力推进基础设施建设,大力发展航空、铁路、公路等基础产业,现已形成了较为完备的现代综合交通体系,特别是郑欧国际货运班列、郑卢货运航线开通,更畅通了我国中部地区直达欧洲的物流通道。随着"一带一路"倡议的实施,国家将会继续在重大基础设施建设方面出台相关的支持政策,这将会进一步推进河南的路网、水网、电网、信息网和生态系统建设,提升河南在沿线区域中的中枢地位,形成支撑有力的基础产业优势。

2. 有利于倒逼产业结构优化升级,加快构建现代化产业体系

近年来,河南在加快经济转型发展中,高度重视产业结构的优化调整,大力发展战略性新兴产业和现代服务业,但从目前看,产业结构层次较低,结构不优的问题依然存在,"农业大而不优、工业全而不强、服务业不大不强更不优"的特征也较为明显,特别是化工、有色、钢铁、建材、纺织等传统型高载能产业占比大,产能的过剩程度较为严重,转型发展的任务相当繁重。随着"一带一路"建设的推进,将会有大量的资本、项目和技术、人才等优势资源从东部转移到中西部,向沿线地区倾斜,培育出众多新的经济增长极。同时,"一带一路"沿线大多为新兴经济体和发展中国家,普遍处于经济发展的上升期,且发展需求、经济结构与河南的产业结构和技术基础有许多相似之处,开展互利合作的前景广阔。特别是一些发展中国家,现正处于工业化、城镇化的初中期阶段,基础设施建设尚不完善,经济社会发展对钢铁、水泥、玻璃等基础原材料产品需求量大,这都可为河南与沿线国家和地区、省份的更好开展互联互通,推动产能合作,进而为实现产业结构升级与转型发展创造了良好条件。

3. 有利于拓展境外发展空间,培育新的经济增长点

在目前的新常态下,河南发展既存有诸如经济下行压力加大,传统产业优势弱化,出口拉动能力不足,人口红利下降,粗放式增长难以维持等不利因素,但也有着工业化、信息化、城镇化与农业现代化在加速同步推进,投资、消费需求潜力巨大,市场与区位优势日益凸显,交通物流、产业集群等优势在上升,农业富余劳动力总量仍然较大,劳动力成本与相对较低的有利形势,"一带一路"的建设,可为河南承接产业转移、利用两个市场两种资源和扩展产业发展空间提供良好机遇,特别能使新能源、新材料、通信技术、信息网络、电子商务、物流快递等行业以及劳动密集型产业迎来新的发展机遇期,为全省经济的稳增长、调结构,更着力谋后劲、保态势,形成新的动力和增长点。

4. 有利于持续深化改革开放,形成更高水平的开放型经济

开放程度决定一个国家和地区的发展水平。河南属内陆省份,与沿海地区比,改革开放的步伐较慢,发展也相对滞后。"一带一路"建设,可进一步发挥区域优势,加大"东引西进"及"走出去"战略的实施步伐,创新与沿线国家和地区的合作方式,扩宽合作渠道,全面提升贸易便利化水平,形成全方位对外开放新格局,推进外向型经济不断迈上新台阶,取得新发展。

(三)RCEP 给河南高水平开放带来"四大效应"

全面、现代、高质量、互利互惠的《区域全面经济伙伴关系协定》(RCEP)落地生效,标志着覆盖约 23 亿人口、GDP 超过 26 万亿美元的世界上最大自贸区的启航,将给区域内带来贸易创造、产业链供应链重塑、投资虹吸、服务开放等多重效应,对河南省经济贸易产生重要和深远的影响。

1. 贸易创造和扩大效应:进一步提升贸易规模和质量

RCEP 通关便利化、原产地规则等系列减少贸易壁垒的措施,推动河南省与 RCEP 成员国贸易规模快速增长。RCEP 生效后,90% 以上的货物将实现零关税。RCEP 采用了区域累积规则,商品出口到其他成员国时,多国中间品都能叠加计入增值标准,大大降低了商品享惠门槛。一方面,扩大优势产品出口。河南深度融入"一带一路"和 RCEP,有利于提升货物贸易自由化便利化水平。通过利用 RCEP 国家关税减让规则,充分享受其他国家的关税优惠,扩大优势产品出口。另一方面,加快高质量产品进口。RCEP 成员国中,包含河南省重要的原材料和中间品进口来源国。结合我国进口关税减让情况和配套的贸易便利化措施,积极扩大先进技术、重要设备、关键零部件、高端消费品、医药和康复、养老护理设备等进口,促进研发设计、节能环保、环境服务等生产性服务进口,有助于提升国内供给体系质量,满足人民群众消费升级需求。

2. 产业链供应链重塑效应:打造具有国际影响力的现代供应链

RCEP 原产地累积规则将原来一国达标的原产地延伸到区域内多国累计达标 40%,即可享受免税待遇,这一方面扩大了中间品的采购范围,吸引更多中间品在 RCEP 区域内生产,加快中间品贸易的蓬勃发展;另一方面,将促进区域内产业链供应链优化整合和重新布局,加速向着产业集聚度高、综合成本低、创新能力强、营商环境好的地方转移。通过加强对 RCEP 原产地规则研究,广泛宣传,引导企业充分挖掘原产地区域累积规则带来的产业链合作效应。河南省工业门类齐全,是全国新兴工业大省,工业增加值长期稳居全国第 5 位,应选择重点领域率先突破,加快构建自主、完整并富有韧性和弹性的供应链。

3. 投资虹吸效应:推动高水平招商引资和对外投资

我国通过 RCEP 平台,已与 26 个国家和地区签署了 19 个自贸协定,对贸易和投资双向开放发挥重要作用。RCEP采取负面清单方式明确了投资自由化规则,对制造业、采矿业、农业、林业、渔业等做出较高水平的开放承诺,还制定了投资保护、投资促进和投资便利化等一系列措施,这将大大增强区域间投资的透明度和确定性,既有利于促进域内各国之间的相互投资,也有利于吸引域外跨国公司为享受域内累积红利,加大域内的投资布局。近年来,河南省实际利用外商直接投资保持快速增长,2020年达到200.65亿美元,其中制造业领域占比46.7%,电力、燃气和供水以及房地产占比27.8%,仍需持续优化利用外资结构,提升产业领域利用外资规模和质量。

4.服务业开放效应:促进服务贸易和现代化服务业发展

RCEP对金融保险、电信、知识产权等领域作出了更全面和高水平的承诺,对专业资质互认作出了合作安排,有利于服务贸易加速发展和现代服务业、跨境支付、境外消费、人文等深度交流与合作。我国在RCEP中作出了高水平的服务贸易开放承诺,更是首次在国际协定中纳入投资负面清单,将对引进制造业研发、管理咨询、养老服务、专业设计等服务项目产生积极作用,为积极承接高水平产业转移创造良好环境。RCEP其他14个成员国也是我国重要的服务贸易和投资合作对象国家,它们在建筑、运输、物流、医疗、金融、研发等服务部门和制造、采矿等领域也给出了高水平开放承诺,通过RCEP这个平台,有利于企业"出海"开拓市场。近年来,河南省服务贸易进出口持续增长,但总体规模较小,占河南省进出口总额的比重不高,2020年河南省服务贸易进出口总额394.3亿元人民币,其中旅游、运输、外派劳务、承包工程等传统服务贸易占绝对优势,而欧美、日韩等发达经济体生产型服务贸易占比达到70%。RCEP生效实施后,将对河南省服务贸易增长有较大推动,国际服务贸易、数字贸易发展空间较大,有利于河南省服务贸易对外开放程度不断提升;河南省旅游资源丰富、交通运输网络发达,随着货物贸易不断增长,贸易便利化水平的提升,尤其是快件货物、易腐货物通关速度提高,国际海运、航空运输、陆路运输等服务进一步扩大开放,将进一步提升区域物流发展空间,互联网、5G、区块链等信息技术产业发展不断融合,推动服务贸易进出口高质量发展。

二、河南全面融入"一带一路"建设与RCEP的现状与问题

党的十八大以来,河南深度融入"一带一路"建设,在空中、陆上、网上和对接海上丝绸之路等四个方面不断建设发展,并取得了优秀成绩。2022年1月1日RCEP生效以来,河南主动对接RCEP规则,深入与RCEP国家经贸合作,取得了显著成就。

(一)河南融入"一带一路"建设进展情况

2014年5月,习近平总书记视察指导河南时,要求河南"建成连通境内外、辐射东中

西的物流通道枢纽,为丝绸之路经济带建设多做贡献",朝着"买全球卖全球"目标迈进。2019 年 9 月,习近平总书记要求河南"积极融入共建'一带一路',加快打造内陆开放高地"。2022 年 11 月,国家主席习近平同卢森堡大公亨利就中卢建交 50 周年互致贺电时指出,郑州-卢森堡"空中丝路"搭建了中欧互联互通的空中桥梁。党的十八大以来,河南省深入贯彻落实习近平总书记重要讲话和指示批示精神,积极谋划,加快推动,融入"一带一路"取得全面进展。

1. 顶层制度持续完善

(1)加强顶层设计。先后发布和制定《合作共建丝绸之路经济带物流枢纽(郑州)宣言》《推动共建丝绸之路经济带和 21 世纪海上丝绸之路的愿景与行动》《河南省参与建设丝绸之路经济带和 21 世纪海上丝绸之路的实施方案》等文件,细化了基础设施、能源资源、产能合作、经贸合作、金融合作、人文交流等 6 个方面的战略任务。

(2)推动改革创新。2014 年以来,河南省在航空货运、中欧班列、跨境电商、自贸区制度创新等一些领域率先突破,22 证合一、企业投资项目承诺制、跨境电商综试区"1210"通关模式等一批改革创新经验,走在了全国前列。

(3)引领规则制定。连续成功举办六届全球跨境电子商务大会,构建较为完善的跨境电商政策框架和制度体系,为全球数字贸易发展及全球经济治理体系完善提供了有益借鉴,在引领制定跨境电商规则体系、搭建交流合作平台等领域形成了"郑州共识"。

2. 进出口规模保持较快增长

(1)从进出口来看。2017—2022 年,河南省与"一带一路"共建国家进口、出口额均呈显著增长趋势发展。2022 年与"一带一路"共建国家进出口额是 2017 年全年的2.3 倍,其中 2018 年增速幅度最大,同比增长 23.18%,2022 年同比增长 22.24%。其中河南省与"一带一路"共建国家出口额在进出口总额中占比较大但呈下降趋势发展,2017 年占比 71.67%,到 2022 年前 10 月占比 62.02%。2021 年出口额突破千亿级水平,为 1128.8027 千亿元,2021 年增速也最快,同比增长 22.42%。河南省与"一带一路"共建国家进口额在进出口总额中占比较小但呈上升趋势发展,2017 年占比 28.33%,到2022 年占比 38.93%。2018 年、2020 年河南省与"一带一路"共建国家进口额增速显著,分别同比增长 49.6%、32.79%(表 1)。

表 1　河南省与"一带一路"共建国家进、出口额

年份	进口额(万元)	出口额(万元)
2017	2 740 529.31	6 934 250.51

续表1

年份	进口额(万元)	出口额(万元)
2018	4 099 866.13	7 817 079.65
2019	4 870 110.3	8 813 283.4
2020	6 466 807.8	9 220 272.5
2021	7 031 174.193	11 288 027.36
2022	8 718 449.329	13 674 479.74

数据来源:河南省商务厅、郑州海关等。

（2）从国别来看。2022年在"一带一路"共建国家中,河南省与越南的进出口总值最高,占比26.45%,排名第二的是俄罗斯联邦,占比9.96%。河南省与越南、俄罗斯联邦、菲律宾、阿曼、缅甸进出口贸易中进口大于出口为主,2022年进口额分别为480.02亿元、115.55亿元、31.01亿元、13.1亿元、21.64亿元,在其进出口总额中分别占比81.04%、51.79%、53.43%、60.11%、79.03%,在河南与"一带一路"共建国家进口总额中分别占比55.06%、13.25%、3.56%、1.5%、2.48%。2022年河南省与"一带一路"共建国家出口额最高的是印度,出口额为151.53亿元,河南与捷克、阿联酋、沙特阿拉伯等国家的出口额占进出口额的98%以上,主要以出口为主(表2)。

表2　2022年河南省与部分"一带一路"共建国家进出口情况

国家	进出口(万元)	国家	出口(万元)	国家	进口(万元)
越南	5 923 299.384	印度	1 515 343.758	越南	4 800 201.449
俄罗斯联邦	2 231 138.925	捷克	1 395 434.836	俄罗斯联邦	1 155 537.292
印度	1 747 650.778	越南	1 123 097.935	马来西亚	569 925.509
捷克	1 401 619.149	泰国	1 085 916.485	印度尼西亚	347 133.930 1
马来西亚	1 365 620.999	俄罗斯联邦	1 075 601.633	菲律宾	310 120.579
泰国	1 295 262.109	阿联酋	891 648.161 9	新加坡	284 984.226 1
新加坡	1 125 727.226	新加坡	840 743.000 1	印度	232 307.020 1
阿联酋	893 938.797 2	沙特阿拉伯	813 275.060 3	缅甸	216 408.131 7
沙特阿拉伯	835 951.900 1	马来西亚	795 695.489 7	泰国	209 345.623 9
印度尼西亚	742 944.185 8	土耳其	635 627.292 1	阿曼	131 028.098 4

数据来源:河南省商务厅、郑州海关等。

3.四条"丝绸之路"加快推进

河南省以"空中丝绸之路"为引领,与"陆上丝绸之路""网上丝绸之路"和"海上丝绸之路"协同发展。①"空中丝绸之路"越飞越广。利用地理位置和交通枢纽优势,构建以郑州为亚太物流中心、以卢森堡为欧美物流中心,覆盖全球的航空货运网络,开创了郑州-卢森堡"双枢纽"合作模式。②"陆上丝绸之路"范围拓展。中欧班列自开行以来形成了以郑州为枢纽中心的"1+3"国际物流大通道、实现"8 个口岸出入境、20 个境外直达站点"的国际物流网络,集货范围覆盖全国 3/4 区域。③"网上丝绸之路"创新发展。首创"网购保税 1210"监管服务模式并成功向卢森堡、比利时、匈牙利布达佩斯等海外地区推广。获批郑州、洛阳、南阳 3 个跨境电商综试区和 7 个跨境电商零售进口试点城市,跨境电商综试区综合指标稳居全国第一方阵;创新开展"跨境电商零售进口退货中心仓模式"。2021 年 9 月,海关总署发文在全国推广。④深化"海上丝绸之路"对接。建设内陆无水港,构建海-公-铁国际联运大通道,开通郑州至青岛港、天津港、宁波舟山港、连云港港等港口的海铁联运班列;通过内河航运实现"通江达海",推动内河航道改造升级,港口河海联运线路和集装箱班轮航线货运规模不断扩大,漯河港、信阳淮滨港、沙颍河周口-漯河段陆续开航、通航。

4.对外经贸合作持续深化

深化与"一带一路"共建国家、RCEP 国家开展了高层次的对话与合作,成功举办郑州-卢森堡"空中丝绸之路"国际合作论坛等国际会议,促进中国与卢森堡国际交流与合作,河南与卢森堡共同创造了航空物流双枢纽模式,对全球贸易投资自由化、便利化作出了积极贡献。目前郑州-卢森堡"空中丝绸之路"货物贸易已覆盖欧洲 24 个国家200 多个城市,辐射中国 90 多个城市,成为共建"一带一路"的响亮品牌。召开中国(河南)国际投资贸易洽谈会、开放创新暨跨国技术转移大会、中国农产品加工业投资贸易洽谈会、河南招才引智创新发展大会、"一带一路"(洛阳)国际农业合作博览会等国际活动,不断提升影响力。

5.国际人文交流日益密切

河南历史文化资源丰富,先后有 20 多个朝代先后建都或迁都河南,中国八大古都一半在河南,少林功夫、太极拳等传统文化享誉海内外,其中"太极拳"项目 2020 年 12 月被列入联合国教科文组织人类非物质文化遗产代表作名录。嵩山少林寺、洛阳龙门石窟、安阳殷墟甲骨文等文化遗产众多,洛阳还是古丝绸之路的起点,国际贸易和文化交流历史悠久。以疫情之前旅游业为例。2012—2019 年,河南省接待外国游客人次呈显著增长趋势,2019 年外国游客数是 2012 年的 1.85 倍,其中 2015 年同比增长最快,为 23.52%。

2012—2019 年,河南省国际旅游外汇收入也呈显著增长趋势,2019 年增速显著,同比增长 26.16%。根据《中国旅游统计年鉴》显示,2019 年河南省接待的外国游客中,"一带一路"共建国家马来西亚(占比 5.5%)、新加坡(占比 3.9%)、菲律宾(占比 1.5%)游客较多,RCEP 国家入境游客由大到小分别为:韩国(占比 25%)、日本(占比 7.1%)、马来西亚、新加坡、泰国(占比 3%)、澳大利亚(占比 1.7%)、菲律宾。分地市来看,河南省 2019 年各地市接待外国游客情况(表3),洛阳市接待外国游客最多,为 96 万人次,占河南省接待外国游客总数的 43.72%,是郑州市的 2.23 倍,与郑州市、焦作市、开封市和新乡市接待外国游客总数相当。

表3　河南省2019年各地市接待外国游客情况

地市	接待外国人游客(人次)	地市	接待外国人游客(人次)
郑州市	429 953	许昌市	7850
开封市	174 972	漯河市	6910
洛阳市	960 157	三门峡市	58 403
平顶山市	33 590	南阳市	3558
安阳市	85 533	商丘市	1835
鹤壁市	2536	信阳市	5890
新乡市	111 774	周口市	32 247
焦作市	230 396	驻马店市	16 022
濮阳市	36 000	济源市	6586

数据来源:《河南统计年鉴》。

(二)河南加快对接 RCEP 情况

2022 年 1 月 1 日,《区域全面经济伙伴关系协定》正式生效后,河南抢抓 RCEP 生效带来的新机遇,深入实施制度型开放战略,高水平建设开放平台、开放通道,强化贸易拉动、精准招商引资,推动经济发展质量更高、效益更好、速度更快。

1. 进出口贸易形成较大规模

(1)从进出口总量看,贸易规模持续扩大。郑州海关数据显示,2022 年,河南省对 RCEP 成员国进出口贸易总值为 2552.25 亿元人民币,同比增长 15.9%,占全省进出口的 29.9%。2017—2022 年,河南省与 RCEP 国家进出口贸易额整体上呈上升趋势发展,年均增速达到 15% 以上,其中 2021 年增速最快,同比增长 18.04%。

（2）从进出口结构看，贸易逆差进一步扩大。2017年河南省与RCEP国家进、出口贸易结构较为平衡，进、出口分别占比53.7%、46.29%；2022年进口（占比62.43%）远高于出口（占比37.57%）态势。2017—2022年，河南省与RCEP国家进口贸易增速显著，出口贸易发展较缓慢，2022年进出口分别是2017年的1.93、1.35倍。其中，2020年进口增速较为显著，同比增速32.35%，2022年出口增速显著，同比增长14.61%。

（3）从进出口贸易国别来看，韩国、越南、日本、澳大利亚居前列。2022年，韩国在河南与RCEP国家进出口金额最高，为839.31亿元，在河南与RCEP国家进出口总额中占比32.89%，河南与韩国进出口贸易中进口（670亿元）高于出口（169.31亿元）。进出口额排名第二、三的分别是越南（592.33亿元）、日本（317.16亿元），分别在RCEP进出口总额中占比23.21%、12.43%，与越南以进口为主（进口占进出口比重81.04%），与日本以出口主（出口占进出口额比重61.69%）。河南与文莱、柬埔寨、老挝的进出口贸易以出口为主，其出口占进出口总值的比重分别为99.64%、98.52%、90.78%。可以看出河南省与RCEP国家贸易联系最为紧密的是韩国、越南、日本和澳大利亚，与这四个国家进出口总值在RCEP国家中占比77.91%，进口在RCEP国家进口总值占比87.56%，出口在RCEP国家出口总值中占比61.88%。

（4）从出口商品结构看，河南省出口主要集中在手机、铝材和农产品。2022年全省出口958.8亿元，主要出口商品为手机、铝材、食用菌。分国别来看，河南省对日韩主要出口产品为手机、有色金属、铝材、电气设备、家具等，对澳大利亚、新西兰主要出口产品为手机、铝材、机械设备、低值简易通关商品等，对东盟国家主要出口产品为手机、蔬菜制品、化工产品、纺织品、低值简易通关商品等。

2. 主动对接RCEP高水平贸易规则

出台《关于服务<区域全面经济伙伴关系协定>促进河南外贸发展十二条举措》，从扩大出口、扩大高质量进口，加大企业扶持力度，提升通关便利化水平，不断提升对外开放水平，进一步优化营商环境等5个方面，为企业充分享受RCEP优惠政策提供帮助。印发《建设河南省RCEP示范区工作方案》，充分发挥河南自贸试验区开放载体优势和制度创新优势，在郑州片区打造全省首个RCEP示范区，围绕扩大货物贸易、服务贸易、强化双向投资、平台建设、优化营商环境等，主动与国际规则、规制、标准和管理进行深度对接。

3. 深化与东盟全方位合作

完善RCEP成员特别是东盟国家的投资合作机制，聚焦先进制造业、现代服务业、现代农业、数字经济等河南对外合作的重点领域，不断开拓货物贸易、服务贸易、双向投资、营商环境等合作。根据海关统计数据，东盟自2019年成为河南省第二大贸易伙伴并保持至今,2022 年,河南省对东盟进出口 1143.4 亿元,占全省总额的 13%。河南省机械、化工、纺织、生物工程等产业与东盟国家契合度高,合作前景广阔。借助第 19 届中国-东盟博览会重要平台,河南深化与 RCEP 成员国合作,包括战略合作协议类项目、贸易类项目、境外投资类项目、招商引资类项目等 37 个,金额 1271.5 亿元。共建豫桂东盟商贸物流大通道,通过深化铁海联运,无缝对接西部陆海新通道,实现南北向跨水系联通,促进两省区与东盟之间的物流、贸易、产业融合发展。

4.持续提升通关便利化水平

进一步推广"提前申报""两步申报"改革,精简进出口环节监管证件和随附单证,巩固压缩整体通关时间成效,降低进出口环节合规成本。优先保障易腐、快运货物通关,强化时效监控。主动开展预裁定政策解读和申报指导,为纳税人提供一对一专业技术服务,引导企业根据 RCEP 协定及相关规定,积极申请归类、价格、原产地预裁定,稳定企业通关预期。按照相关要求对装运前检验产品实施外观检验、安全卫生检测、价格核实和监装。根据企业信用状况,采取第三方检测报告、厂检报告与现场检验检测相结合的合格评定方式。选择具备资质企业作为协检单位,协助开展出口产品装运前检验的监装和核价工作,保障货物正常出运。

5.加大政策支持力度

深入研究 RCEP 其他 14 国的关税减让情况,梳理农产品、机械、纺织、化工等河南优势产品在 RCEP 各成员国的最惠国税率和协定税率,确定重点企业名单,制定精准帮扶方案,指导企业充分享受 RCEP 协定税率,有针对性地扩大出口。支持河南跨境电商进口企业扩大对 RCEP 成员国的商品采购,支持假发制品、羽绒服、鞋靴和农产品等河南特色产品通过跨境电子商务渠道扩大对 RCEP 成员国的出口。联合商务部门支持河南跨境电商出口企业在 RCEP 成员国建设"海外仓",提高市场竞争力。设立 RCEP 企业服务中心,搭建 RCEP 货物贸易大数据服务专区,为企业提供原产地证书签发、商事证明、出口退税等"一站式"涉外综合服务。2022 年,郑州海关共为全省 328 家出口企业签发 RCEP 原产地证书 5088 份,全省超 25 亿元进出口货物享受到了 RCEP 项下关税优惠 1300 多万元。

(三)面临的问题挑战

1.对外贸易依存度依然偏低

2022 年河南省对外贸易依存度 13.8%,低于全国 34.2% 的平均水平,在 GDP 超 5 万元 6 个省份中,远远低于广东的 66.5%、浙江的 56.4%、四川的 44.8%、江苏的 44.7%、山东的 35.2%;在中部 6 省中,低于江西的 16.8%、安徽的 16.1%。从各省(自治区、直辖市)经贸发展现状来看,出口对于经济的拉动作用依然不可忽视,广东、江苏、山东、浙江依然是2021年GDP贡献最大的省份。

2.进出口商品结构单一、外向型产业支撑不足

河南省产业规模较大且体系门类齐全,但总体产业外向度不高,产业链较为单一,全产业链还未形成,"买全球卖全球"能力有待提升。从进出口商品结构看,2022年,河南省机电产品出口占全省出口的66.3%,其中手机占全省出口的61.2%;加工贸易出口占全省的59.7%,手机、劳动力密集产品、人发制品是主要出口产品,产品附加值整体不高。郑州航空港实验区作为全省开放最大平台,尚未形成临空产业"多足鼎立"的格局,只有智能终端和航空物流相对突出,且智能终端过度依赖富士康,"一家独大"的局面短期内难以破解。本地货源匮乏,货源结构相对单一,目前,郑州机场大部分货物主要是从长三角、珠三角、京津冀、川渝等地区集疏而来,本地货源占比不足10%,中欧班列(郑州)本省货源仅占20%左右,相比较来看,长沙、义乌、成都、乌鲁木齐等地的中欧班列本省货源占比均在50%以上。

3.开放平台区域布局不平衡问题突出

河南省拥有10个海关特殊监管区域(场所)(郑州新郑、南阳卧龙、郑州经开、洛阳、开封5个综合保税区及郑州、焦作、许昌、商丘、民权5个保税物流中心)和10个功能性口岸(进口肉类、澳洲活牛、郑州药品、进境水果、冰鲜水产品、食用水生动物、汽车整车、进境粮食、铜精矿、国际邮件),河南成为内陆地区指定口岸数量最多、功能最全的省份。由于产业基础、区位优势等原因,河南省开放平台主要集中在郑州、开封、洛阳、漯河、南阳等部分省辖市,且郑州最为集中、占90%以上,自贸区、口岸等平台功能尚没有覆盖多数市县,向全省复制推广的体制机制还未健全,一些地市通过建设保税物流中心、综合保税区等平台服务开放发展的需求比较迫切。

4."四条丝路"政策叠加优势尚未充分发挥

自2017年习近平总书记做出支持建设郑州-卢森堡"空中丝绸之路"重要指示以来,河南省"空中丝绸之路"越飞越广,"陆上丝绸之路"越跑越快,"网上丝绸之路"越来越便捷,"海上丝绸之路"越来越通达。但河南省"四路"尚未真正形成全面协同发展态势,国家批复的自贸区除洛阳"双自"叠加区域外,其他区域各不相连,改革创新、政策制定和重大项目布局等方面缺乏系统性、协同性制度安排,制度和政策创新尚未高效衔接配套,集成效应没有充分发挥。特别是,航空港实验区作为全省最大的开放平台和对外贸易的主战场,新郑综保区进出口值占全省60%以上,但不在自贸区范围内,无法享受自贸区特定支持政策。

5.中心城市国际化程度不高

软件配套方面,目前郑州仅支持外国人过境 24 小时免签,而成都、重庆均已实现 144 小时免签;硬件配套方面,国际社区、国际医院等设施还不多,没有建设外籍人员子女学校等设施,领事馆区仍处在规划阶段,需要进一步完善配套,提升城市国际化水平。国际化营商环境要素支撑不足,在符合国际惯例的地方性法规建设方面还有所欠缺,行政服务质量和效率有待提高,企业自由度、市场开放度和经济对外依存度相对发达地区还存在差距。

6.周边区域货源竞争加剧

在新的开放形势下,国内区域间竞争日益激烈,众多省市纷纷复制加大政策支持力度,河南省前期处于领先地位的领域,形成了较为严重的同质化竞争。成都、重庆、西安、长沙、济南(青岛)等城市仿照河南省采取"货运为先"发展战略,出台更具市场竞争力的高额补贴政策,实现了后来居上,导致郑州机场国际货源和运力,特别是不定期货运包机严重分流。2021 年,中欧班列(成渝)2021 年开行量超过 4800 列,占全国比例超 30%,运输箱量超 40 万标箱,开行线路已可通达欧洲超百个城市;中欧班列(西安)全年开行达到 3841 列,占全国中欧班列开行总量的四分之一,开行量、重箱率、货运量等核心指标连续多年稳居全国前列;山东"齐鲁号"欧亚班列累计开行 1825 列,比 2020 年增长 21.2%;而中欧班列(郑州)全年仅有 1546 列(图 1)。

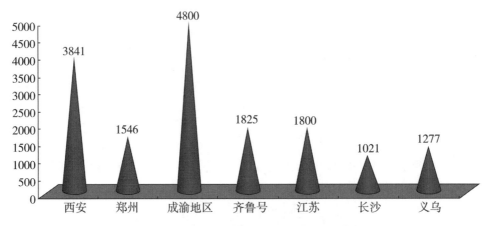

图 1　2021 年中欧班列开行 1000 班以上城市

资料来源:根据各地数据整理。

7.东盟国家低成本优势带来严峻挑战

2019—2022 年以来,河南省与东盟国家的贸易逆差进一步扩大,与 RCEP 成员国中东盟国家相比,老挝、越南等在劳动力、土地等要素资源上存在比较优势,会对劳动密集型产业存在较大吸引力,近年来,纺织服装、家电家具、日用产品等劳动密集型行业有可能会加速转移到东盟国家,给河南省相关产品带来较大挑战。

三、河南与"一带一路"、RCEP 国家的贸易和投资预测分析

随着河南全面融入"一带一路"和 RCEP 建设,投资和经贸合作不断加深,预测 2023—2025 年河南的贸易和投资情况将持续扩大。首先,采用 SPSS 软件,对河南与"一带一路"国家、RCEP 国家进出口贸易进行预测分析;其次,建立贸易引力模型,预测河南对"一带一路"共建国家直接投资的贸易效应,并对相关分析结果进行总结。

(一)河南进出口贸易预测分析

1. 与"一带一路"共建国家进出口贸易预测

运用 SPSS 软件,根据 2017—2022 年河南省与"一带一路"共建国家进出口贸易数据对 2023—2025 年进出口贸易进行预测。2017—2022 年,河南省与"一带一路"共建国家进出口贸易整体上呈上升趋势,根据时序图以及自相关检验,选择时间序列预测模型——ARIMA(0,1,0)模型进行预测,预测结果见图 2。

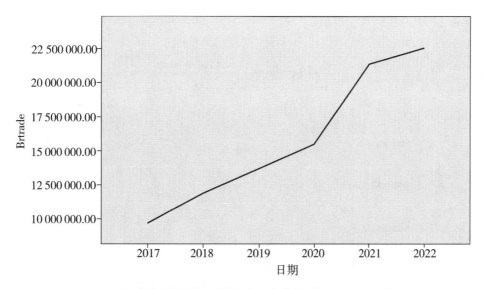

图 2　河南省与"一带一路"共建国家进出口贸易时间序列图

2023—2025 年,河南省与"一带一路"共建国家进出口贸易整体上呈上升趋势,2023—2025 年进出口贸易预测值分别为:2513.39(预测值控制上限:3028.38,预测控制

下限 1998.41)、2771.04(预测值控制上限:3499.35,预测控制下限 2042.74)、3028.69(预测值控制上限:3920.68,预测控制下限 2136.71)亿元(图 3)。

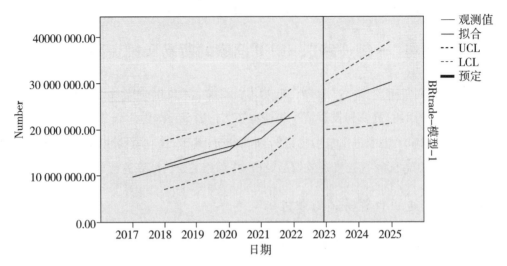

图 3　河南省与"一带一路"共建国家进出口贸易预测结果

2. 与 RCEP 国家进出口贸易预测

运用 SPSS 软件,根据 2017—2022 年河南省与 RCEP 国家进出口贸易额对未来 3 年的进出口额进行预测分析。2017—2022 年,河南省与 RCEP 国家进出口贸易额呈"钩"状趋势发展,后期上升趋势显著(图 4)。根据序列图及自相关检验结果,采用时间序列预测模型——ARIMA(0,3,0)模型进行预测,预测结果见图 5。

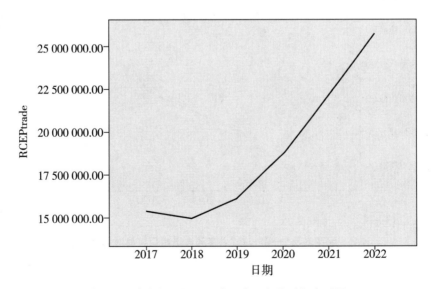

图 4　河南省与 RCEP 国家进出口贸易时间序列图

2023—2025 年,河南省与 RCEP 国家进出口额呈上升趋势发展,2023—2025 年预测结果分别为:2926.53(预测值控制上限:3028.72,预测控制下限 2824.34)、3217.59(预测值控制上限:3540.74,预测控制下限 2894.45)、3405.87(预测值控制上限:4098.95,预测控制下限 2712.80)亿元。

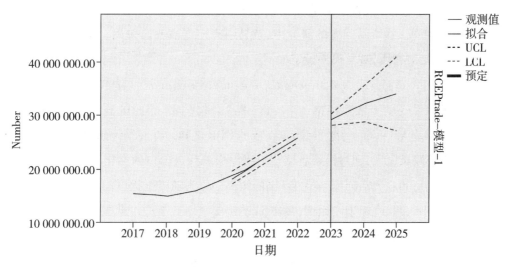

图 5　河南省与 RCEP 国家进出口贸易预测结果

3. 主要结论

(1)河南省与"一带一路"共建国家、RCEP 国家的进出口贸易规模保持较高增速,预计到 2025 年进出口贸易规模将达 3028.69 亿元、3405.87 亿元,占河南省进出口贸易总额的比重会持续上升,预计达到 40%。

(2)进一步优化与"一带一路"共建国家、RCEP 国家的出口商品结构,加快高附加值产品出口,逐步降低外贸逆差。

(二)河南省对"一带一路"共建国家直接投资的贸易效应分析

1. 模型构建和数据说明

(1)理论基础。对外直接投资和进出口贸易等资源配置手段,在"一带一路"倡议中作用显著,是促进河南省深度融入"一带一路"建设、高水平对外开放的重要途径。研究对外直接投资与贸易的互动效应,对于推动河南省更好对外开放、提升国际竞争力具有重要意义。在国际贸易中,关于投资和贸易的理论主要有两种,一种是以要素禀赋理论为基础的蒙代尔(1957)的投资贸易替代理论,另一种是以生产资料、技术、管理等技能转移为基础的小岛清的投资贸易互补理论。随着"一带一路"倡议深入推进,河南省对"一带一路"共建国家投资和贸易规模不断提高,对外合作联系紧密,成效显著。张应武(2007)、韩小蕊(2020)研究认为中国对外直接投资与贸易之间存在双向互动关系。周昕和牛蕊(2012)通过引力模型实证分析认为中国对外直接投资与贸易既存在互补关系也存在替代关系。本部分借鉴相关专家学者的研究方法,通过贸易引力模型分析河南省对"一带一路"共建国家直接投资的贸易效应进行分析。

(2)模型构建。在贸易问题的研究中,贸易引力模型被普遍采用。常用的国际贸易引力模型通过对数变换,基本模型设定如下:

$$\ln y_{it} = \alpha_0 + \alpha_1 \ln sumgdp_{it} + \alpha_2 \ln fdi_{it} + \alpha_3 \ln dis_i + \mu_{it} \tag{1}$$

其中,被解释变量 y_{it} 表示河南与"一带一路"沿线 i 国 t 年的进出口、出口、进口额;$sumgdp_{it}$ 表示河南与"一带一路"沿线 i 国 t 年的GDP之和;fdi_{it} 表示河南对沿线 i 国的投资,由于数据获取难度大,通过沿线各国与沿线国家总计进出口的占比,测算出河南对沿线各国的投资额;dis_i 表示河南与沿线 i 国的距离;μ_{it} 为随机干扰项。

国际贸易中,关税也是重要因素,故本部分引入"一带一路"共建国家年均关税(tari)作为新的解释变量,扩展贸易引力模型为:

$$\ln E xport_{it} = \alpha_0 + \alpha_1 \ln sumgdp_{it} + \alpha_2 \ln fdi_{it} + \alpha_3 \ln dis_i + \alpha_4 \ln tari_{it} + \mu_{it} \tag{2}$$

(3)数据来源。由于数据获取难度较大,为统一各指标时期,本部分选取2018—2021年河南省和"一带一路"共建国家的数据,数据来源于《河南统计年鉴》、河南省商务厅、郑州海关、世界银行。沿线国家平均关税来自/www.freetheworld.com,距离通过 ArcGIS 计算得出。

2. 实证分析

运用STATA10.0,贸易引力模型结果见表4。由模型结果可以看出,模型(1)~(4) R^2 均在92%以上,拟合效果较好。模型(1)(2)被解释变量为河南省与"一带一路"共建国家进出口,模型(3)(4)被解释变量为出口,模型(5)(6)被解释变量为进口。

表4 贸易引力模型结果

	(1)	(2)	(3)	(4)	(5)	(6)
lnsumgdp	0.522***	0.529***	0.752***	0.750***	1.565***	1.537***
lndis	-0.478***	-0.508***	-0.531***	-0.544***	-1.504**	-1.703***
lnfdi	0.571***	0.559***	0.373***	0.371***	0.262*	0.233*
lnmtari		0.129*		0.082		1.316***
_cons	4.981***	5.157***	2.136	2.249	-16.196	-14.455

续表4

	（1）	（2）	（3）	（4）	（5）	（6）
R-sq	0.9676	0.9674	0.9233	0.9237	0.5848	0.6416
N	260	260	260	260	260	260

注：＊＊＊、＊＊、＊分别表示显著水平为1%、5%、10%。

从实证结果来看,河南省对"一带一路"国家直接投资的贸易效应显著。由模型（1）（2）来看,河南省对"一带一路"共建国家的直接投资对进出口的影响作用显著,河南与沿线国家GDP总值、关税对进出口贸易的影响作用均为显著正向相关关系,表明河南与沿线国家经济发展水平越高越能促进进出口贸易增长,沿线国家的关税对进出口贸易并无阻碍作用,在全球化经济发展的背景下,各个国家的贸易联系越来越紧密,而距离与进出口贸易为显著负向相关,表明距离越远的地区,进出口贸易规模越小。由模型（3）（4）来看,河南与沿线国家直接投资、GDP总值对出口贸易促进作用显著,经济发展水平对出口贸易的影响作用更大,关税对出口贸易的影响作用并不显著。由模型（5）（6）来看,河南与沿线国家直接投资、GDP总值对进口贸易促进作用显著,沿线国家关税与河南省的进口贸易有显著的正向促进作用,表明沿线国家关税提高能够促进河南省对其进口增加。

3. 主要结论

（1）河南省与"一带一路"共建国家的直接投资能够有效促进贸易发展,且对沿线国家直接投资与进出口贸易存在显著正向相关关系,投资对出口的作用大于进口。

（2）河南进出口贸易与沿线国家的距离呈负相关关系,表明距离越远进出口贸易越弱,而距离越近进出口贸易越发达,与沿线国家的距离对进口的影响作用大于出口贸易。

（3）沿线国家平均关税能够显著促进河南省进口贸易,出口贸易并不显著,对进出口总额的影响显著但系数值较低。

四、河南高质量融入"一带一路"与RCEP的路径

当前世界面临百年未有之大变局,我国国际影响力、感召力、塑造力明显增强,全球治理体系和经贸规则变动特别是我国"一带一路"建设、RCEP生效等取得重大成果,为河南省加快"走出去"更加深入参与国际供应链、产业链分工创造了有利条件;党的二十大的胜利召开,对推进高水平对外开放、建设贸易强国作出了一系列重大部署,为河南省建设贸易强省指明了方向,提供了重大机遇。要结合贸易强省衡量标准,对标更高水平贸易规则,以高质量融入一带一路为统领,着力补足外贸短板,加快建设贸易强省。

（一）推动"四条丝路"高效协同，优化全省开放发展布局

河南省"四条丝路"协同的开放通道基本形成，但也面临协同发展效率不高、开放平台集中且辐射带动不足等问题，迫切需要发挥"四条丝路"集成协同优势，扩大覆盖面，在全省形成开放发展新布局。

（1）支持郑州打造全球枢纽经济区。郑州国家中心城市作为河南省参与全球竞争、集聚高端资源的门户枢纽，面向欧盟、东盟及日韩进一步加密"空中丝绸之路"线路、拓展流向、扩大流量，更大程度集聚航空物流、多式联运、跨境结算等全球高端要素资源，打造国际消费中心城市、国际免税购物城市和全球产业链供应链中心城市，推动由区域"中转型"交通枢纽向全球"门户型"枢纽经济区转变，引领高水平"四路协同"、高质量"多式联运"融合并进，在全省共建"一带一路"中发挥龙头作用。

（2）推动各地全面融入"四条丝路"开放通道。强化郑州国际物流枢纽与洛阳、安阳、南阳、信阳、商丘、周口等国家物流枢纽、区域性物流枢纽的分工协作和有效衔接，建立全省物流资源电子地图，构建"枢纽+通道+网络+开放"大流通体系。推动航空港区、河南自贸区、国际陆港、各类口岸在全省合理布局联动协作区、网络节点，推广多式联运"一单制"，支持各地电子产品、机械装备、纺织服装、食品、特色农产品等优势产品"抱团出海"，高质量接入中欧班列（郑州）、航空货运等输配网络，提升本地货源集聚能力。

（3）因地制宜建设市（县）开放新平台。支持沿边城市和有条件的市县依托各自优势，加快推进中原—长三角走廊建设，推动与粤港澳大湾区相关城市的对标共建，依托综合保税区、开发区等载体，高质量建设国别合作园区、出口加工区、"飞地经济"合作区等，统筹推进"投资带贸易、投资带工程、外经促外贸"一体化发展。

（二）提升出口产品附加值，推动货物贸易优化升级

针对河南省出口商品结构较为单一，产品附加值整体不高等短板领域，必须鼓励龙头企业加强新产品、新技术研发，提升自主知识产权、自主品牌和高技术含量、高附加值、高效益产品出口规模和市场份额。

（1）实施外贸经营主体发展壮大工程。制定出台促进外贸经营主体发展的政策措施，发挥"万人助万企"综合帮扶作用，开展外贸高成长企业培育行动，在全省范围内选择一批有一定外贸规模、创新能力和国际化经营能力的重点企业，打造一批进出口规模大、市场拓展能力强、经营模式领先的总部型、龙头型、综合型进出口贸易公司；开展中小外贸企业帮扶活动，加强外贸业务培训，形成一批产品竞争力领先、发展潜力大、细分领域"单打冠军"、行业骨干的工贸一体出口企业。鼓励央企、外贸500强企业、航空物流企业

以及货代企业、外贸中介服务企业等在豫设立贸易型公司,开展各类进出口业务。

(2)巩固优势特色产品出口。做大优势产品市场份额,聚焦河南省机电产品、假发制品、铝材等优势出口产品,依托郑州航空港经济综合实验区、国家和省级开发区、出口加工区等,优化原产地证书办理成本和时间,定期开展 RCEP 政策宣讲培训,让企业最大程度享受政策红利。支持企业向外开拓印尼、马来西亚、日本等国家市场,重点以通信设备、新能源汽车及零部件等产品为主体,列举整理出口产品清单。巧妙结合东盟国家生产技术、技工素质方面的差距,扩大对东盟中间件和中高端产品出口。围绕河南省优势食品产业,鉴于中日、中韩对食品领域关税减免程度较深,精确考虑日韩等国家市场需求,全面打造 RCEP 休闲食品和特色农产品出口示范区,提高农产品贸易效率和出口竞争力。

(3)积极打造"新一代"高附加值出口产品。在巩固提升河南省手机、铝材等传统优势出口商品的同时,聚焦 RCEP 关税减让幅度较大的机电、汽车、光学设备、液晶显示、医疗设备等高附加值产品,加快河南省高端智能装备、新能源汽车、生物医药及高端医疗设备等新兴产业发展,支持骨干企业加强新技术研发,形成一批拥有自主知识产权和自主品牌的高技术含量、高附加值出口产品,推动出口商品结构由单一产品向"产品+服务+标准"转变。

(4)积极拓展出口市场。以"引进来""走出去"参展为切入点,以"四条丝路"互通为主渠道,开展"河南制造""河南品牌"海外推广活动,支持有条件的企业在欧盟、东盟、日韩以及中亚、东欧国家设立海外仓、外贸基地,大力发展境外商品展示、品牌推广、仓储物流、批发零售、线下体验、售后维修保养、备件供应等一体化服务,拓展国际营销服务网络。统筹使用国家和省专项资金,积极争取丝路基金、亚投行、国家开发银行等政策性资金,引导有条件的企业通过跨国并购、股权置换、境外上市、品牌合作等方式,在"一带一路"共建国家和地区拓展营销网络,开展产能合作。

(三)发展数字贸易和贸易数字化,赋能外贸新业态新模式发展

随着5G、人工智能、区块链等数字技术在国际贸易中的深度应用,数字贸易作为新型贸易模式,极大降低了贸易成本和时间,催生出更多新型的贸易产品与服务形式,成为外贸发展的新动力。

(1)努力打造数字贸易新高地。紧抓数字经济、数字贸易发展的"黄金期",以更加开放的姿态主动作为,支持郑州国家中心城市和洛阳、南阳副中心城市积极培育开放高效的数据要素市场,促进数据高效流通使用,发展电子商务、跨境支付、数字服务出口等新模式新业态,打造国家数字服务出口基地、数字贸易示范区。支持郑州、洛阳、南阳、许

昌、焦作国家跨境电商综合试验区开展全球零部件和原材料线上采购试点,促进跨境电商、市场采购贸易和外贸综合服务业态融合,打造"跨境电商+市场采购+外贸综合服务"模式,进一步提升贸易便利化程度。发挥开封、郑州、洛阳、安阳、商丘等城市依托历史文化优势,积极应用元宇宙、数字画作、数字视听、全景影像及虚拟现实、增强现实等技术手段,大力发展云展览、云演艺、云旅游、云直播等"云"文化传播新形式,打造沉浸式景区、漫游景点、AR/VR 实景探索游戏、虚拟人旅游服务等多元化的文旅消费新场景。

(2)高水平发展服务贸易。巩固发展河南省国际劳务、境外承包工程、跨境旅游等传统优势服务贸易,加快发展服务外包、离岸金融、航空物流、国际供应链等新兴服务贸易。实施省级服务外包城市试点建设工程,研究出台促进服务外包产业发展的若干政策,建立服务外包发展专项引导资金,支持劳动力资源丰富的省辖市高标准建设服务外包园区,打造一批国际有影响力的服务外包品牌城市。紧盯欧美、日韩等国家以及我国港澳台地区发包市场,强化国际服务外包接包能力,积极发展离岸外包业务;充分挖掘长三角、粤港澳大湾区等地制造业服务外包需求,以承接产业转移为纽带,加强企业间战略合作、项目对接,大力发展在岸外包。

(四)坚持"引进来"和"走出去"相结合,着力扩大有效投资

充分利用好 RCEP 投资保护、投资促进和投资便利化等规则和利好的制度环境,加强与 RCEP 成员国之间的相互投资合作,着力吸引域外跨国公司对河南省的投资,提升利用外资水平。

(1)围绕优势产业和战略性新兴产业引进外资。积极引进外资企业,在豫布局产业"新赛道"。根据日本高端机床、仪器仪表、节能环保等优势产业,韩国半导体、生物健康、新能源汽车等优势产业,新加坡电子、精密制造、精细化工等优势产业发展趋势,搭建中日、中韩、中新 RCEP 产业合作区,建立重大外资项目工作专班,积极开展战略合作和专题招商活动,引进与河南省优势产业形成互补的企业,实施一批重大项目,主动切入"新赛道",形成新增长点。扩大战略性新兴产业利用外资范围,大力推进 RCEP 国际合作产业园建设的利用外资重点突破行动。稳步落实稳外资稳外贸各项政策措施,充分发挥与东盟既有的合作和渠道优势,全面对接 RCEP,大力推进贸易投资自由化、便利化,利用外资工作步伐不断加快。吸引国内外重大科技成果在河南落地转化,全面融入国家新兴产业发展格局。进一步完善战略性新兴产业外商直接投资的政策法规,提高外商直接投资的质量。

(2)鼓励企业"走出去"对外投资。鼓励河南省企业"走出去",稳定和优化跨境产业链供应链。聚焦河南省进口规模占比较大的集成电路、音视频设备零部件、金属矿及

矿砂、特色农产品等商品,完善河南省与 RCEP 成员国地方政府之间的战略合作机制,支持优势企业采取独资、合资或合作等方式,加人对高端设备提供国(日本、韩国、新加坡)、劳动力丰富国家(东盟国家)等相关产业领域的投资,加强与境外创新机构开展研发合作,建立海外研发中心等创新平台,积极承接国际技术转移,促进自主技术海外推广。巩固扩大"一带一路"经贸合作。充分利用国际国内两个市场、两种资源,提升在"一带一路"中的参与度、连接度和影响力。全面构建连接全球主要经济体的"空中经济廊道"。鼓励支持优势骨干企业大力开展国际产能合作,创新投资方式。

（五）对接 RCEP 高水平贸易规则,深入推动制度型开放

目前,中国已进入高质量发展阶段,加快由商品、要素为主的流动型开放转向以规则、标准和法制为主制度型开放,已成为对外开放迈向更高水平的重要标志。紧抓 RCEP 发展机遇,以制度创新为核心,探索一批创新性举措落地实施,力争以制度创新构建高标准营商环境。

（1）把全面对接 RCEP 高水平贸易规则作为突破口。充分利用 RCEP 协定的新规则、新标准、新制度,结合河南省比较优势,积极参与 RCEP 跨境电商、原产地、服务贸易等规则、标准的研究制定。在跨境电商方面,开展与"一带一路"共建国家和地区合作,进一步完善跨境电商信息系统建设、通关监管、金融、物流、财税、外汇等制度,加强跨境电子商务国际认证和监管等合作,推动建立符合跨境电商发展的国际通用规则。在原产地认证方面,深化各级部门之间原产地管理信息共享、互认,推广应用原产地证书自助打印和智能审核,为外贸企业提供 RCEP 原产国认定、海关关税查询等线上服务和一体化便利服务。在服务贸易方面,积极对以贸易便利、投资便利为重点的服务业开放领域和范围进行"压力测试",走在中西部前列。

（2）把实施自贸区提升战略作为试验田。深入学习借鉴海南自贸港、迪拜自贸港等国内外自由贸易港(区)的先进经验,全面实行准入前国民待遇加负面清单管理制度,进一步简化负面清单内容,更大力度促进国际贸易、投资、金融等领域的便利化,吸引外资外企入驻,促进战略性新兴产业和高端服务业发展,给予进出口企业在投资、雇用、经营、人员出入境等方面更大便利和自由。积极推动河南自贸区升级为自由贸易港。

（3）把构建与国际接轨的服务体系和营商环境作为根本目的。探索建立国际化的政府运作制度,在国际化的政府审批制度、政府采购制度、投资服务和信用监管等领域先行先试,按照国际惯例提升政务服务供给水平,深入开展与"一带一路"共建国家和地区以及 RCEP 成员国的人文交流与经贸活动,引入 RCEP 成员国经贸代表处、商会、协会等,汇集人流、物流、资金流、信息流、技术流;依托航空港区加快建设海外人才离岸创新创业基

地和国际社区,实施人员跨境流动便利化、合作办学、共建国际咨询智库等措施,集聚全球高端人才和资本,打造国际一流的政务环境、法治环境、生活环境。

(六)加强区域深度融合,构建安全韧性的产业链供应链

面对当前全球科技革命和产业变革的新趋势、新特点,河南省必须紧抓国际供应链重塑机遇,加强优势产业和战新产业的产业链供应链梳理研究,通过开放合作实现延链增链,疏通国际要素市场循环堵点,有效提升产业链供应链发展韧性。

(1)深化数字经济合作。加强与 RCEP 各缔约方在大数据、云计算、工业互联网、智慧城市、区块链等领域深化合作,吸引集聚日本、韩国、新加坡等国数字产品品牌企业入驻河南,形成区域性的数字产品贸易中心,打造国际合作产业园。

(2)增强产业链、供应链自主可控能力。积极成立 RCEP 协同创新战略联盟,大力推动区域内人才交流与创新合作,加强与 RCEP 各缔约方基础研究合作和联合攻关。通过建立科技合作固定机制、加强企业参与以及推动"新技术"领域合作等路径,进一步提升科技创新国际合作的水平。

(3)积极推进战略合作。围绕河南省重大工程科技关键领域,进一步深化战略咨询合作。加大建设产业创新体系力度,聚焦智能机器人、新一代信息技术、新能源、新材料等战略性新兴产业领域,进行合作和协同技术攻关。重点攻克一批制约河南省产业转型升级和重大工程科技难题。在研发设计投入方面,积极促使企业加大支持力度,依托工业设计、装备升级等途径,推动传统制造业企业向全球价值链中高端跨越。

(4)探索建立跨境电商物流合作联盟。借鉴"一带一路"建设相关经验做法,探索与RCEP 区域内相关城市及有意愿的企业和社会组织建立跨境电商物流合作联盟,形成资源互通、互利共赢、优势互补、风险共担的新兴物流共同体。

五、对策建议

(一)政府层面

(1)健全境外投资工作联系机制。充分发挥河南省商务、发展改革、外事、财税、金融、海关、统计等部门组成的境外投资工作联系机制,及时发布、解读"一带一路"RCEP 相关政策,为企业提供实时准确的境外市场需求、投资环境、法律法规、产业导向等信息咨询服务。建立企业深度融入"一带一路"和 RCEP 的联合培训机制,设立专项资金,开展包括财务、法律、税收、公关等方面的专业知识和专业人才培训。

（2）加强金融、保险、财税等政策支持。深化政银企合作，统筹使用国家和省专项资金，积极争取丝路基金、亚投行、国家开发银行等政策性资金，加大对"走出去"项目和中小企业开拓国际市场的扶持力度。加快落实以境外资产为抵押获得贷款的具体措施，进一步发挥政策性保险机构作用，推动资本项目下境外投资便利化。

（二）企业层面

（1）增强企业软实力，在国际化经营管理以及品牌建设方面率先发力。在国际化经营管理方面，提升企业跨国指数，在全球布局、整合全球资源、打造全球产业链方面有实质性突破。同时，要大力实施"一带一路"品牌战略，准确把握品牌定位。在加强自主创新的同时，始终追求高品质。让品牌、品质等软实力助推河南省相关企业赢得民心、赢得市场。

（2）要重视法律、传媒、金融、会计、设计、咨询等专业服务业。专业服务业是现代服务业的重要组成部分。从西方发达国家经验来看，专业服务业不仅直接创造经济价值，更有利于推动经济结构调整和产业优化升级，助益这些国家在全球经济治理中牢牢把握制度性话语权。河南省相关企业要补足专业服务业的人才短板，在理念上要真正认同专业服务业的价值。

（3）要推动河南省国有企业与民营企业的协调联动。在深度融入"一带一路"和RCEP进程中，国有企业是主力军，民营企业是生力军，两者缺一不可，需要协同发展。应该看到，"一带一路"建设需要相关企业的群体性崛起，而不是三三两两、三五成群地发展。河南省相关企业之间要避免排挤、诋毁、压价等不良行为，共同助力"中国企业"金字招牌。

（三）行业组织及相关服务机构层面

（1）重视发挥商（协）会协调、自律、服务作用。注重发挥海外华侨华人及社团的独特优势，利用已经"走出去"的企业建立海外联系桥头堡，鼓励、支持成立商会等相关民间组织，构建常态化的民间交流合作载体和机制，帮助民营企业与当地海关、银行、税务、行业组织等建立联系。加强境外风险监测，及时发布预警信息，指导企业加强安全防范。

（2）打造企业走出去第三方服务平台和对外投资联络服务平台。以政府购买服务或服务外包方式，鼓励、支持和培育一些具有国际化视角和国际运作能力的中介服务平台，在国际法律、会计、审计、评级、评估、金融等领域为民营企业"走出去"提供配套服务。做好国别产业指导、风险防控和权益保障工作，维护中国国家利益和国家形象。

参考文献

[1]张应武.对外直接投资与贸易的关系:互补或替代[J].国际贸易问题,2007,94(6):87-93.

[2]韩小蕊.中国对"一带一路"沿线国家直接投资与出口贸易互动关系研究[J].工业技术经济,2020,39(8):95-100.

[3]周昕,牛蕊.中国企业对外直接投资及其贸易效应:基于面板引力模型的实证研究[J].国际经贸探索,2012,28(5):69-81,93.